문제해결과 컴퓨팅 사고를 위한

스크래치

국립중앙도서관 출판시도서목록(CIP)

문제해결과 컴퓨팅 사고를 위한 스크래치 / 저자: 천인국. -
- 고양 : INFINITYBOOKS, 2017
p. ; cm

ISBN 979-11-85578-32-3 93000 : ₩12000

컴퓨터 프로그래밍[computer programming]
스크래치

005.11-KDC6
005.2-DDC23 CIP2017021346

문제해결과 컴퓨팅 사고를 위한

스크래치

천인국 지음

INFINITY BOOKS

머리말

컴퓨팅 사고(Computational Thinking)는 자넷 윙 교수가 2006년에 컴퓨터 학술지에서 언급한 이후로 컴퓨터 교육 분야에서 상당한 이슈가 되고 있는 용어이다. 컴퓨팅 사고는 복잡한 문제를 분해하여 문제 안에 내재된 패턴을 찾고 추상화 단계를 거쳐서 문제를 해결하는 알고리즘을 작성하는 과정이다. 작성된 알고리즘은 사람이 수행하거나 컴퓨터를 이용하여 자동화될 수 있다.

이 책은 컴퓨팅 사고와 스크래치를 동시에 학습할 수 있도록 기획되었다. 스크래치는 컴퓨터를 전공하지 않은 학생들도 쉽게 사용할 수 있다는 큰 장점이 있다. 컴퓨팅 사고는 흥미로운 실습 예제가 많이 필요하다. 이 책에서는 최대한 많은 실습 예제를 간추려서 스크래치로 실습할 수 있도록 하였다. 스크래치는 다양한 애니메이션이나 가상 실습을 만들 수 있는 최적의 도구이다. 예를 들어서 "로봇 청소기"와 같은 실습 예제는 매우 흥미로운 실습이지만 다른 프로그래밍 언어에서는 불가능하다. 하지만 스크래치에서는 색깔을 이용하여 로봇 청소기 알고리즘을 테스트할 수 있다. 학생들은 스크래치를 통하여 컴퓨터 프로그래밍의 기본적인 개념들과 컴퓨팅 사고에서 나타나는 다양한 실습을 수행할 수 있을 것이다.

이 책이 만들어지기까지 많은 도움이 있었다. 이 책에 대하여 적극적으로 지원해주시고 교정을 봐주신 채희만 사장님과 안성일 이사님께 감사드린다. 책이 나올 때마다 오류를 바로 잡아주시고 격려해주시는 모든 분들께도 깊이 감사드린다. 아무쪼록 많은 이들이 이 책을 통하여 자신의 문제를 컴퓨터를 이용하여 창의적으로 해결할 수 있다면 필자에게는 큰 보람이 될 것이다.

2017년 8월

저자 전인국

차례

CHAPTER

01

SCRATCH WORKBOOK

기초사항

이번 장에서는 다음과 같은 내용을 학습합니다.

- ▶ 스크래치의 프로그래밍 환경을 살펴본다.
- ▶ 다양한 유형의 명령 블록에 대해 알아본다.
- ▶ 스크래치를 사용하여 첫 번째 게임을 만들어 본다.

학습목차

01 이번 장에서 학습할 내용

이번 장에서는 스크래치를 설치하고 스크래치의 가장 기본적인 개념들을 학습한다.

1. 화면에서 움직이는 고양이 애니메이션을 작성해보자.

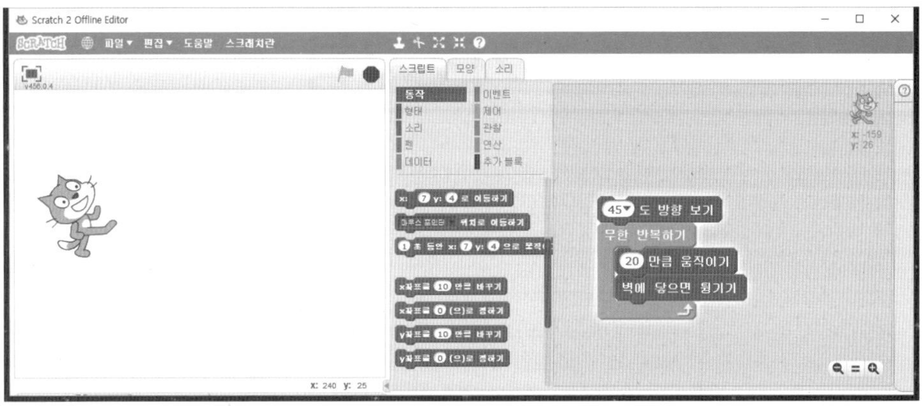

2. 위에서 떨어지는 사과와 공을 잡는 간단한 게임을 작성해본다.

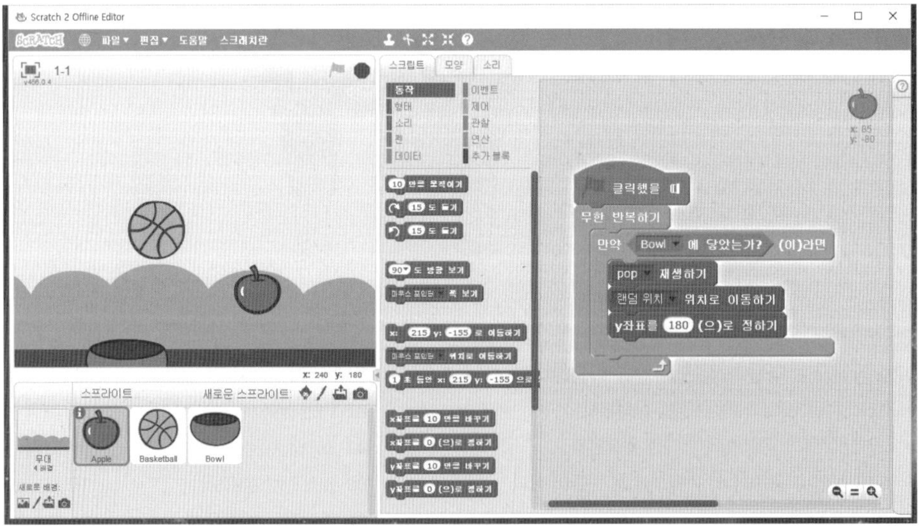

02 스크래치란?

컴퓨터 게임을 하는 것은 재미있다. 혹시 자신의 컴퓨터 게임을 만들어보고 싶지 않은가? 혹은 자신 만의 애니메이션이나 과학 시뮬레이션을 만들고 싶지 않은가? 무엇인가를 프로그래밍하는 것은 자신 만의 즐거움을 만끽할 수 있는 창조적이고 도전적인 작업이다. 스크래치(scratch)는 모든 연령의 사람들이 프로그래밍 기술을 배우는 가장 쉬운 방법을 제시한다.

컴퓨터 프로그램은 "컴퓨터가 할 일을 말해주는 명령어들의 집합"이다. 개발자들은 프로그래밍 언어를 이용하여서 프로그램을 작성한다. 스크래치도 일종의 프로그래밍 언어라고 할 수 있다. 대부분의 프로그래밍 언어들은 텍스트-기반으로 되어 있다. 즉 명령어들을 영어로 된 약어를 이용하여서 입력하게 된다. 예를 들어서 C언어에서 "안녕하세요?"를 출력하는 문장은 다음과 같다.

```
printf("안녕하세요? ");
```

이들 언어의 문법 규칙을 이해하는 것은 입문자들에게 힘들 수 있다. 하지만 스크래치는 비주얼 프로그래밍 언어이기 때문에 입문자들이 문법에 신경 쓰지 않으면서 블록들을 쌓아서 주어진 문제를 해결하고 결과를 얻을 수 있다. 스크래치는 MIT 미디어랩에서 개발되었으며 애니메이션이나 게임, 상호대화적인 스토리, 음악 등을 작성할 수 있다.

스크래치에서는 복잡한 명령어들을 입력할 필요가 없다. 대신에, 그래픽 블록들을 연결하여서 프로그램을 생성한다. 예를 들어서 다음의 간단한 프로그램을 살펴보자.

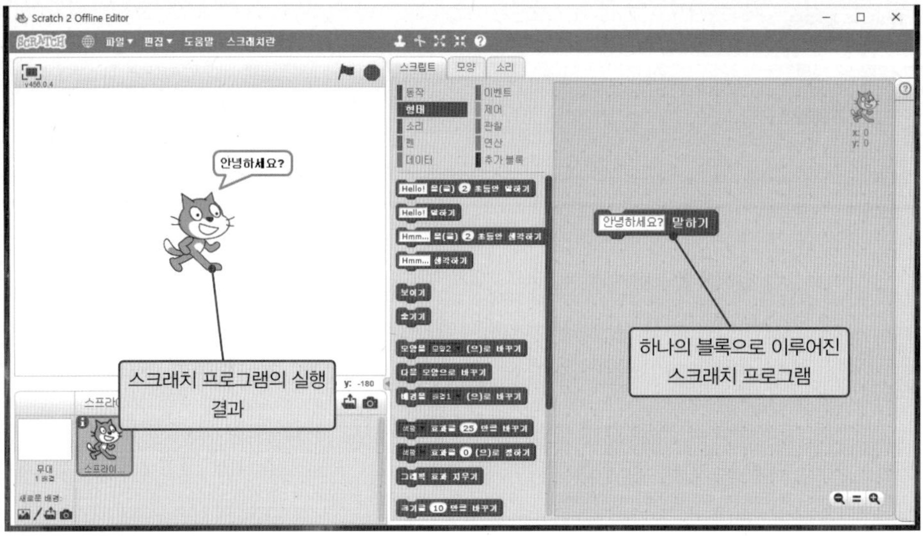

위의 그림의 고양이는 스프라이트(sprite)라고 불린다. 스프라이트는 개발자가 주는 명령어들을 수행한다. 보라색 블록은 고양이로 하여금 말풍선으로 "안녕하세요?"라고 말하게 한다. 여러 가지의 블록을 이용하면 이들 스프라이트를 움직이고 회전시키며 말하게 할 수 있다. 이들 블록을 마우스로 가까이가져가면 레고블럭처럼 찰칵하며 달라붙는다. 블록들의 더미는 스크립트(script)라고 불린다. 예를 들어서 고양이 스프라이트를 4번 90도 회전시키는 블록 더미는 다음과 같다.

이 스크립트를 실행하면 고양이가 90도 회전하는 것을 4번 반복한다. 우리는 아직 위의 스크립트를 설명하지 않았지만 여러분들은 아마 각 블록의 역할을 눈치 챌 수 있을 것이다.

실습시간

우리는 아직 이들 블록들을 설명하지 않았지만 이 스크립트를 읽어보고 각 블록들이 무엇을 하는지 설명해보자.

스크래치 설치하기

스크래치는 2가지 방법으로 사용이 가능하다. 첫 번째 방법은 웹 브라우저 상에서 바로 스크립트를 작성하는 것이다. 두 번째 방법은 오프라인 에디터를 PC에 설치하여 스크립트를 작성하는 방법이다.

웹브라우저에서 사용하기

1. 스크래치를 시작하기 위해서는 스크래치 웹사이트(http://scratch.mit.edu/)를 방문한다. 다음과 같은 페이지가 표시된다. 화면 상단의 "만들기" 링크를 클릭한다.

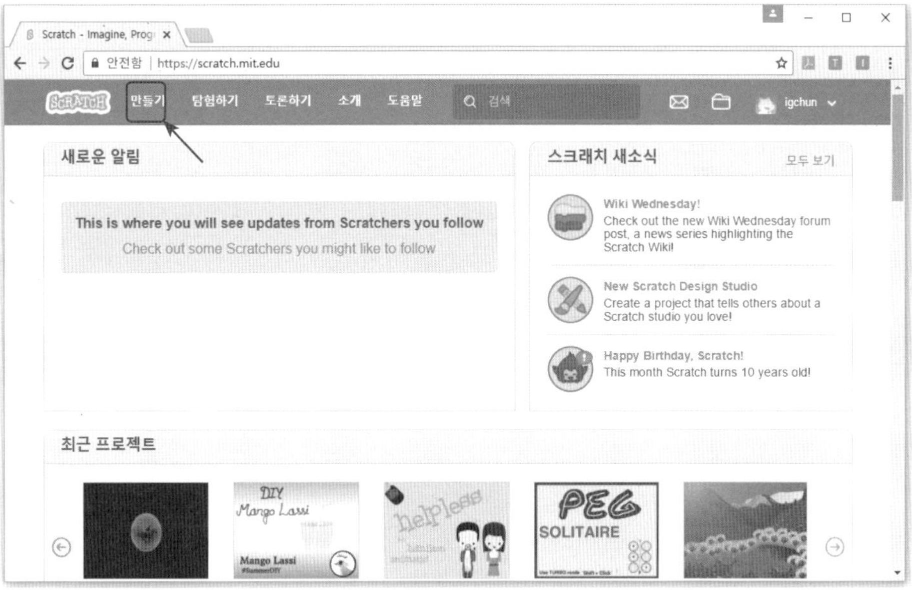

2. 다음과 같은 프로젝트 에디터 인터페이스가 등장한다. 이때 어도비사의 플래시가 실행될 수 있어야 한다.

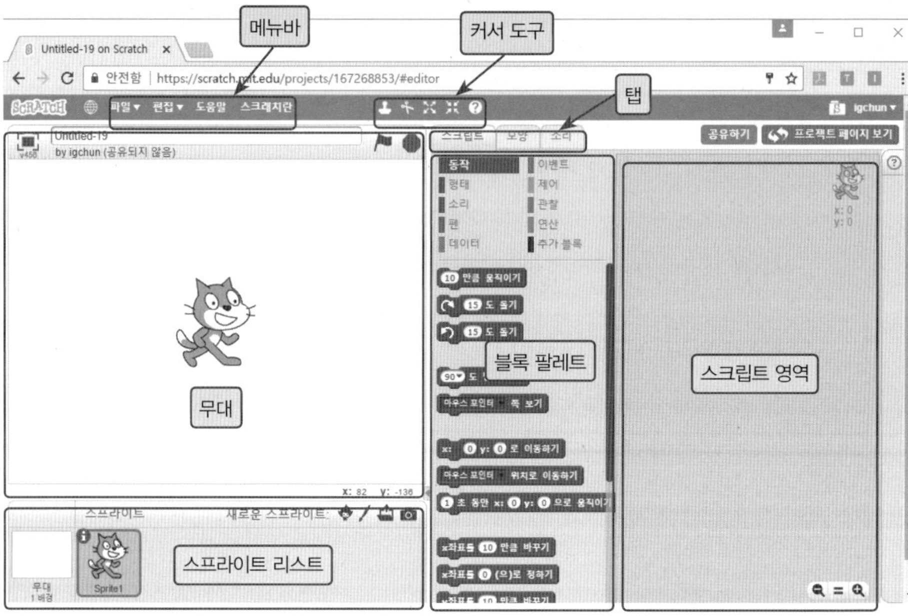

오프라인 에디터 설치하기

1. 스크래치는 인터넷 연결이 되지 않는 환경에서도 사용할 수 있도록 오프라인 버전도 준비되어 있다. 스크래치 웹사이트(http://scratch.mit.edu/)에서 화면 상단의 "도움말" 링크를 클릭하고 이어서 다음 화면에서 "Scratch 2 Offline Editor" 링크를 클릭한다.

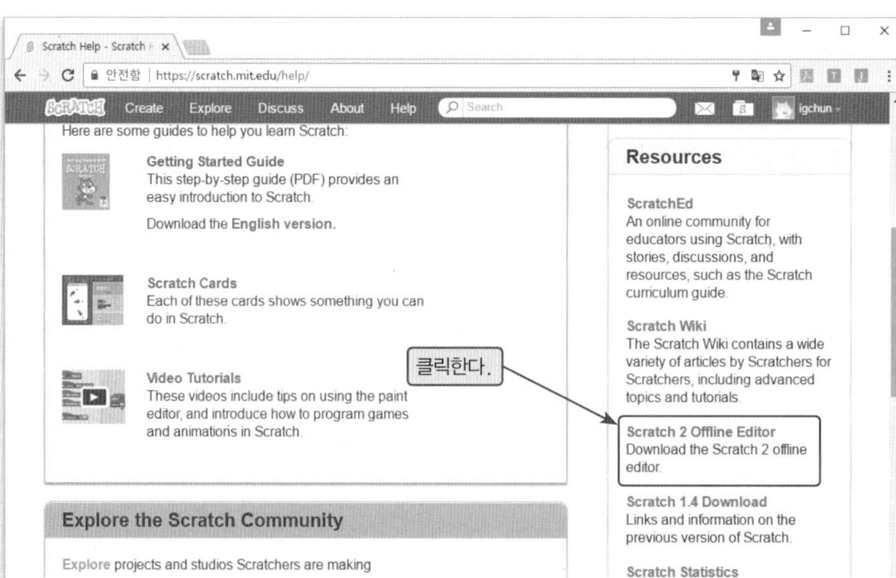

2. 아래와 같은 화면에서 어도비사의 AIR를 설치하고 오프라인 에디터를 설치하면 된다.

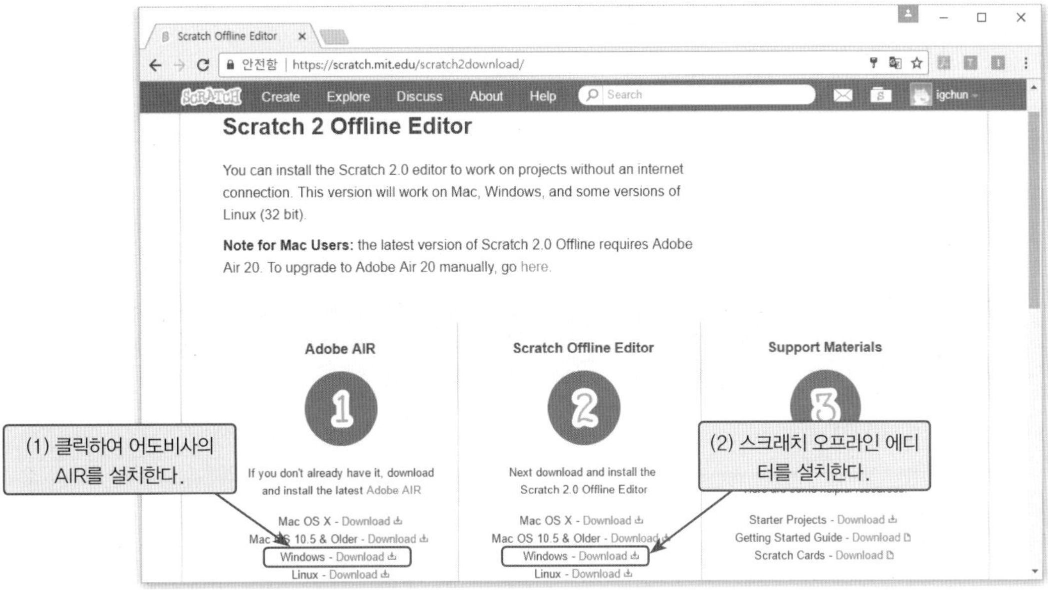

Section

04 스크래치 화면 구성

이 책에서는 오프라인 에디터 버전을 가지고 설명하도록 한다. 스크래치 화면은 크게 4개의 패널로 구성되어 있다. 무대(왼쪽 상단), 스프라이트 리스트(왼쪽 하단), 블록 팔레트(중앙), 스크립트(오른쪽)으로 구성되어 있다.

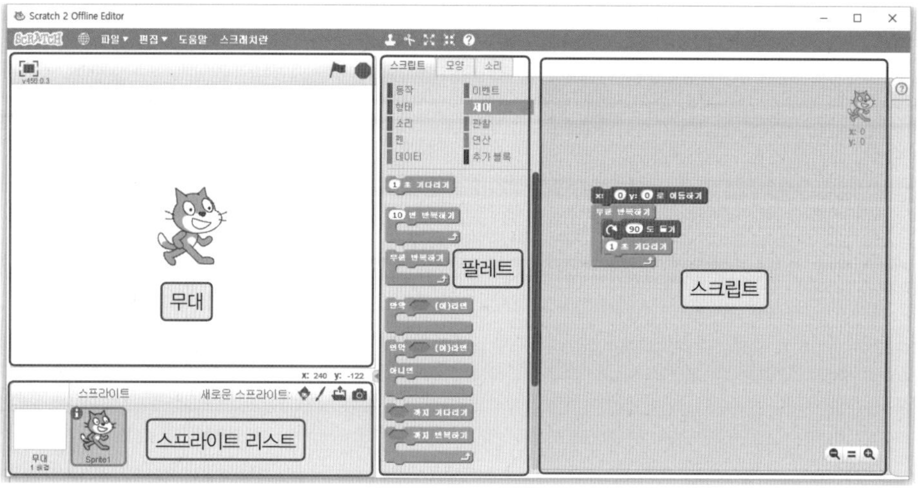

무대

무대(stage)는 스프라이트가 움직이고 그림이 그려지며 사용자와 상호작용하는 공간이다. 무대는 480 × 360의 크기를 가진다. 무대의 중간 부분이 (0, 0)이다.

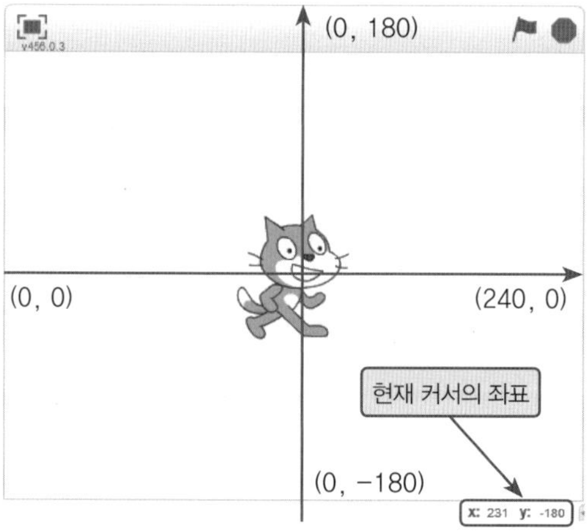

무대에서 특정한 위치의 (x, y) 좌표를 알려면 마우스 커서를 그 위치로 움직이고 무대 화면 하단에 나타나는 숫자를 보면 된다.

무대 위의 작은 바는 여러 개의 아이콘을 가지고 있다. 프레젠테이션 모드 아이콘은 무대 공간을 전체 모니터로 확대한다. 녹색 깃발 아이콘과 중지 아이콘은 프로그램을 시작하고 종료한다.

실습시간

마우스 커서를 화면의 각 지역으로 이동하면서 현재 커서의 좌표를 관찰해보자.

스프라이트 리스트

스프라이트 리스트는 프로젝트에 있는 모든 스프라이트의 이름과 썸네일을 표시한다. 우리가 새로운 프로젝트를 생성하면 처음에는 흰색 무대와 고양이 스프라이트가 기본적으로 등장한다. 우리는 필요에 따라서 얼마든지 스프라이트를 교체할 수 있다.

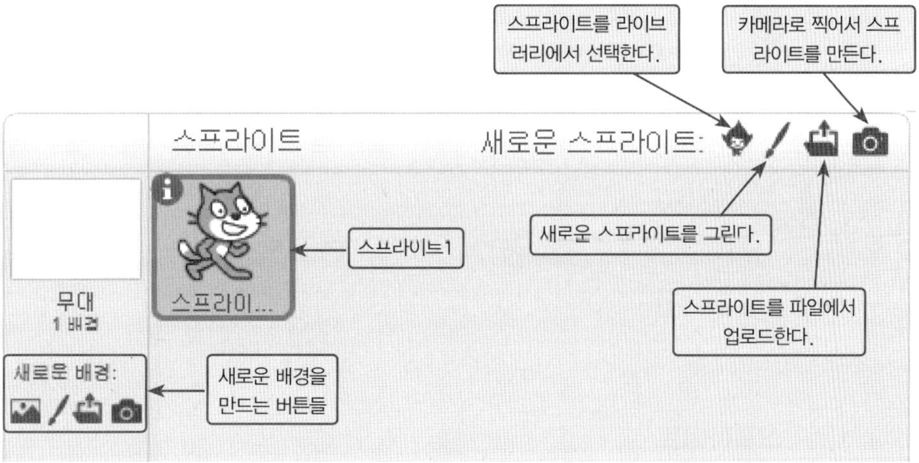

"새로운 스프라이트" 옆에 있는 아이콘들을 사용하여 우리의 프로젝트에 새로운

스프라이트를 추가할 수 있다. 4가지의 방법이 제공된다.

- 스프라이트 라이브러리에서 가져오기
- 내장된 페인트 에디터를 사용해서 새로 만들기
- 컴퓨터의 그림 파일에서 업로드하기
- 컴퓨터에 연결된 카메라로 촬영하여서 새로 만들기

입문자들이 가장 많이 사용하는 방법을 라이브러리에서 가져오는 방법이다. 해당 아이콘을 눌러서 라이브러리를 둘러본다. 다양한 카테고리에 많은 스프라이트들이 준비되어 있다.

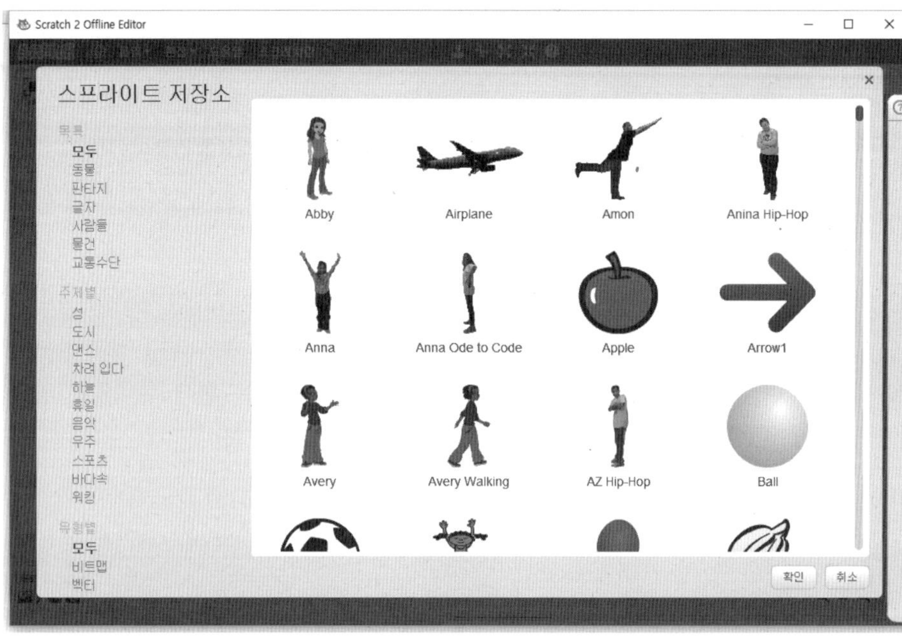

> **실습시간**
>
> 1. 라이브러리에서 "Abby"라는 스프라이트를 선택하여 스프라이트 리스트에 추가하여 본다.
> 2. 페인트 에디터를 이용하여서 새로운 스프라이트를 그려본다.

스프라이트

각 스프라이트는 자신의 스크립트, 자신의 모양, 자신의 소리를 가지고 있다. 어떤 스프라이트가 가지고 있는 속성을 보려면 스프라이트 리스트에 있는 해당 스프라이트를 클릭한다. 현재 선택된 스프라이트 썸네일은 파란색 테두리가 쳐지게 된다. 선택된 스프라이트의 스크립트, 스크립트, 의상, 소리를 보려면 오른쪽 화면에서 원하는 탭을 선택한다.

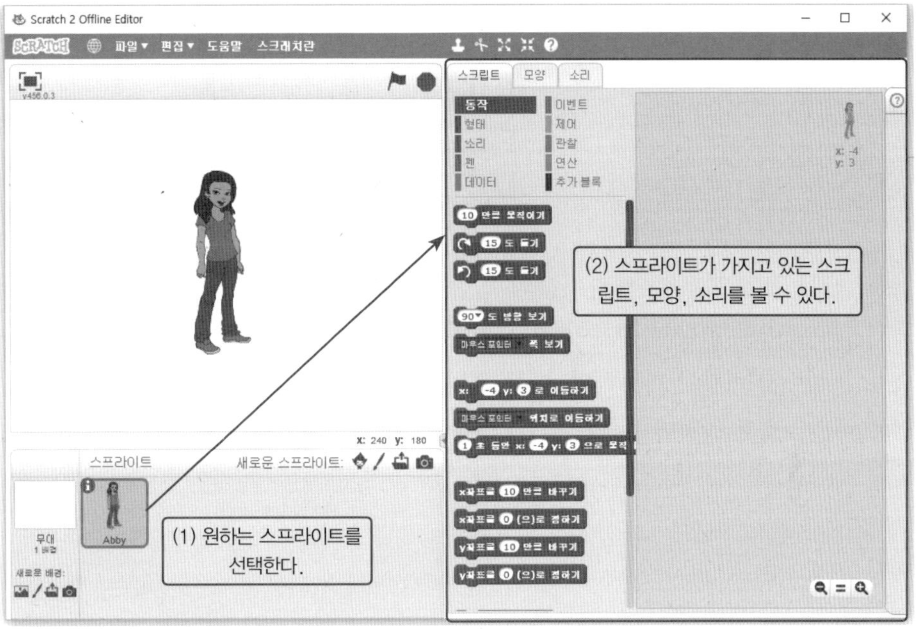

스프라이트 위에서 마우스 오른쪽 버튼을 누르면 스프라이트를 복사하거나 삭제할 수 있다.

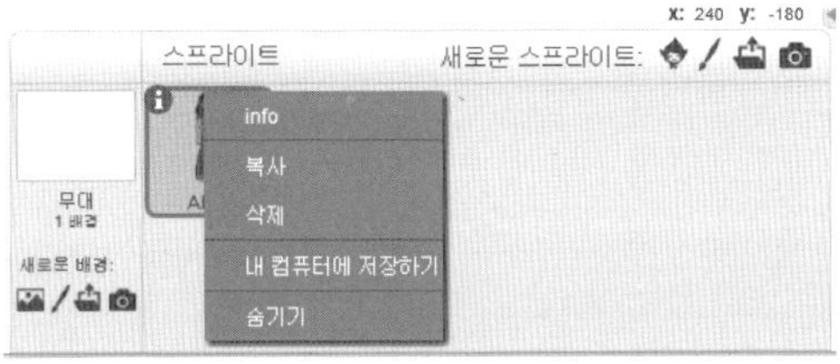

블록 팔레트

스크래치에서 사용할 수 있는 블록들은 10개의 카테고리로 구성되어 있다. 각 카테고리는 쉽게 관련된 블록을 찾을 수 있도록 색상으로 구분되어 있다.

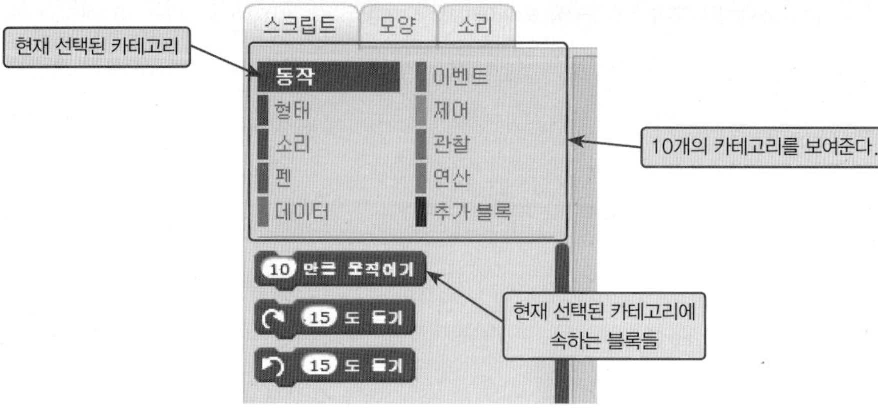

프로그램은 "명령어들의 집합"으로 정의된다. 스크래치에서 명령어는 무엇일까? 바로 하나의 블록이 하나의 명령어가 된다. 블록 안에 들어 있는 숫자들은 얼마든지 변경이 가능하다. 예를 들어서 "10만큼 움직이기" 블록에서 10이라는 숫자는 20으로 변경할 수 있다.

05 스크래치 블록 가지고 놀기

스크래치의 블록들은 10개의 카테고리로 구성되어 있다. 각 카테고리의 블록들은 서로 구별되는 색상을 가진다. 예를 들어서 "동작" 카테고리의 블록들은 파란색으로 칠해져 있다. 블록에 대한 도움말을 보려면 ? 아이콘을 선택하고 도움말을 보고 싶은 블록을 클릭하면 된다.

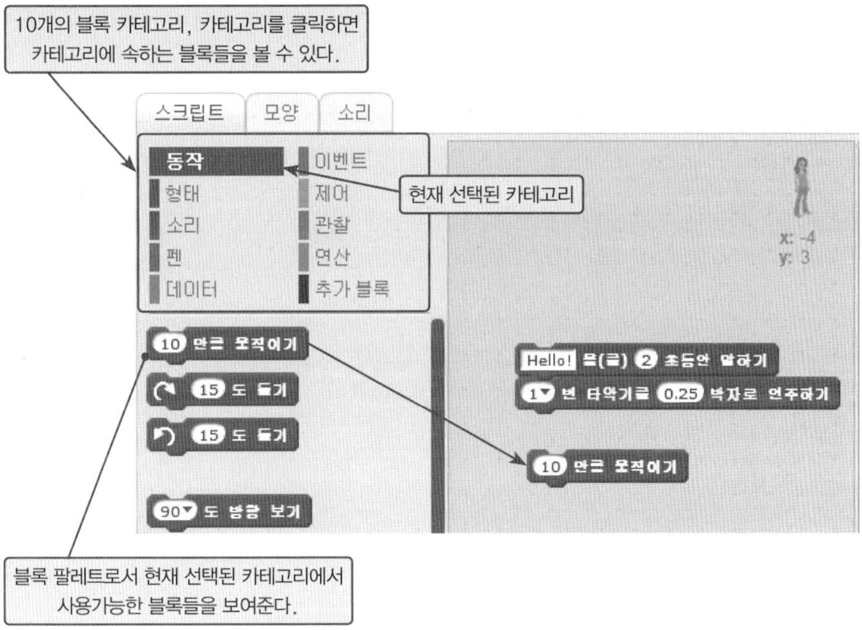

스크래치에서 프로그램을 작성하려면 원하는 블록들을 드래그하여서 스크립트 영역으로 이동시키면 된다. 블록들은 다른 블록과 결합될 수 있다. 현재까지 작성된 스크립트를 실행하려면 마우스로 블록 더미를 클릭하면 된다.

예를 들어서 아래 그림과 같은 스크립트를 작성해서 실행하여 보자. 각 블록들을 왼쪽에서 찾아서 오른쪽으로 드래그하여 결합한다. 블록 더미를 클릭하면 고양이 스프라이트가 45도 방향으로 움직이면서 벽에 반사되는 것을 볼 수 있다. 스크립트를 정지하려면 상단의 빨간 버튼을 누른다.

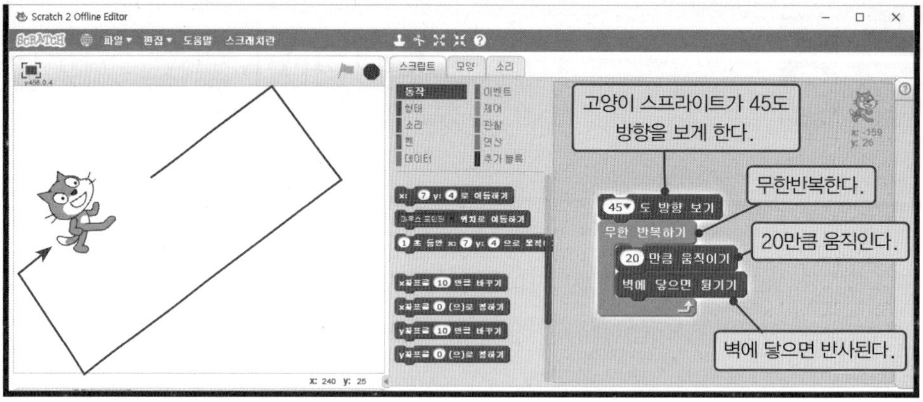

스크래치에서 프로그램은 블록들의 모임이고 각 블록은 스프라이트에 대한 하나의 명령을 나타낸다. 스크래치의 블록은 프로그램에서의 하나의 명령어와 유사하다고 생각할 수 있다.

실습시간

1. 무대에서 무한히 앞뒤로 움직이는 고양이를 만들어보자. 앞으로 움직인 후에 1초 동안 기다리게 한다.

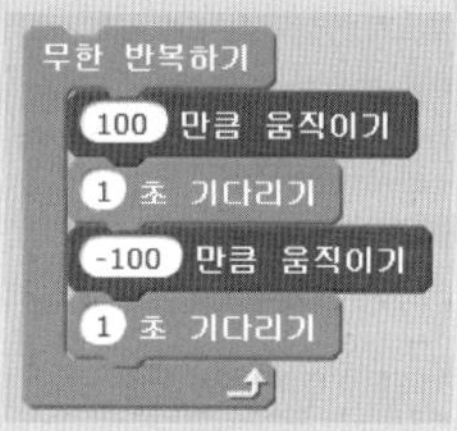

2. 무대에서 무한히 회전하는 고양이를 만들어보자.

06 스프라이트 모양 변경하기

우리는 스프라이트의 모양을 변경할 수 있다. 스프라이트의 [모양] 탭에는 스프라이트 모양을 정리하는 데 필요한 모든 것이 있다. 이것을 스프라이트의 옷장으로 생각하면 된다. 옷장에 모양이 많이 있더라도 스프라이트는 한 번에 하나만 착용할 수 있다.

이제 고양이의 모양을 바꾸어 보자. 무대에서 고양이 스프라이트를 클릭하고 [모양] 탭을 선택하자. 아래 그림에 도시된 바와 같이, 현재 고양이는 2개의 모양을 옷장에 가지고 있다. 모양1과 모양2가 그것이다. 현재 모양은 모양1이다.

모양 미리보기 이미지를 마우스 오른쪽 버튼으로 클릭하면 [복제], [삭제], [내 컴퓨터에 저장]의 3가지 항목이 있는 팝업 메뉴가 나타난다. [복제] 메뉴는 동일한 이미지로 새로운 모양을 추가한다. [삭제] 메뉴는 선택된 복장을 삭제한다. [내 컴퓨터에 저장] 메뉴를 사용하면 모양을 파일로 저장할 수 있다. 해당 모양을 저장하였다가 다른 프로젝트에서 사용할 수 있다.

실습시간

2개의 모양을 번갈아 가면서 변경하여서 고양이가 움직이는 애니메이션을 작성해보자. 0.5초마다 다 모양을 바꾸면서 앞으로 전진한다.

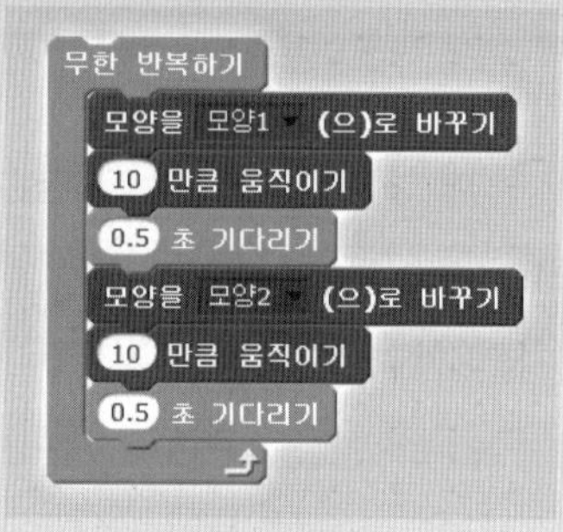

Section 07

사운드 재생하기

게임을 작성할 때 사운드를 사용하면 프로그램을 활기차게 할 수 있다. 예를 들어 미사일이 목표물에 부딪힐 때마다 폭발 소리가 나도록 하면 실감나는 게임을 제작할 수 있다.

[소리] 탭의 버튼을 사용하면 스프라이트에 다양한 사운드를 추가할 수 있다. 아래 그림에서 볼 수 있듯이 스크래치는 사운드 파일을 편집할 수 있는 간단한 도구도 제공한다. 도구 사용법은 무척 쉬운 편이기 때문에 누구든지 직관적으로 알 수 있다.

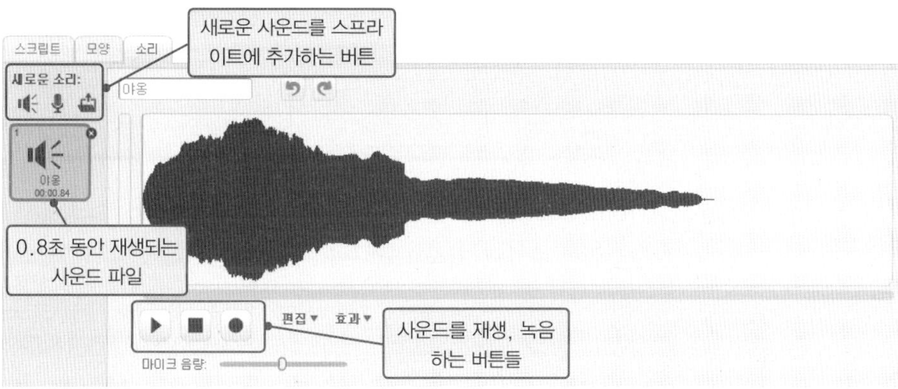

[소리] 탭의 맨 위에 있는 3개의 이이콘은 사운드 라이브러리에서 사운드를 선택하거나 컴퓨터의 마이크를 이용하여 새로운 사운드를 녹음하거나 컴퓨터에서 기존 사운드 파일을 가져올 수 있다. 스크래치는 MP3 및 WAV 사운드 파일만 읽을 수 있다.

실습시간

1. 고양이 스프라이트의 [소리] 탭에 있는 소리를 [재생] 버튼을 눌러서 어떤 소리인지 들어본다.
2. [소리] 탭을 선택하고 라이브러리에서 다양한 사운드를 클릭하여 들어본다.
3. 고양이가 1초에 한번씩 "야옹"소리를 재생하도록 스크립트를 작성하여 실행해보자.

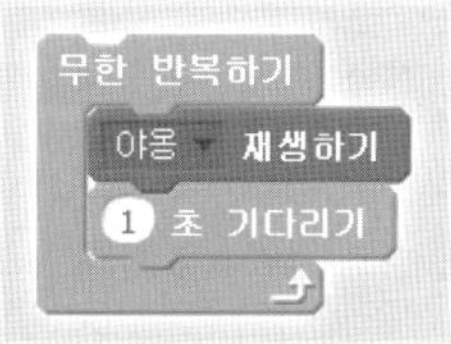

Section

08 배경 변경하기

스프라이트 목록에서 "무대"를 선택하고 화면 중앙의 [배경] 탭을 사용하여 무대의 배경을 변경할 수 있다. 라이브러리에서 적절한 무대 이미지를 선택하거나 우리가 직접 그릴 수도 있다. 아니면 카메라를 이용하여 촬영할 수 있다. 예를 들어서 고양이 스프라이트의 배경을 "blue sky"로 변경해보자.

1. "무대" 아래의 [새로운 배경]에서 [라이브러리에서 선택] 아이콘을 클릭한다.

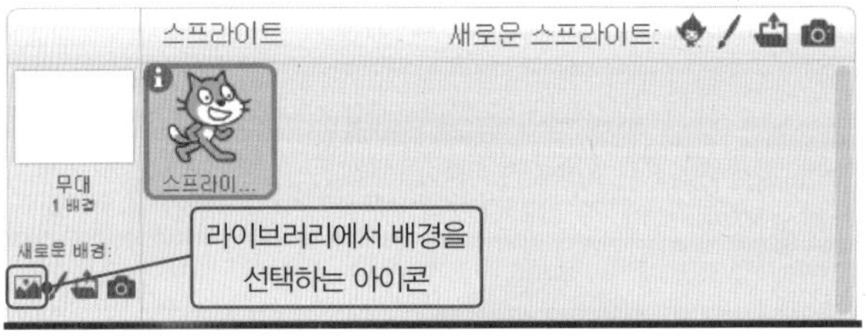

2. 배경으로 [blue sky]를 선택하고 [확인] 버튼을 누른다. 스크래치는 [blue sky]를 프로젝트에 추가하고 기본 배경으로 만든다.

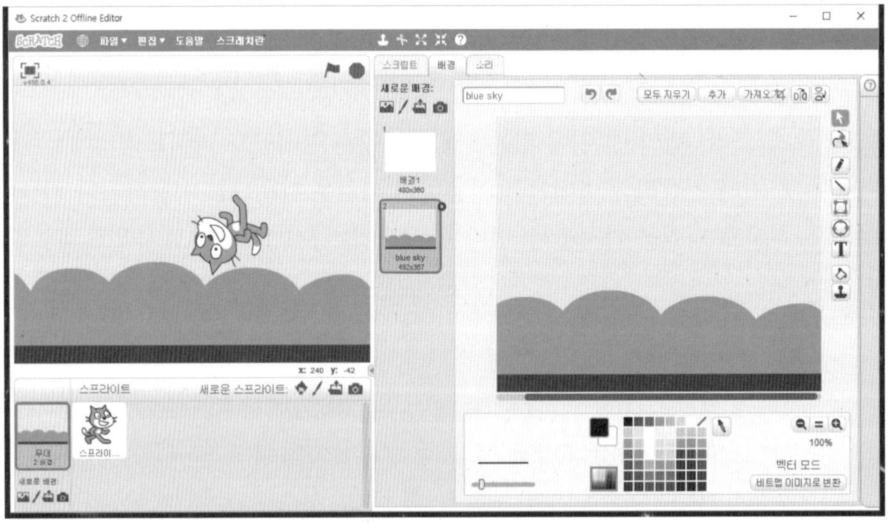

실습시간

무대의 배경을 "baseball-field"로 변경한다. 그 배경에서 고양이가 앞뒤로 움직이게 스크립트를 작성한다.

그림 편집기

그림 편집기를 사용하여 모양과 배경을 만들거나 편집할 수 있다. 여기서는 스프라이트 이미지의 회전 중심점을 설정하고 투명한 색을 설정하는 방법에 대해서만 알아보자.

스프라이트 이미지의 회전 중심점 설정

우리가 스프라이트를 왼쪽이나 오른쪽으로 회전하면, 스크래치는 회전 중심점을 기준으로 스프라이트를 회전시킨다. 그림 편집기의 오른쪽 상단에 있는 십자가 모양의 버튼을 사용하여 스프라이트 회전 중심점을 설정할 수 있다. 이 버튼을 클릭하면 그림에 십자선이 표시된다. 스프라이트의 회전 중심점은 이 두 축의 교차점에 의해 결정된다.

실습시간

1.고양이 스프라이트의 회전 중심을 고양이 하단으로 변경하고 다음의 스크립트를 실행해본다.

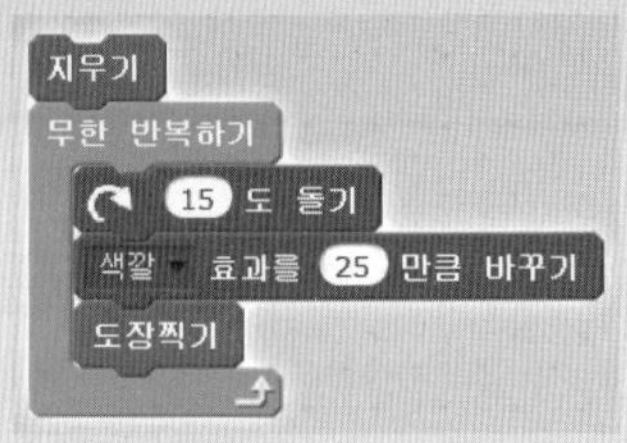

2. 고양이 스프라이트의 회전 중심을 고양이 상단으로 변경하고 동일한 스크립트를 실행해본다.

투명한 색상 설정

2개의 이미지가 무대에서 겹쳐서 표시되면 위 이미지는 아래 이미지의 일부를 덮는다. 스프라이트와 무대가 겹쳐지면 스프라이트도 무대의 일부를 덮는다. 만약 스프라이트 이미지 사이로 무대가 보이게 하려면 그림 편집기에서 해당 이미지의 일부를 투명하게 만들어야 한다. 그림 편집기에서 빨간색 선이 그려진 아이콘을 클릭한 후에 채우기를 하면 투명한 색으로 채워진다. 구체적인 예를 들어보자.

예를 들어서 다음과 같은 배경에서 스프라이트 ghost1의 흰색을 투명하게 하려면 ⁄ 아이콘을 선택하고 아이콘을 이용하여 내부를 채우면 된다.

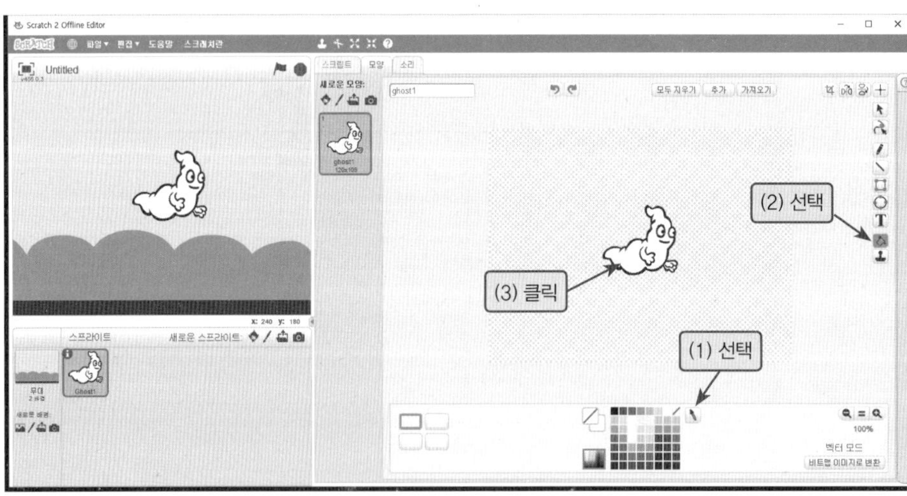

10 도구 모음

스크래치 툴바의 몇 가지 버튼을 살펴보자. 복제 및 삭제 버튼을 사용하여 스프라이트, 모양, 소리, 블록, 스크립트를 복사하고 제거할 수 있다. [확대하기] 단추를 사용하면 스프라이트가 확대되고 [축소하기] 단추를 사용하면 스프라이트의 크기가 작아진다. [언어] 메뉴를 사용하여 사용자 인터페이스의 언어를 변경할 수 있다.

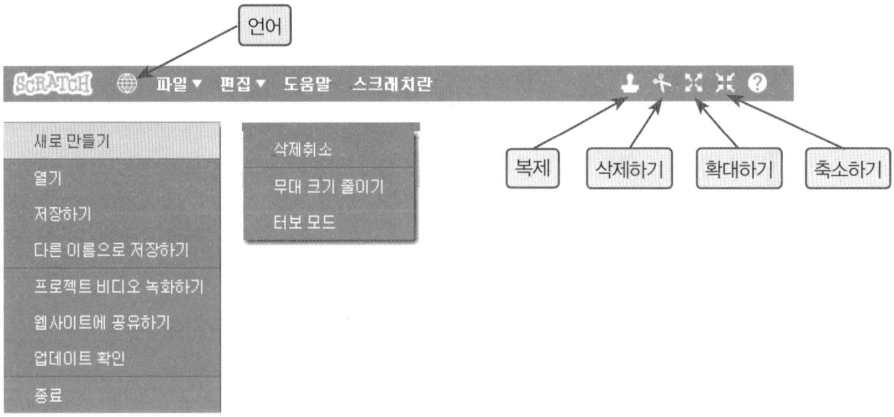

11 간단한 애니메이션 만들기

애니메이션은 연속적인 그림을 연달아 빠르게 보여주어서 움직이는 것처럼 보이게 한다. 스크래치에서는 스프라이트의 모양을 연속적으로 변경하여서 애니메이션을 만들 수 있다. 다음과 같이 간단한 애니메이션을 작성해보자.

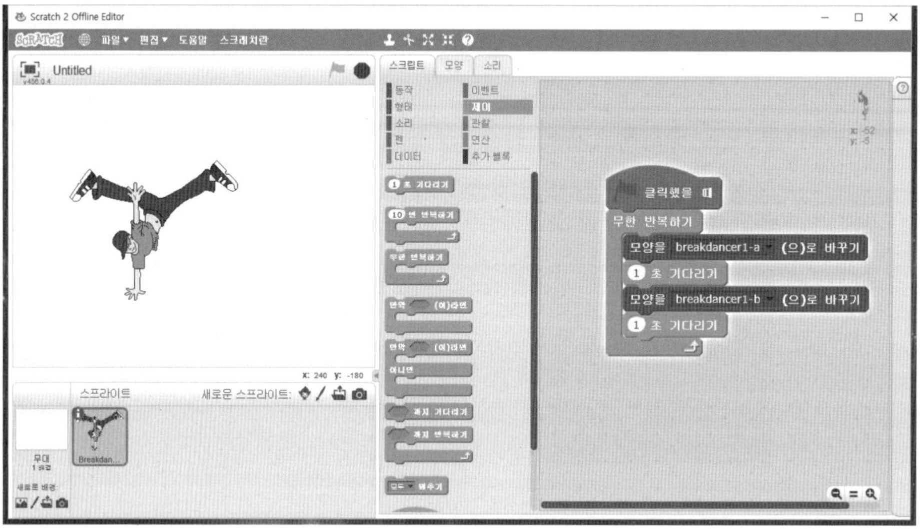

1. 기존의 고양이 스프라이트를 삭제한다.

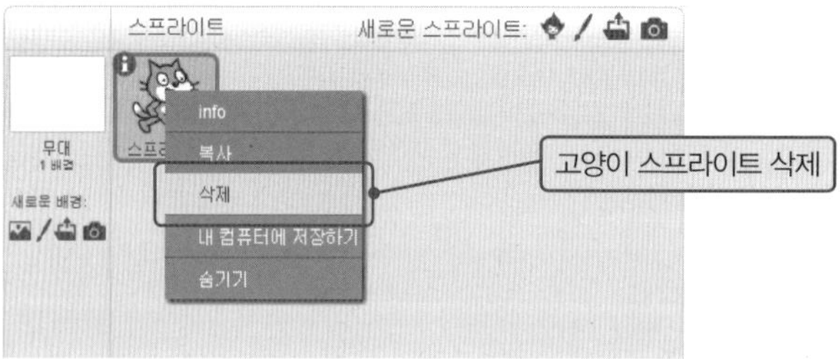

2. 스프라이트에 그림을 추가하기 위하여 [저장소에서 스프라이트 선택]을 클릭한다.

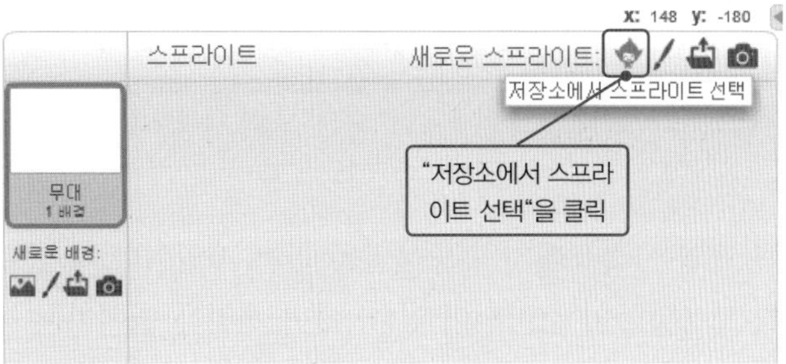

3. "사람들/breakdancer1"을 가져온다.

4. [스크립트] 탭을 클릭하고 다음과 같은 블록들을 가져와서 스크립트를 작성한다.

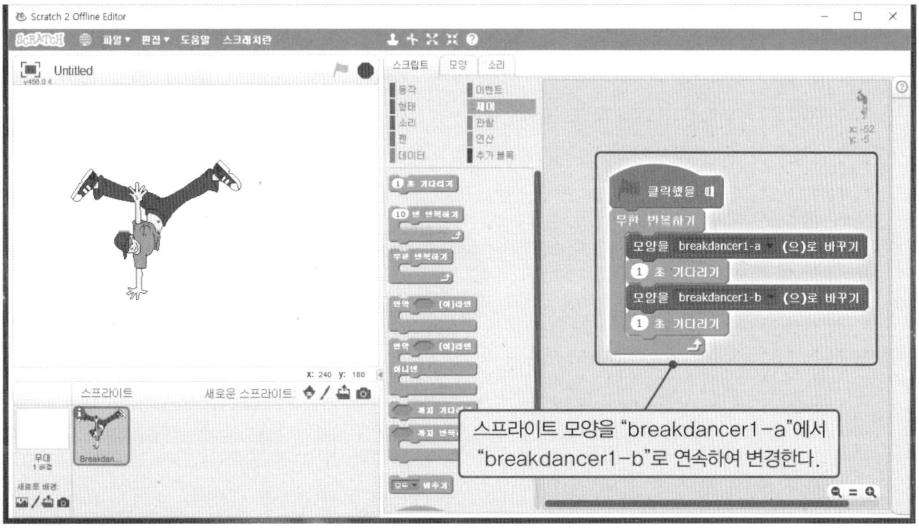

Section 12 간단한 게임 만들기

이번 게임은 스크래치의 도움말에 있는 게임이다. 도움말에는 입문자들을 위한 단계별 도움말들이 준비되어 있다. 이번 게임은 떨어지는 사과를 바구니로 담는 게임이다. 도움말을 참조하면서 게임을 작성해보자.

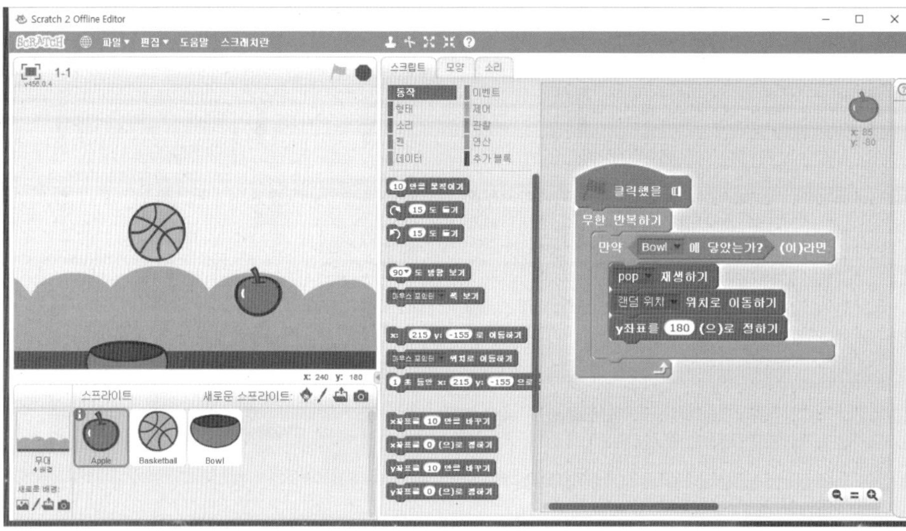

1. 고양이 스프라이트는 삭제한다. "가위" 도구를 선택하고 고양이 스프라이트를 클릭하면 고양이가 사라진다.
2. "저장소에서 스프라이트 선택" 아이콘을 눌러서 떨어질 물체를 라이브러리에서 선택한다. 사과와 농구공을 추가한다.

3. "무대"를 선택한 후에 무대의 배경을 'blue sky"로 설정한다.
4. 사과 스프라이트를 선택하고 사과를 화면의 상단으로 보내서 사과를 화면에서

떨어뜨리기 위하여 다음과 같은 블록들을 추가한다. 녹색 깃발을 클릭하여서 제대로 동작하는지 확인한다.

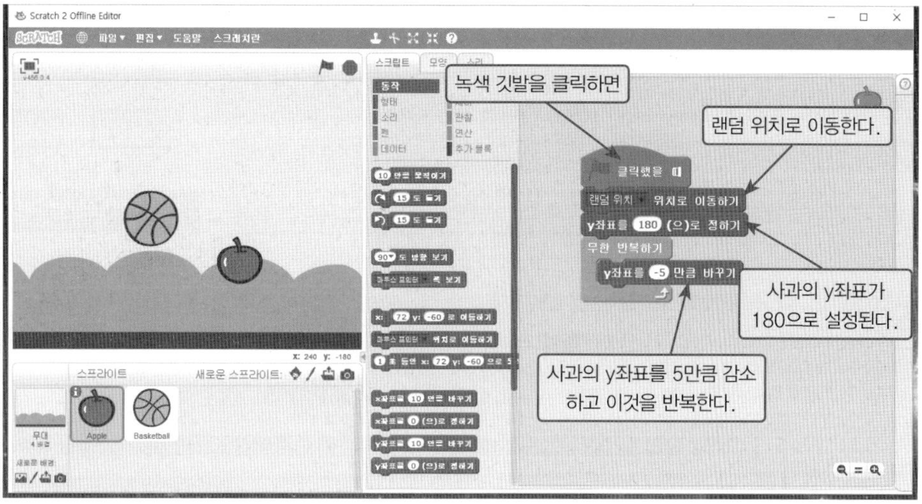

5. 사과가 화면의 하단에 도달하면 다시 화면의 상단으로 보내기 위하여 다음과 같은 블록들을 추가한다. 녹색 깃발을 클릭하여서 제대로 동작하는지 확인한다.

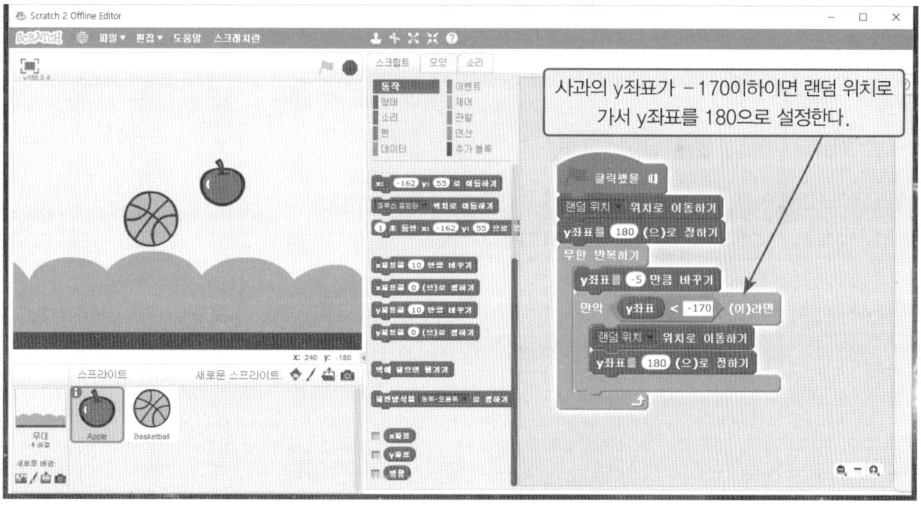

6. 사과를 잡을 수 있는 그릇("Bowl")을 스프라이트 리스트에 추가한다. 그릇의 크기를 확대/축소 도구를 사용하여 조절한다. 확대 도구를 클릭한 후에 그릇을 클릭한다.

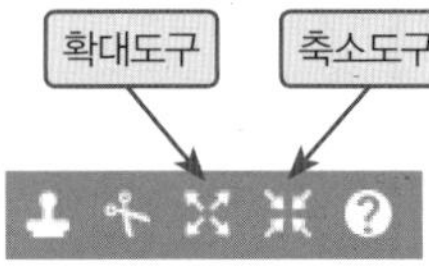

7. 그릇을 화살표로 움직일 수 있도록 다음과 같은 스크립트를 붙인다. 녹색 깃발을 클릭하여서 제대로 동작하는지 확인한다.

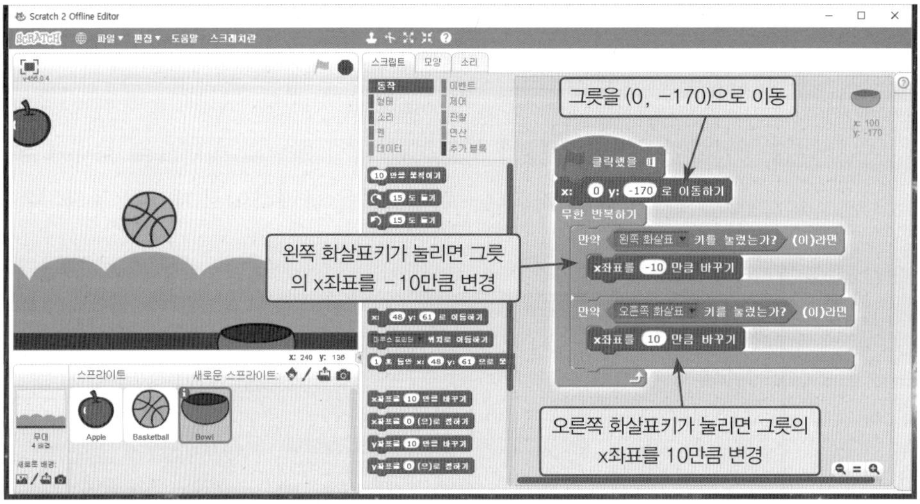

8. 사과 스프라이트에 다음과 같은 스크립트를 추가한다. 녹색 깃발을 클릭하여서 제대로 동작하는지 확인한다.

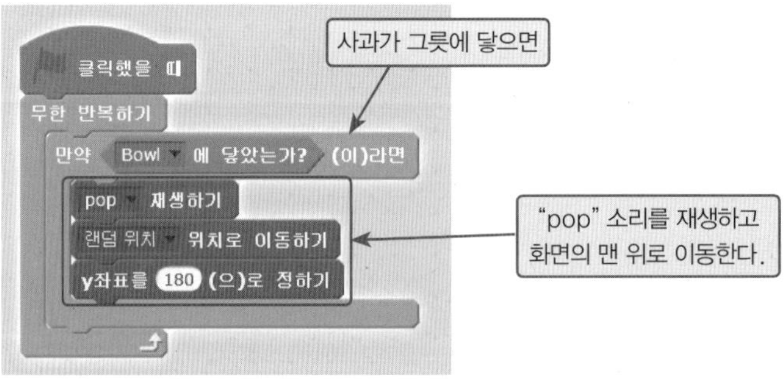

실습시간

1. 사과를 그릇에 담을 때마다 점수가 1점씩 올라가도록 하여 보자. 스크래치의 도움말을 참조한다. 변수를 하나 생성하여서 사과를 그릇으로 성공적으로 받을 때보다 점수를 증가시키면 된다.
2. 농구공을 받아도 점수가 올라가도록 한다.
3. 여러 개의 사과를 화면에 등장시켜보자.

Section

13 간단한 시뮬레이션 만들기

물속에서 큰 물고기가 작은 물고기를 잡아먹는 시뮬레이션을 작성해보자.

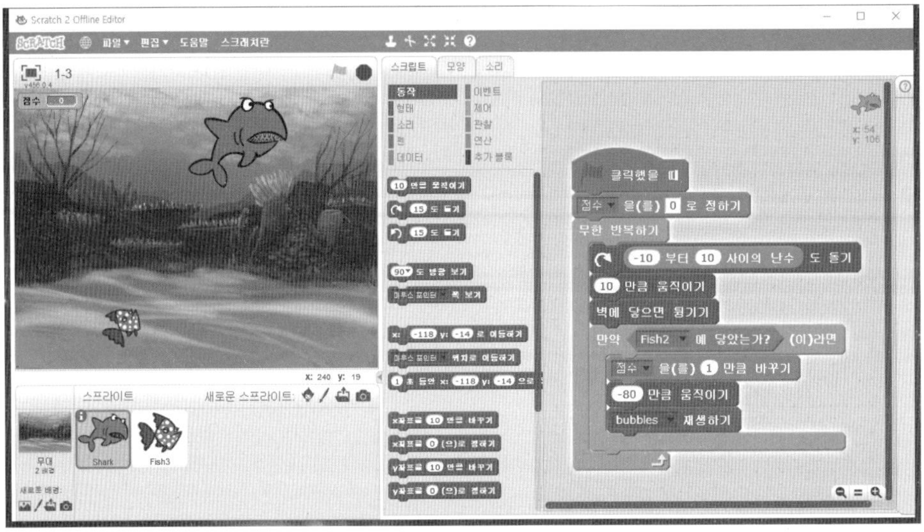

1. 고양이 스프라이트는 삭제한다. 다음과 같이 “Shark”와 “Fish3” 스프라이트를 추가한다. “Fish3” 스프라이트의 크기를 축소한다.

2. 무대의 배경을 "underwater-2"로 변경한다.

3. "Shark" 스프라이트에 소리 "bubbles"를 추가한다.

4. "Shark" 스프라이트에 다음과 같은 스크립트를 추가한다. 난수를 생성하는 블록은 "연산" 팔레트에 있다. 블록이 들어 있는 팔레트를 찾으려면 블록의 색상에 유의한다.

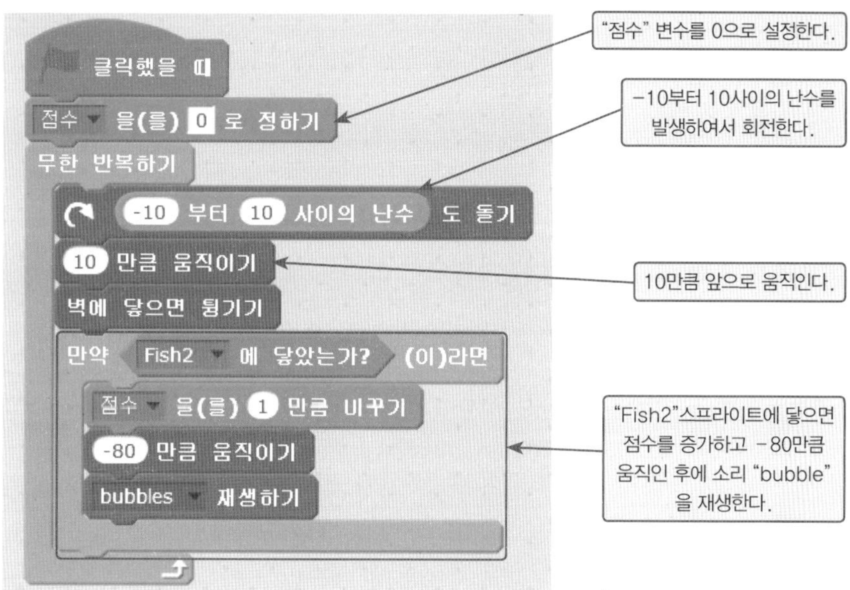

5. "Fish3" 스프라이트에 다음과 같은 스크립트를 추가한다.

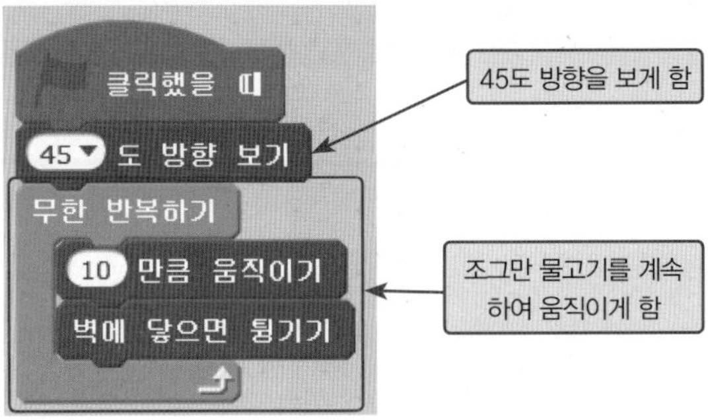

실습시간

상어가 작은 물고기를 먹으면 작은 물고기가 없어지고 새로운 위치에 다시 나타나도록 스크립트를 수정해보자.

CHAPTER

02

SCRATCH WORKBOOK

스크래치 기초사항

이번 장에서는 다음과 같은 내용을 학습합니다.

▶ 스크래치에서 스프라이트를 이동하는 방법을 살펴본다.

▶ 이진수에 대하여 자세히 살펴본다.

학습목차

Section

01 이번 장에서 학습할 내용

이번 장에서 우리가 사용하려고 하는 컴퓨터에 대하여 자세히 살펴본다. 컴퓨터는 하드웨어와 소프트웨어로 구성된다. 컴퓨터에서 프로그램은 명령어들의 집합이라 할 수 있다. 컴퓨터는 0과 1로만 이루어진 2진수를 사용한다. 비트(bit)는 2진수에서 하나의 자리수로서 0 아니면 1이다. 이번 장에서 학습할 내용은 다음과 같다.

1. 스크래치의 기본 사항을 학습한다. 즉 스프라이트 이동을 비롯한 기본적인 사항을 학습한다.

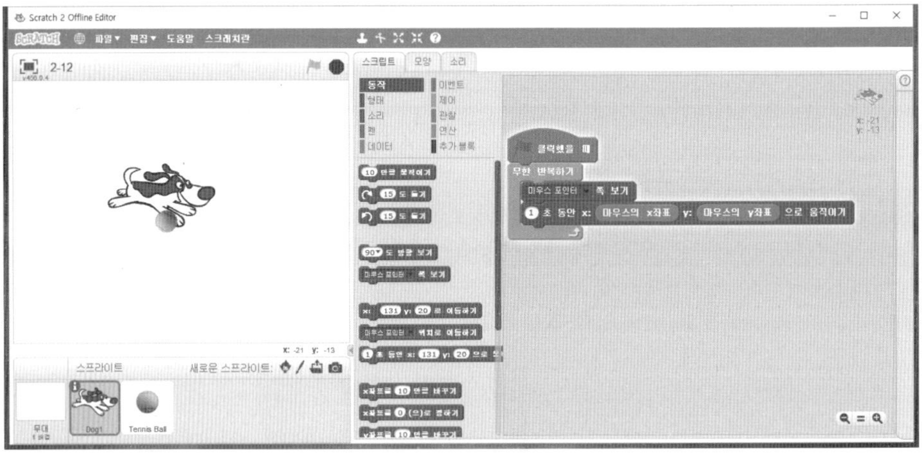

2. 컴퓨터의 기본인 2진수에 대하여 살펴본다.

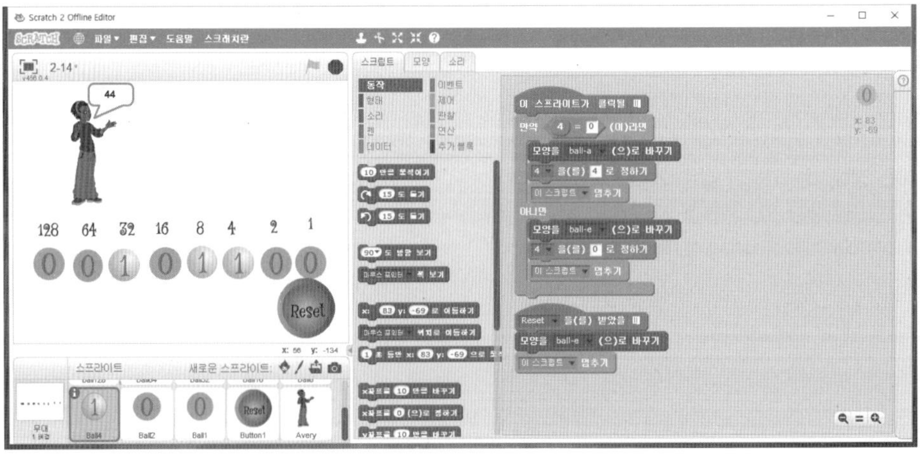

Section

02 스프라이트 움직이기

1장에서는 전체적인 스크래치 인터페이스를 살펴보았다. 이번 장에서는 스프라이트를 이동시키는 방법과 화면에 펜으로 그림을 그리는 방법을 살펴보자. 게임이나 애니메이션 프로그램을 만들려면 "동작" 팔레트의 블록을 사용하여 스프라이트를 이동해야 한다. 무대의 특정한 지점으로 이동하거나 특정 방향으로 회전하는 방법도 알아야 한다.

스프라이트를 이동하는 블록은 다음과 같이 2가지로 나누어진다.

- 절대좌표로 움직이기
- 상대좌표로 움직이기

절대적으로 움직이기

1장에서 살펴보았듯이 스크래치의 무대는 480 × 360 크기의 직사각형과 같다. 원점은 무대의 중앙점이다. 스크래치는 다음과 같은 블록들은 절대 좌표를 사용하여 스프라이트를 이동시킨다.

- "x:10 y:10으로 이동하기"
- "1초 동안 x:10 y:10으로 움직이기"
- "x좌표를 10으로 정하기"
- "y좌표를 10으로 정하기"

원점에 있는 공을 (100, 100)으로 이동시키려면 "x:100 y:100으로 이동하기" 블록을 사용하면 된다. 스프라이트의 x좌표와 y좌표를 따로따로 설정하여도 된다. 이동이 완료되면 스프라이트의 중심점의 좌표가 (100, 100)이 된다. 스프라이트의 중심점은 그림 편집기에서 설정할 수 있다. 속도를 낮추어서 대상에 도달하게 하려면 "3초 동안 x:100 y:100으로 움직이기" 블록을 사용한다.

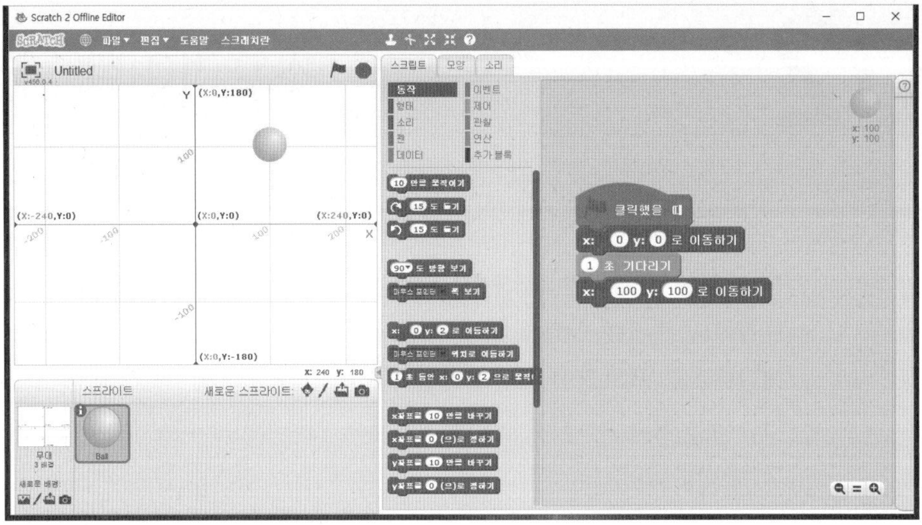

상대적으로 움직이기

“10만큼 움직이기”와 같은 블록들은 상대적인 이동 명령이다. “10만큼 움직이기” 블록을 실행하면 현재 위치에서 10만큼 이동한다. “10만큼 움직이기” 블록은 스프라이트의 현재 방향과 관련이 있다. 스크래치에서 사용하는 방향 규칙은 다음 그림과 같다.

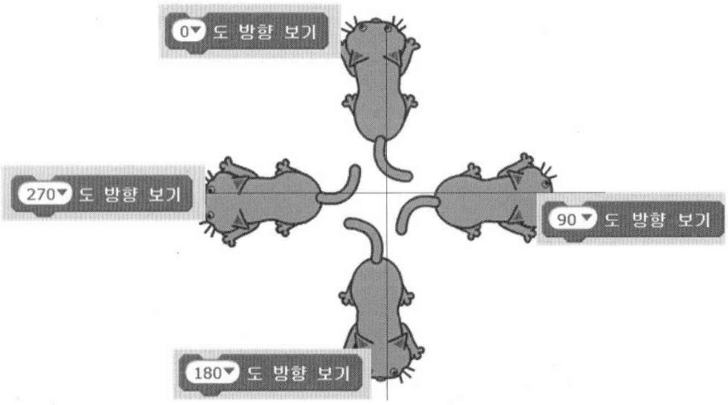

예를 들어서 원점에 있는 고양이를 30만큼 움직여서 (200, 150)에 있는 쥐를 잡아보자. 어떤 블록을 사용해야 하는가?

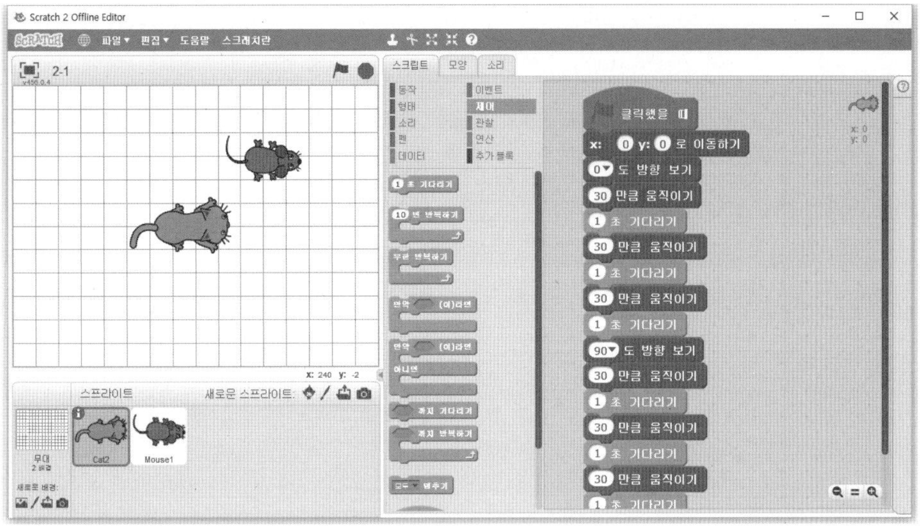

실습시간

우리는 동일한 지점을 갈 때 다음과 같이 2가지 방법으로 이동이 가능하다. 이것을 스크래치로 구현하여 보자.

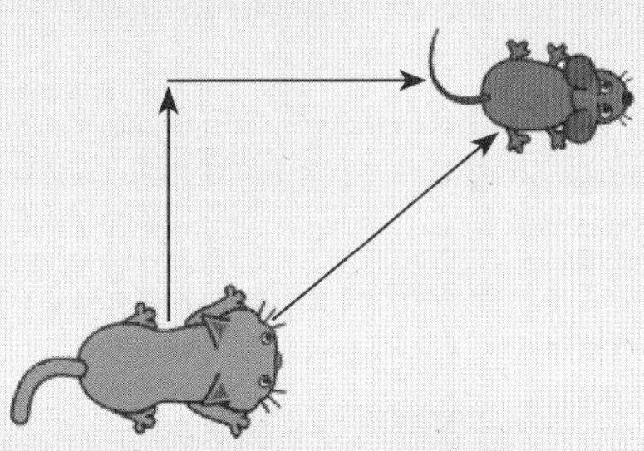

스크래치에서 제곱근을 계산하려면 "연산" 팔레트에서 [제곱근 ▼ (9)]을 사용한다.

다른 스프라이트 위치로 움직이기

스크래치에는 하나의 스프라이트가 마우스 위치나 다른 스프라이트 쪽으로 움직이는 편리한 블록이 있다.

- "마우스 포인터 위치로 이동하기"
- "Dog1 위치로 이동하기"

이것을 이용하여서 강아지가 공을 추적하는 앱을 작성하면 다음과 같다. 공은 마우스 포인터로 이동시킨다.

1. 고양이 스프라이트를 삭제하고 “Dog1”과 “Tennis Ball”을 추가한다.

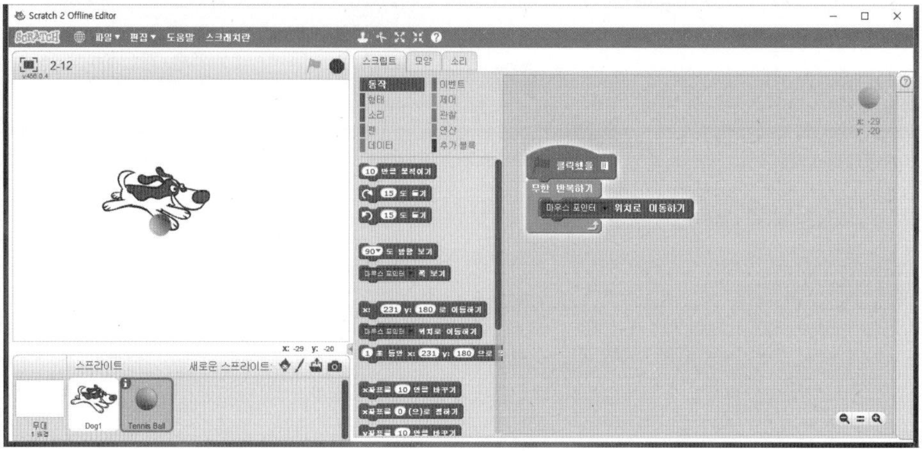

2. “Tennis Ball”에 위와 같은 스크립트를 추가한다. “마우스 포인터 위치로 이동하기” 블록을 사용한다.

3. “Dog1”에 다음과 같은 스프라이트를 추가한다.

4. 녹색 깃발을 눌러서 실행하여 본다.

03 터틀 그래픽

컴퓨터 프로그램은 명령어(instruction)로 이루어진다. 명령어란 컴퓨터에 내리는 명령을 의미한다. 우리는 명령어의 개념을 터틀 그래픽으로 이해하여 보자. 터틀 그래픽(turtle graphic)은 화면에서 거북이를 이동시켜서 그림을 그리는 기술이다. 터틀 그래픽은 입문자들이 이해하고 사용하기 쉬운 그래픽 기법이다.

거북이에게 명령을 내리면 거북이가 움직인다. 예를 들어서 “앞으로 전진(forward xxx)”, “왼쪽으로 방향 전환(left xxx)”, 오른쪽으로 방향 전환(right xxx) 등의 명령을 사용할 수 있다. 스크래치에서는 터틀 그래픽이 완벽하게 지원된다. 다만 스크래치에는 거북이가 기본으로 제공이 안 되기 때문에 고양이를 사용하자.

스크래치에서는 “펜” 카테고리에 속하는 블록을 사용하면 터틀 그래픽을 구현할 수 있다.

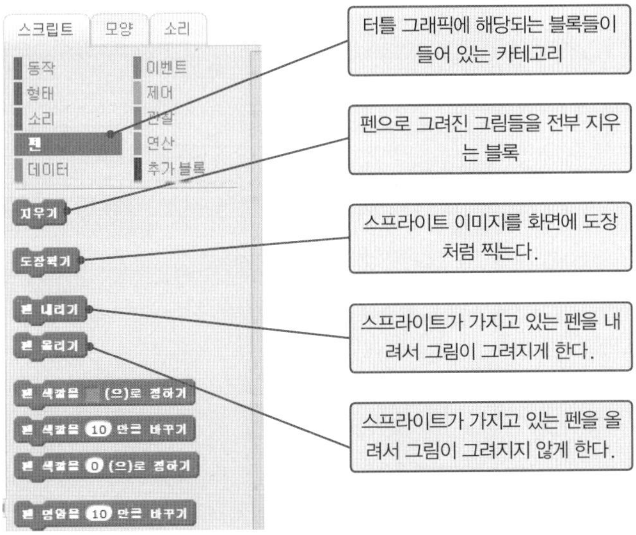

어떻게 터틀 그래픽으로 사각형을 그릴 수 있을까? 간단히 실습하여 보자.

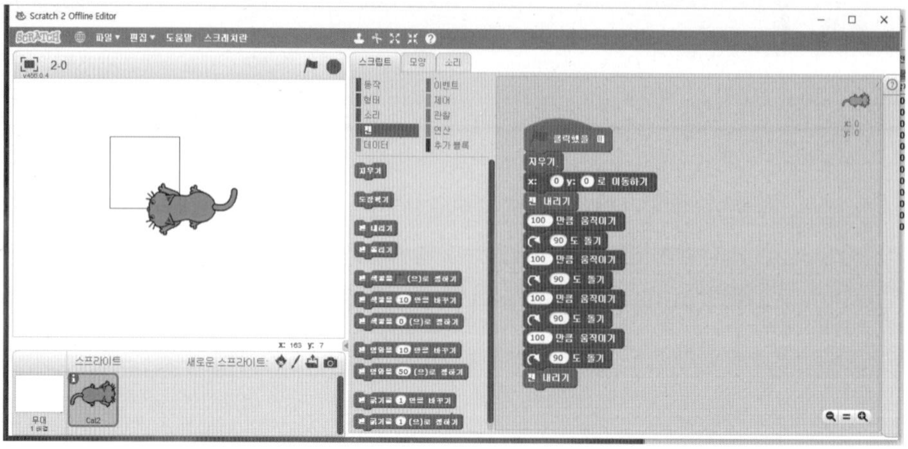

다음과 같은 순서대로 실습해보자.

1. 고양이 스프라이트를 삭제하고 "Cat2" 스프라이트를 추가한다. 크기를 약간 줄인다.

2. "Cat2" 스프라이트에 다음과 같은 스크립트를 추가한다. 먼저 펜을 내려야 하고 100만큼 움직인 후에 90도를 돌면 된다. 이 과정을 4번 반복하면 사각형이 그려진다.

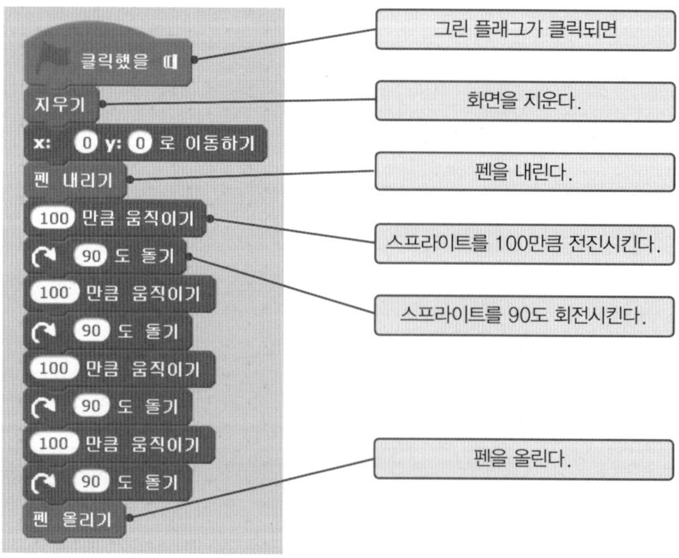

3. 위의 코드를 보면 동일한 동작이 4번 반복된다. 프로그램에서 반복 패턴을 발견하면 이것을 반복 구조를 사용하여 간단하게 하는 것이 좋다. 스크래치에서는 정해진 횟수만큼 반복시키는 "4번 반복하기" 블록이 "제어" 팔레트에 있다.

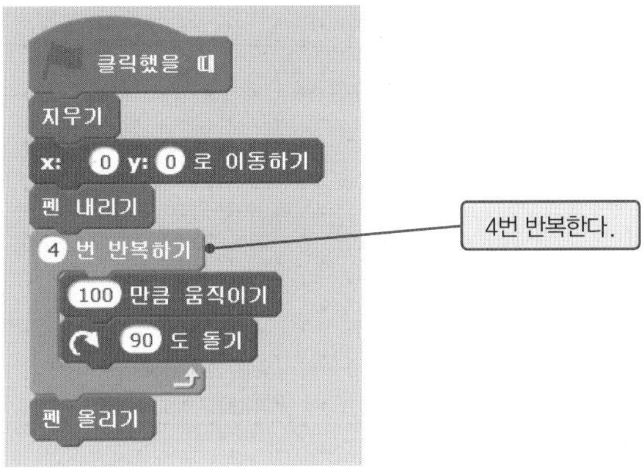

컴퓨터 프로그램은 우리가 CPU에 내리는 명령으로 이루어진다. 터틀 그래픽에서 명령은 "100만큼 움직이기", "90도 돌기"와 같은 블록이라고 할 수 있다.

실습시간

1. 터틀 그래픽으로 삼각형을 그리려면 어떤 블록들을 모아서 실행하여야 할까?

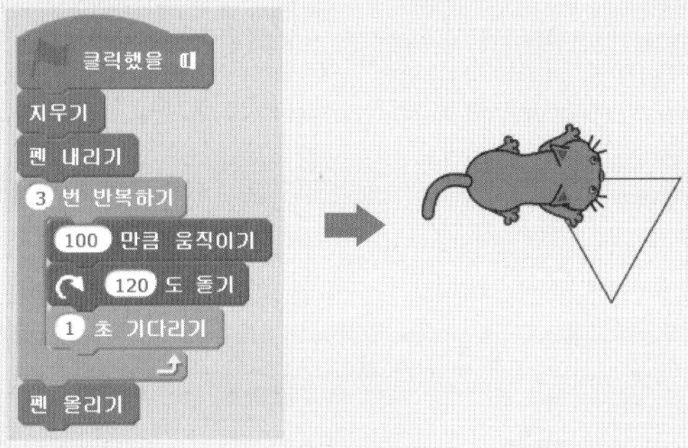

2. 터틀 그래픽으로 육각형을 그리려면 어떤 블록들을 모아서 실행하여야 할까?

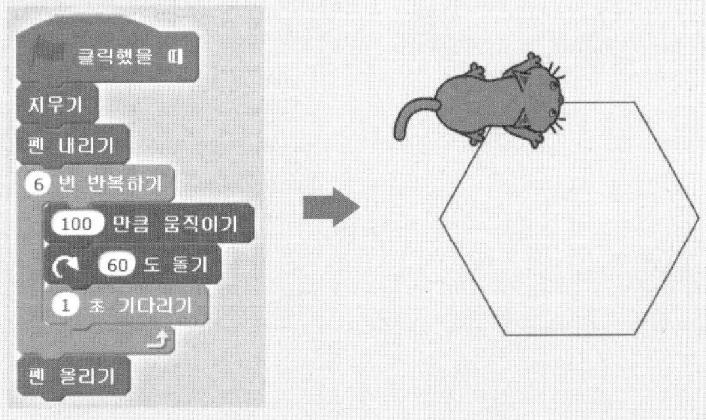

반복 구조와 터틀 그래픽

우리는 반복 구조도 간단히 배웠다. 자 이제 반복 구조와 터틀 그래픽을 이용하여 멋있는 그림을 그려보자.

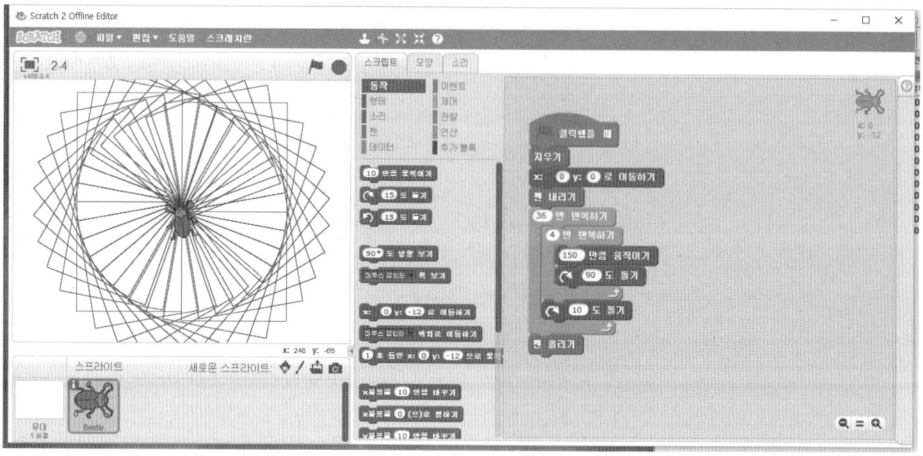

화면에 그림이 어떻게 그려지고 있는 것인지를 파악해보자. 반복 블록 안에 다시 반복 블록이 들어가 있다. 내부 반복 블록에 의하여 하나의 사각형이 그려진다. 외부 반복 블록은 스프라이트의 방향을 10도씩 변경한다.

도장찍기

스크래치에 있는 재미있는 블록 중의 하나가 "도장찍기" 블록이다. 이 블록을 실행하면 스프라이트의 이미지를 화면에 찍을 수 있다. 다음과 같은 앱을 작성하여 실습해보자.

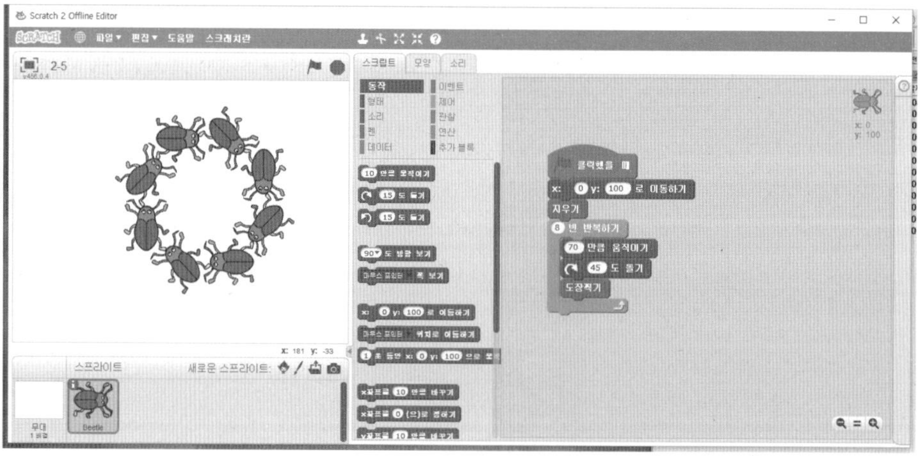

도장(stamp)은 무대에 그려지는 스프라이트의 임시적인 이미지이다. "지우기" 블록을 실행하면 도장은 화면에서 사라진다. 도장은 이동할 수 없고 스크립트도 붙일 수 없다. 즉 도장은 스프라이트가 아니다.

실습시간

1. 터틀 그래픽으로 집을 그려보자.

2. 터틀 그래픽으로 세일보트를 그려보자.

실전 예제

비봇

우리가 여기서 실습할 내용은 비봇(bee-bot)을 사용해보는 것이다. 실제 비봇이 있으면 좋겠지만 스크래치에는 여러 사람들이 수고하여 만들어 놓은 비봇 시뮬레이터가 있다. 예를 들어서 https://scratch.mit.edu/projects/55987596/에 접속하면 다음과 같은 화면이 등장한다. 우리는 비봇 시뮬레이터를 통하여 명령어의 개념을 학습해보자.

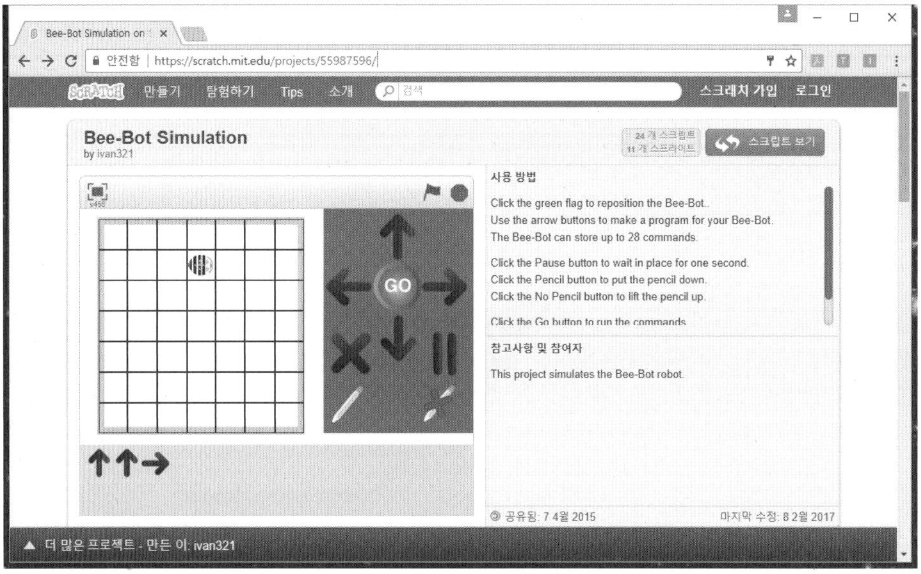

1. 중앙에 있는 비봇을 오른쪽 상단으로 이동시켜보자. 필요한 화살표를 누르고 "Go" 버튼을 클릭한다.

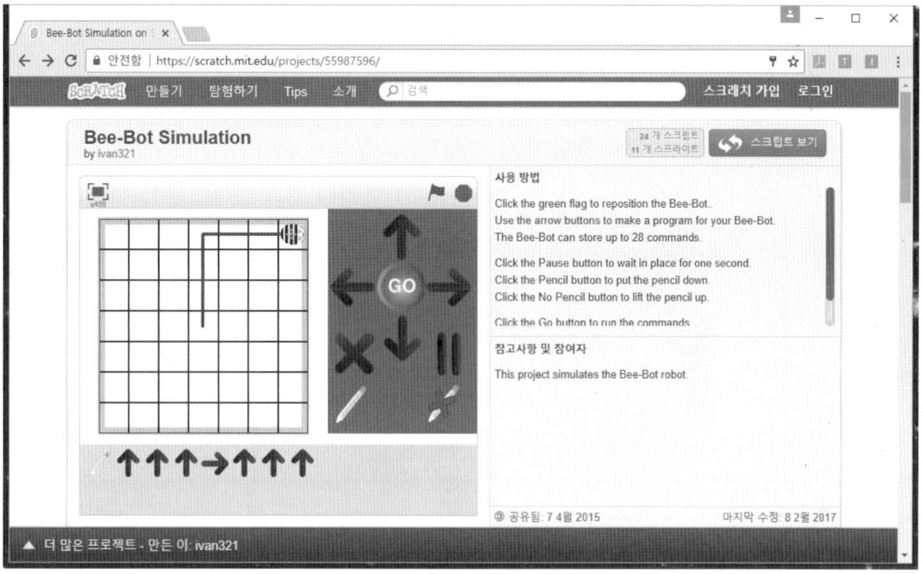

2. 중앙에 있는 비봇을 왼쪽 하단으로 이동시켜보자. 필요한 화살표를 누르고 "Go" 버튼을 클릭한다.

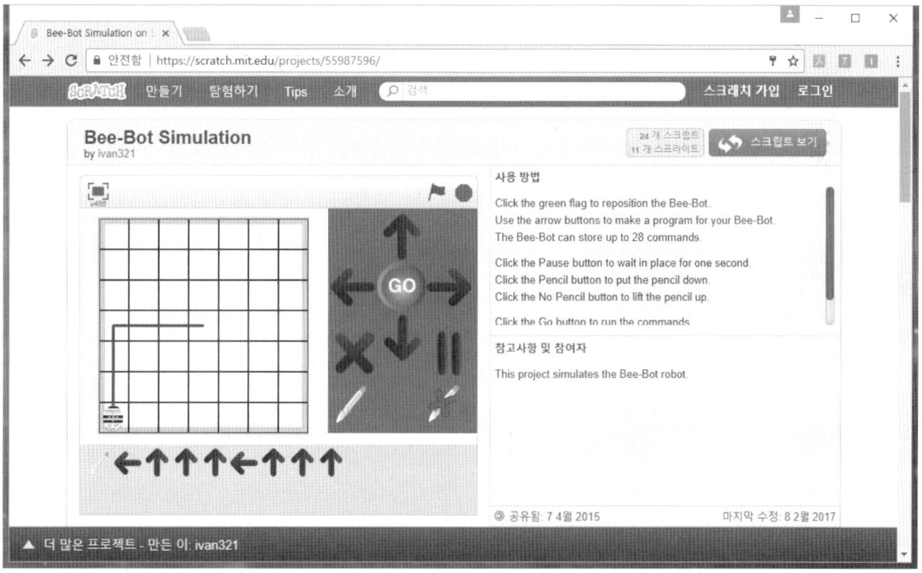

실전
예제

이진수 연습

이진수는 컴퓨터 하드웨어의 핵심적인 개념이다. 다음 스크래치 앱을 통하여 2진수의 개념을 학습해보자.

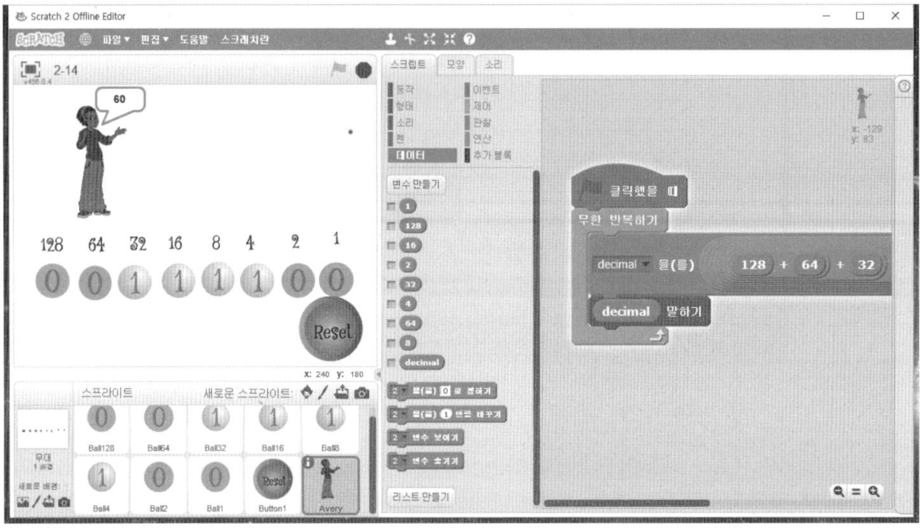

위의 앱에서 8개의 원은 이진수의 비트를 나타낸다. 원을 클릭하면 0에서 1로 또는 1에서 0으로 값이 변경된다. “Reset” 버튼을 누르면 전체 비트가 0이 된다. “Avery” 스프라이트는 8비트로 이루어진 2진수의 값을 계산하여 말한다.

실전 예제

이진수 게임

1. 간단한 게임을 통하여 이진수를 연습해보자. 출판사 홈페이지에서 다운로드 받을 수 있는 스크래치 소스에서 "chap2/2-3.sb"를 찾아서 연다.

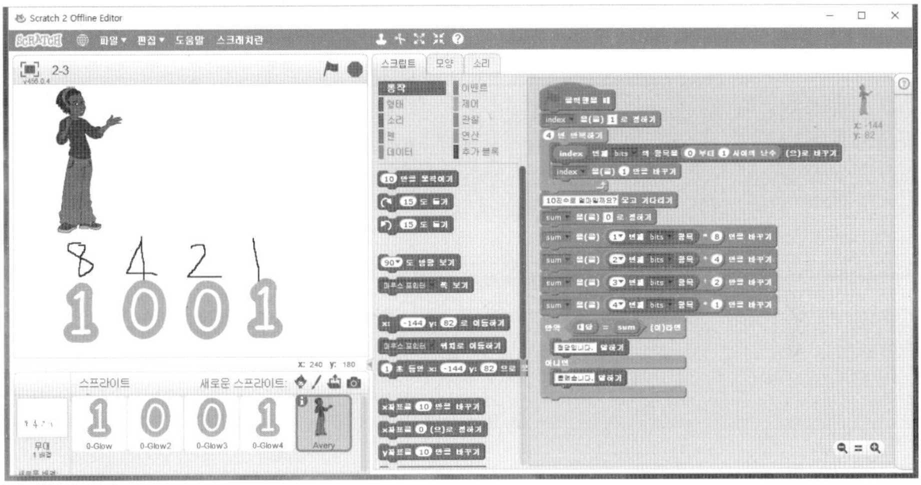

2. 스크래치를 실행해보자. 난수를 이용하여 0과 1이 결정되고 여러분은 이것을 10진수로 변환하여 답변하면 된다.

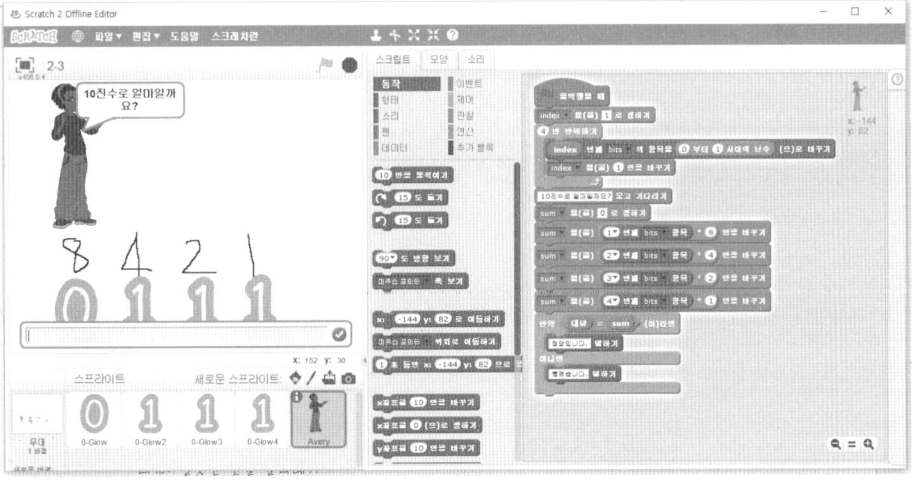

3. 스크래치 스크립트는 정답인지 오답인지를 화면에 출력한다.

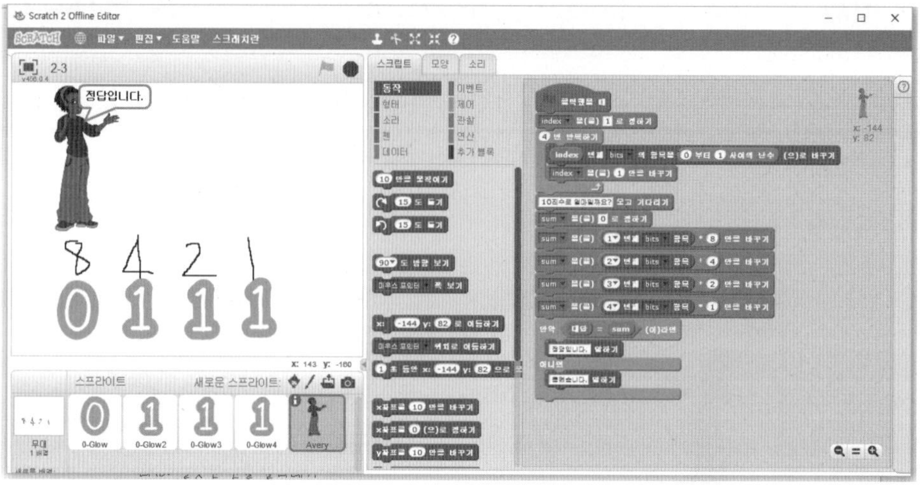

CHAPTER

03

SCRATCH WORKBOOK

분해

이번 장에서는 다음과 같은 내용을 학습합니다.

- ▶ 스크래치에서 변수와 자료형의 개념을 살펴본다.
- ▶ 스크래치에서 새로운 함수 블록을 생성하여 사용해본다.
- ▶ 컴퓨팅 사고의 중요한 개념인 "분해"에 대하여 살펴본다.

학습목차

Section 01 이번 장에서 학습할 내용

분해(decomposition)는 컴퓨팅 사고의 4가지 기초개념 중 하나이다. 분해는 복잡한 문제를 쪼개서 해결 가능한 크기의 작은 문제들의 집합으로 바꾸는 기술이다. 예전부터 수학에서는 분해기법을 많이 사용해왔다. 이러한 방법은 컴퓨팅 사고에서도 사용된다. 복잡한 문제를 분해를 통하여 더 작은 문제로 바꾸고 이 문제들을 해결하는 것이다.

1. 스크래치에서의 변수와 함수에 대하여 자세히 살펴본다.

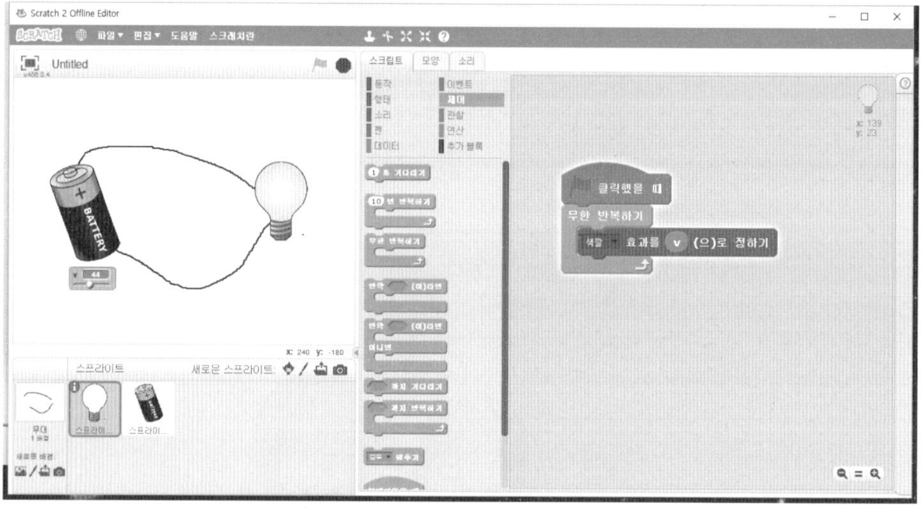

2. 컴퓨팅 사고에서 "분해"와 관련된 Lab 문제를 컴퓨터로 실습해본다.

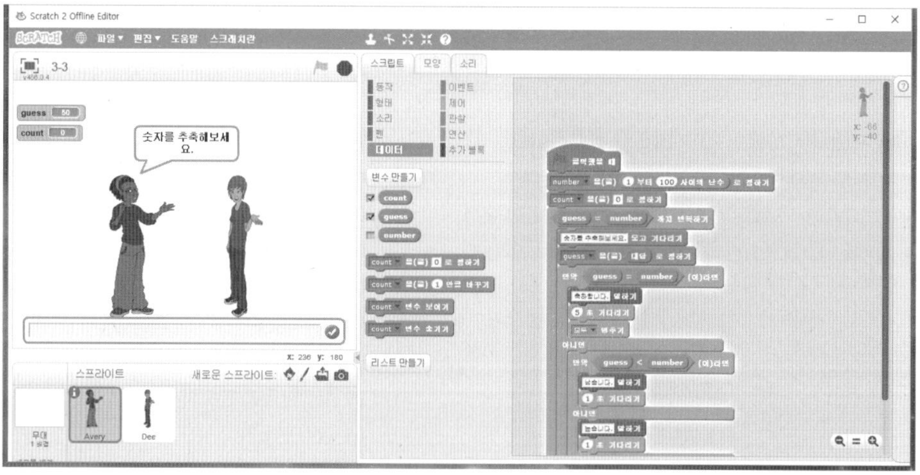

Section 02 스크래치에서 사용할 수 있는 자료의 종류

스크래치에서는 어떤 종류의 데이터들을 사용하고 있을까? 많은 컴퓨터 프로그램이 숫자, 텍스트, 이미지 등 다양한 종류의 데이터를 조작한다. 스크래치에서 사용되는 자료형(데이터의 종류)에는 다음과 같은 3가지가 있다.

- 부울형(boolean type)은 true 또는 false의 두 가지 값 중 하나만 가질 수 있다. 부울형을 사용하여 조건을 테스트하고 결과에 따라 프로그램이 다른 실행 경로를 선택하도록 할 수 있다. 부울형은 6각형 모양의 블록이다.
- 수치형(value type)은 정수와 실수 값을 모두 저장할 수 있다. 스크래치는 둘을 구분하지 않는다. 그들은 모두 "숫자"로 분류된다. 수치형은 둥근 블록이다.
- 문자열(string)은 문자(a~z), 숫자 (0~9), 기타 기호(+, − 등)들이 서로 연결된 것이다. 문자열을 사용하여 이름, 주소 등을 저장할 수 있다.

블록의 모양

스크래치의 블록들은 다양한 값을 받아서 실행된다. 예를 들어서 "10만큼 움직이기" 블록은 10을 입력으로 받는다. 이것을 블록의 매개 변수(parameter)라고 한다.

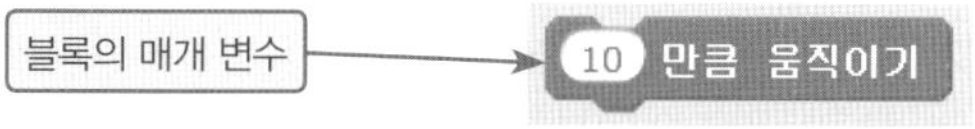

블록과 매개변수 슬롯이 특정한 기하학적 모양을 가지고 있다는 것을 알고 있었는지 모르겠다. 예를 들어 "10만큼 움직이기" 블록의 매개 변수 슬롯은 둥근 모서리 사각형이다. "Hello! 말하기" 블록의 매개 변수 슬롯은 사각형이다. 매개 변수 슬롯의 모양은 블록이 받아들이는 자료형과 관련이 있다. "10만큼 움직이기" 블록의 매개 변수 슬롯에는 숫자만 입력 할 수 있다.

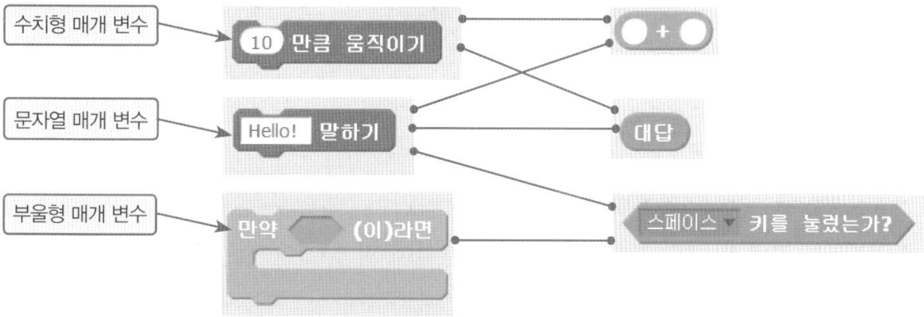

매개 변수 슬롯은 3가지 모양(둥근 사각형, 사각형, 육각형)을 가지며 블록은 2가지 모양(둥근 사각형, 육각형)만 갖는다. 각 모양은 특정 자료형을 나타낸다. 둥근 사각형 블록은 숫자 또는 문자열을 반환할 수 있다.

어떤 블록의 매개 변수 슬롯이 육각형이라면 부울형의 블록만을 받는다. 블록의 매개 변수 슬롯이 둥근 사각형이면 둥근 사각형 형태의 블록만 사용할 수 있다. 하지만 블록의 매개 변수 슬롯이 사각형 이면 모든 함수 블록을 허용한다. 규칙은 꽤 복잡하지만 여러분들을 이것을 외울 필요가 없다. 스크래치가 알아서 처리한다. 즉 육각형 모양의 블록을 둥근 사각형 슬롯으로 드래그하면 자료형이 불일치하기 때문에 블록을 삽입할 수 없다.

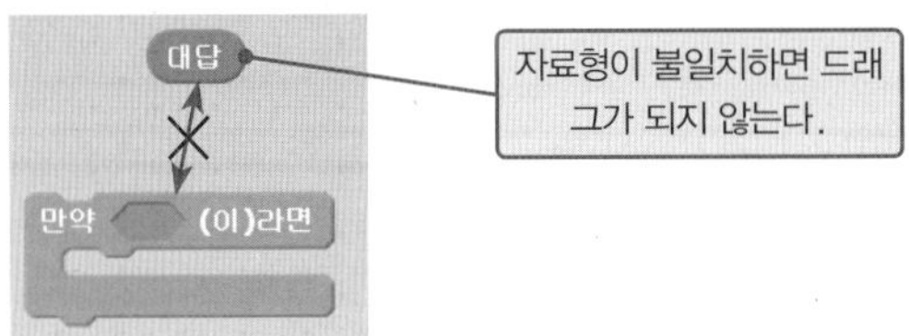

자동 자료형 변환

위에서 언급했듯이 수치형을 받는 블록에는 수치형을 나타내는 둥근 사각형 블록만 허용된다. 스프라이트의 "x좌표", "y좌표", "방향" 등은 모두 수치형으로 둥근 사각형 블록이다. 따라서 수치형 매개 변수 슬롯에서 사용할 수 있다. 하지만 "대답"과 같은 블록은 문자열을 포함할 수도 있다. 문자열이 들어 있는 "대답" 블록을 수치형 슬롯에 삽입하면 어떻게 될까? 다행스럽게도 스크래치는 필요에 따라 자동으로 자료형 간에 변환을 시도한다. 상황에 따라 문자열을 수치형으로 변환하거나 반대로 수치형을 문자열로 변환하기도 한다.

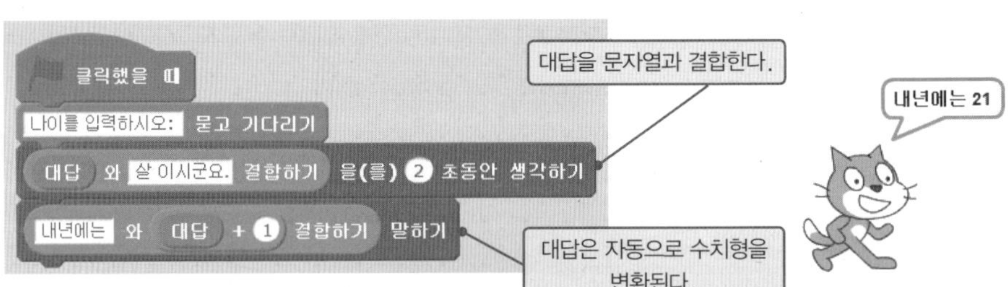

이 예에서 사용자는 입력 프롬프트에 응답하여 20을 입력한다고 하자. 사용자 입력은 "대답" 블록에 저장된다. 이 입력이 "생각하기" 블록에 전달되면 자동으로 문자열로 변환된다. 동일한 "대답"이 더하기 블록에 전달되면 숫자 20으로 변환된다. 스크래치는 이러한 전환을 자동으로 처리한다. 사용자는 신경쓰지 않아도 된다.

변수

우리가 1장에서 작성해본 간단한 시뮬레이션을 기억하는지 모르겠다. 바다 속에서 상어가 물고기를 잡아먹으면 점수가 1점 증가한다. 우리는 어떻게 점수를 어떻게 추적할 수 있을까? 변수를 사용해야 한다.

이 절에서는 프로그래밍 언어의 가장 중요한 요소 중 하나인 변수를 소개한다. 스크래치에서 변수를 생성하는 방법과 변수를 사용하여 데이터를 저장하는 방법을 배워본다. 변수 값을 설정하고 변경하기 위해 사용하는 블록도 학습한다.

변수란 무엇인가?

변수(variable)는 컴퓨터 메모리에 이름이 붙여진 영역이다. 변수는 숫자와 텍스트 같은 데이터를 저장하는 상자라고 생각할 수 있다. 아래 그림은 현재 값이 100인 변수 score를 보여주고 있다.

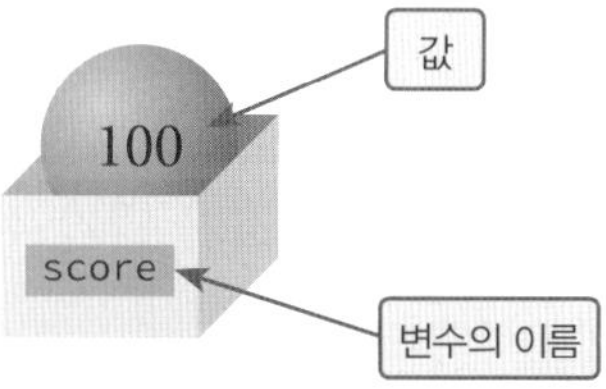

변수를 생성할 때, 프로그램은 값을 저장할 만큼 충분한 메모리를 할당하고 할당된 메모리에 해당 변수의 이름을 붙인다. 변수가 생성되면 프로그램에서 변수의 이름을 사용하여 값을 저장하거나 참조할 수 있다. 예를 들어, score가 100인 변수가 생성되면, "score 말하기"와 같은 블록을 구성할 수 있다. 스크래치가 이 블록을 실행할 때, 컴퓨터 메모리에 있는 score 변수의 위치를 알아내고 변수의 내용 100을 가져 와서 해당 값을 스프라이트가 말하게 된다. 변수 score는 프로그램 전체에서 사용할 수 있고 저장된 값은 언제든지 변경이 가능하다. 이것이 우리가 변수라고 부르는 이유이다.

변수의 용도

변수는 사용자로부터 받은 값을 저장한다. 또 하나의 중요한 용도는 수식을 계산하는 도중에 중간 결과를 저장하는 것이다. 이것은 사람이 수식을 계산하는 것과 비슷하다. 예를 들어 수식 (7 + 5)/(2 + 1)을 계산하는 경우에 사람은 (7 + 5)를 먼저 계산하고 결과값 12를 암기하거나 공책에 적는다. 또 (2 + 1)을 계산하고 결과값 3을 암기하던지 공책에 적는다. 마지막으로 12를 3으로 나누어서 최종 결과값 4를 얻는다.

수식 (7 + 5)/(2 + 1)을 다음과 같이 계산하여도 되지만 이것은 좋은 방법은 아니다. 하나의 명령으로 수식 전체를 계산할 수 있지만 모든 것을 한 문장으로 밀어 넣으면 아래와 같이 읽기 힘들어진다.

또 다른 방법은 분자와 분모를 개별적으로 계산한 다음 "말하기" 블록을 사용하여 나누기 결과를 표시하는 것이다. 분자를 나타내는 x 변수와 분모를 나타내는 y라는 변수를 만들고 x/y를 계산함으로써 더 알아보기 쉬운 프로그램을 작성할 수 있다.

동일한 작업을 하는 프로그램이라고 하더라도 여러 가지 방식으로 작성할 수 있다. 프로그램을 평가하는 기준은 여러 가지이다. 일반적으로 프로그램의 속도가 중요하다. 또 수행할 때 필요한 메모리의 크기도 중요하다. 또 하나 중요한 것은 가독성이다. 가독성이란 프로그램 소스가 읽기 쉬워야 한다는 것이다. 적절한 이름의 변수를 사용하는 것도 가독성을 높인다.

변수의 생성 및 사용

우리는 이미 앞장에서 변수를 사용한 바 있지만 이 절에서는 변수를 생성하고 사용하는 방법을 자세히 살펴본다. 다음 그림과 같이 배터리와 전구 스프라이트를 작성하고 무대에 전선을 그려 넣는다.

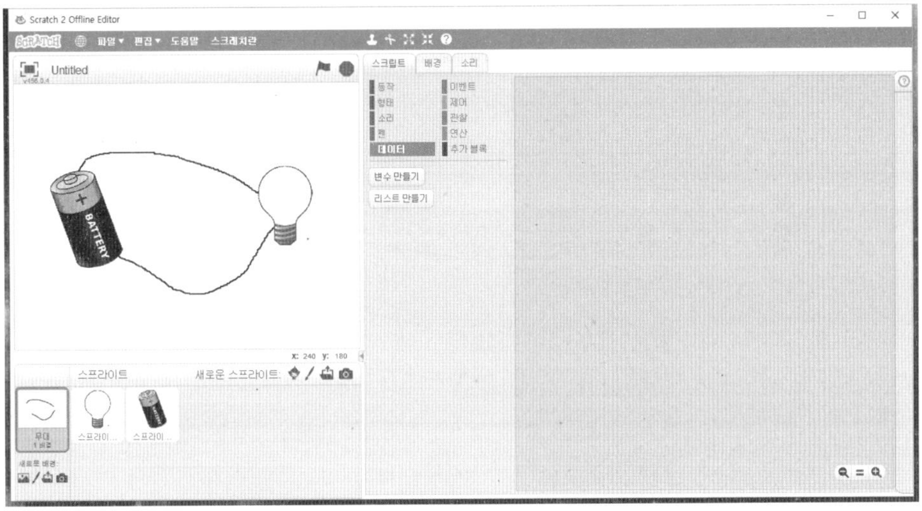

배터리의 전압을 표시하는 변수를 생성하고 변수의 값에 따라서 전구의 밝기가 조절되는 애플리케이션을 작성해보자.

1. 배터리의 전압을 나타내는 변수 v를 생성해보자. 스크래치에서 변수를 생성하고 조작하는 블록은 "데이터" 팔레트에 포함되어 있다. "데이터" 팔레트에서 "변수 만들기" 버튼을 누르고 변수의 이름을 기입한다.

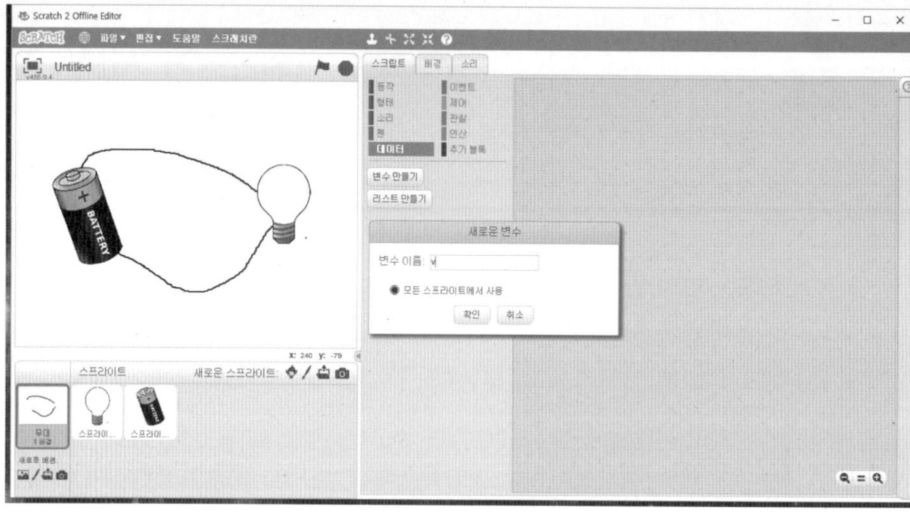

2. 변수가 만들어지면 변수를 조작할 수 있는 블록이 화면에 나타난다. 변수 모니터란 무대에서 변수의 값을 보여주는 작은 창이다.

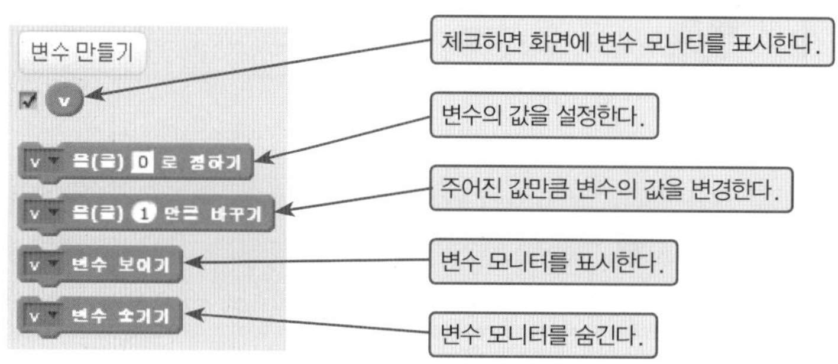

3. 변수 v의 모니터를 배터리 아래로 이동한다. 이어서 변수 모니터위에서 마우스의 왼쪽 버튼을 클릭하여서 "슬라이더 사용하기" 메뉴를 선택한다.

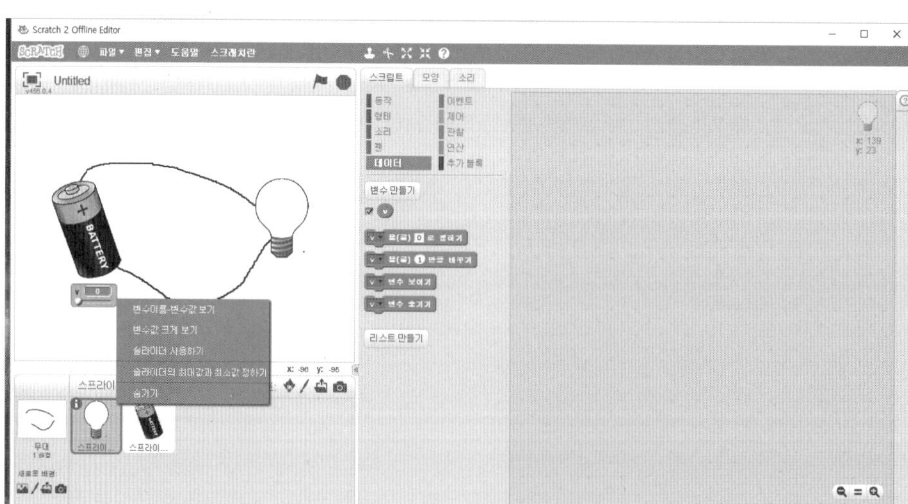

4. 전압에 따라 전구의 밝기가 변경되도록 전구 스프라이트에 다음과 같은 스크립트를 추가한다. 변수 v의 슬라이더를 변경하면서 전구의 밝기가 변화되는지 관찰한다.

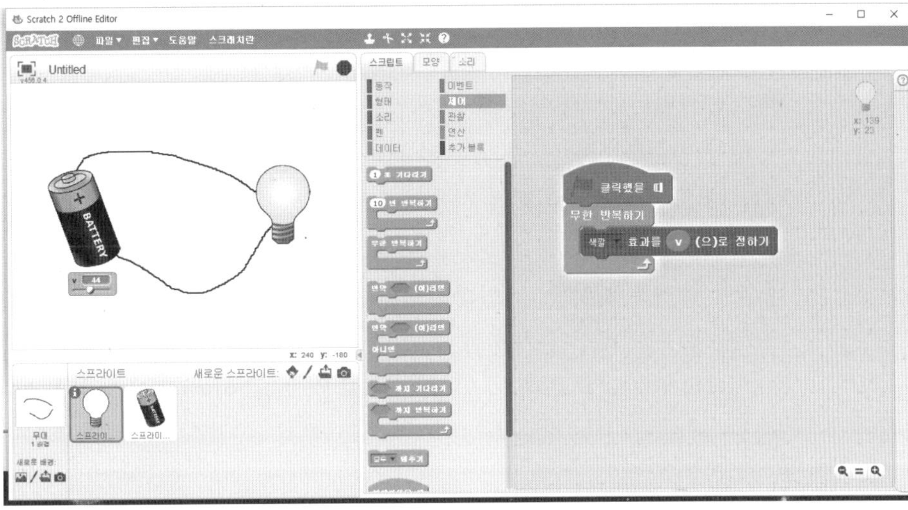

실습시간

버튼을 누르면 주사위가 던져지고 값이 표시되는 애플리케이션을 작성해보자. 주사위의 값을 변수 face에 저장하여 사용한다.

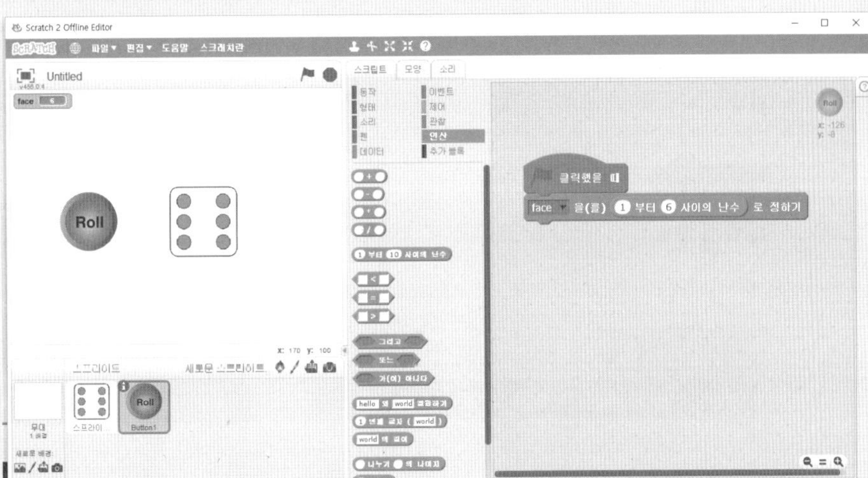

05 변수의 범위

변수와 관련된 또 다른 중요한 개념은 변수의 범위(scope)이다. 변수의 범위에 따라 해당 변수를 사용할 수 있는 스프라이트가 결정된다. 스크래치에서는 변수를 생성할 때 모든 스프라이트가 사용하게 할 것인지 아니면 해당 스프라이트만 사용하게 할 것인지를 선택할 수 있다. 아래 그림에서 2가지의 옵션 중 하나를 선택하여 변수의 범위를 지정할 수 있다. "모든 스프라이트에서 사용"을 선택하면 모든 스프라이트에서 이 변수를 사용할 수 있다. "이 스프라이트에서만 사용"을 선택하면 다른 스프라이트는 변수의 값을 읽고 사용할 수는 있지만 변수의 값을 변경할 수는 없다.

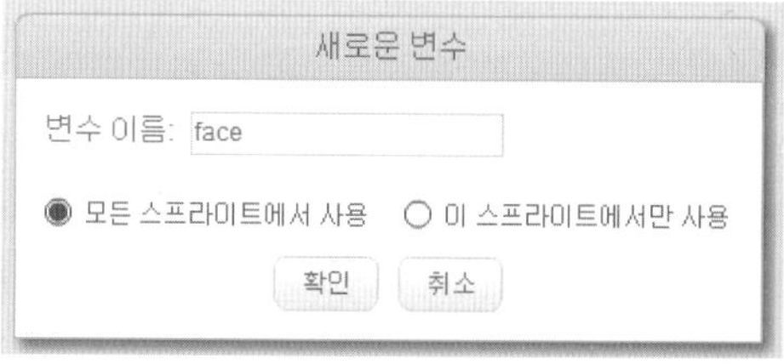

만약 스프라이트 Dog2에서 "이 스프라이트에서만 사용"으로 정의된 변수 value의 값을 읽으려면 다음과 같이 한다.

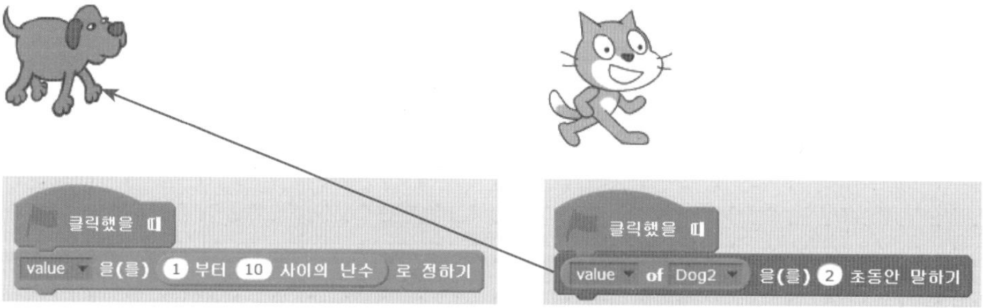

이 그림에서 Dog2 스프라이트에는 스프라이트에만 해당하는 범위를 가지는 변수 value가 있다. 고양이 스프라이트는 value의 값을 읽을 수 있지만 변경할 수는 없다. 그러나 스크래치는 고양이 스프라이트가 value 변수를 변경할 수 있는 블록은 제공하지 않는다. 고양이 스프라이트는 변수 value를 변경할 수는 없는 것이다.

Dog2 스프라이트에 의해서만 업데이트되어야하는 변수에 대해 "이 스프라이트에서만 사용"으로 범위를 사용하는 것이 좋다.

"이 스프라이트에서만 사용"으로 정의된 변수를 지역 변수(local variable)라고 부른다. 반대로 "모든 스프라이트에서 사용"으로 정의된 변수를 전역 변수(global variable)라고 한다. 스프라이트가 다르면 지역 변수에 동일한 이름을 사용할 수 있다. 예를 들어, 거북이 경주 게임에 2개의 거북이 스프라이트가 있다면 각각의 거북이 스프라이트는 speed라는 지역 변수를 가질 수 있다. 각 거북이 스프라이트의 speed 변수는 다른 거북이 스프라이트의 speed 변수와는 독립적으로 값을 변경할 수 있다. 즉 첫 번째 거북이의 speed를 60으로 설정하고 두 번째 거북이의 speed를 30으로 설정하면 첫 번째 거북이의 속도가 더 빠를 것이다.

06 방송하기

스크래치에서 각각의 스크래치들은 어떻게 정보를 주고받을까? 전역 변수를 사용하는 것이 첫 번째 방법이다. 하지만 가장 많이 사용되는 방법은 방송을 하는 것이다. 스크래치에서 스프라이트는 "이벤트" 팔레트에 있는 다음의 3가지 블록을 사용하여 방송을 하고 방송을 받을 수 있다.

- "메시지1을 받았을 때"
- "메시지1 방송하기"
- "메시지1 방송하고 기다리기"

예를 들어서 "Abby" 스프라이트가 beetle, dinosaur1, dog1 스프라이트에 "run" 메시지를 보낸다고 하자. beetle, dinosaur1, dog1 스프라이트는 "run" 메시지를 받으면 현재의 위치에서 앞으로 달린다.

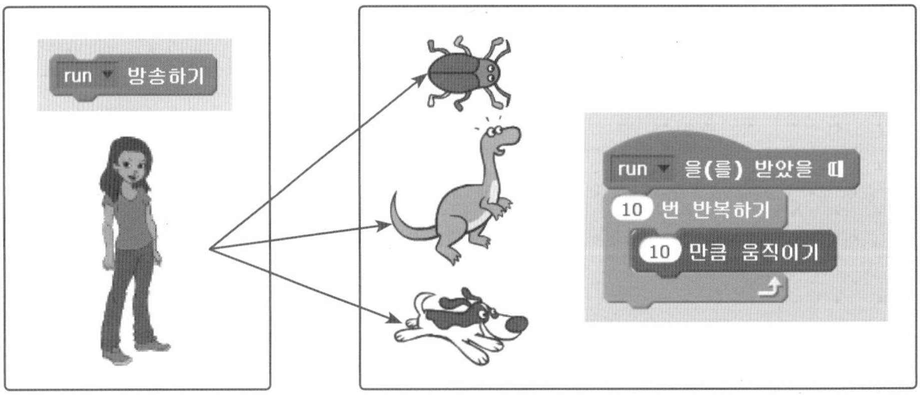

위의 그림에서 Abby 스프라이트는 "run" 메시지를 방송하며 이 방송은 모든 스프라이트에게 전송된다. 이 메시지에 응답하여 beetle, dinosaur1, dog1은 모두 자신의 스크립트를 실행한다.

방송할 때, "run 방송하고 기다리기" 블록을 선택하면 메시지 수신자가 실행을 완료할 때까지 기다린다.

07 복잡한 문제 분해하기

지금까지 작성한 스크립트는 비교적 짧고 간단하다. 만약 스크립트가 수백 블록이 연결된 길고 복잡한 스크립트가 된다면 이것을 이해하고 유지 관리하는 것이 상당히 어려워진다. 프로그래밍에서는 이것을 "분해(decomposition)" 기법을 이용한다. 즉 "하향식 설계"로 알려진 방법은 1960년대 중반에 복잡한 컴퓨터 프로그램을 쉽게 작성하고, 이해하고 유지 관리하기 위하여 개발되었다. 하나의 커다란 프로그램으로 작성하는 대신에, "하향식 설계"는 프로그램을 더 작은 조각들로 나누어서 작성한다. 각각의 조각은 전체 작업 중에서 하나의 부분을 수행한다.

예를 들어서 피자를 만드는 문제를 생각해보자. 피자를 만드는 문제는 다음과 같이 5개의 부분 문제로 나눌 수 있다.

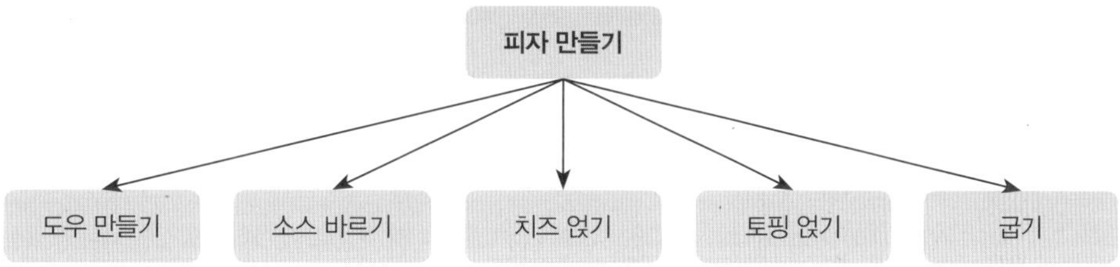

문제를 나눈 후에 부분 문제를 개별적으로 해결하여 본 문제를 해결하면 된다.

구체적인 예를 들어보자. 스크래치의 터틀 그래픽을 이용하여 다음과 같은 집을 그린다고 하자. 집은 하나의 삼각형과 2개의 사각형으로 이루어져 있다.

집은 여러 가지 방법으로 그릴 수 있지만 아마도 다음 그림의 왼쪽과 같이 상당히 긴 스크립트가 될 것이다. 이것을 오른쪽과 같이 기능별로 더 작은 논리적 블록으로 나눌 수 있다면 편리할 것이다.

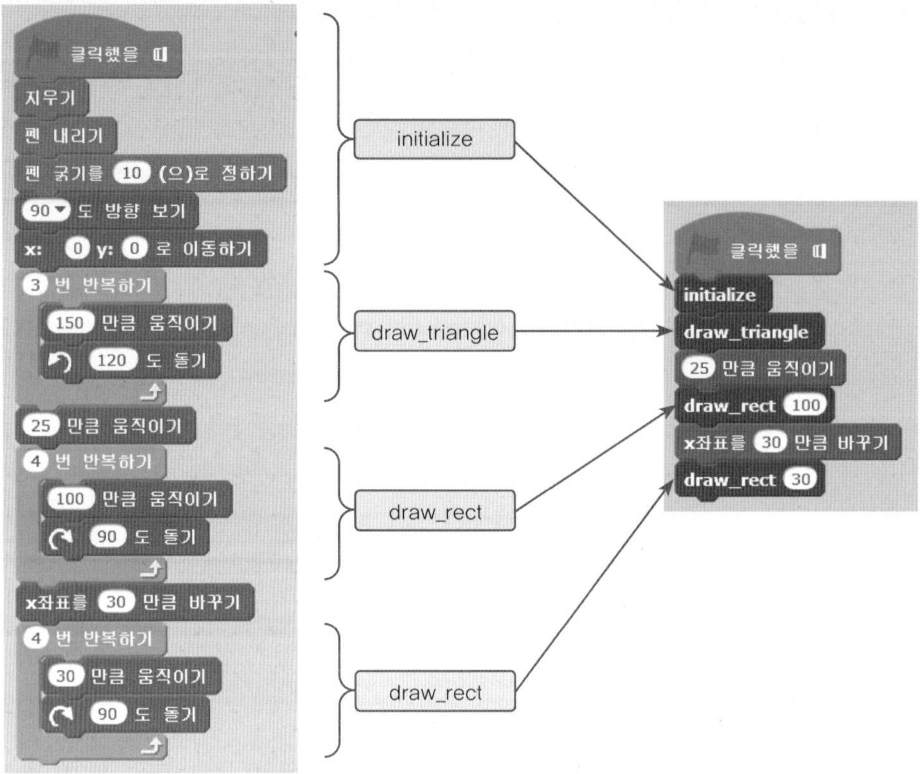

처음 5개 블록은 스프라이트를 초기화한다. 첫 번째 반복 블록은 집의 지붕에 해당되는 삼각형을 그리고 두 번째 반복 블록과 세 번째 반복 블록은 사각형을 그린다.

스크래치 2.0 버전에서는 사용자가 필요한 블록을 제작할 수 있다. 위의 그림에서 "initialize", "draw_triangle", "draw_rect"와 같이 이름 붙여진 블록이 바로 우리가 직접 작성한 블록이다. 이들 블록을 사용하면 원본보다 이해하기 쉽다. 사용자 정의 블록을 사용하면 동일한 코드를 두 번 쓰지 않아도 된다. 만약 동일한 블록의 집합이 프로그램의 여러 위치에서 실행된다면 블록들을 복사하는 대신, 해당 블록을 모아서 사용자 정의 블록을 작성할 수 있다. 즉 코드의 재사용이 가능하다. 위의 예에서는 "draw_rect" 블록이 재사용되고 있다.

이렇게 사용자 정의 블록을 사용하면 복잡한 문제를 해결하기 위해 "분할 및 정복" 전략을 적용할 수 있다. 복잡한 문제를 간단한 하위 문제로 나눈 후에 이 간단한 하위 문제를 개별적으로 정복하고 각 하위 문제를 개별적으로 테스트한다. 모든 하위 문제를 분리하여 해결한 후에는 원래의 문제를 해결하기 위하여 이러한 하위 문제의 해결책을 하나로 묶는다. 이는 앞에서 설명한 피자 굽기 전략과 유사하다. 피자를 굽는 문제를 잘 정의 된 단계로 구분하여 올바른 순서로 이 단계를 실행하여 최종 제품을 만드는 것이다.

08 함수 만들기

스크래치 2.0부터 사용자 정의 블록을 직접 만들 수 있다. 우리가 사용자 정의 블록을 만들면 이들 블록들은 언제든지 필요할 때 사용할 수 있다. 사용자 정의 블록을 프로그래밍 언어에서는 함수(function)이라고 한다. 함수는 입력을 받아서 출력을 만드는 기계로 생각할 수 있다.

함수를 만드는 보여주기 위해 마지막 절에서 설명한 "집 그리기" 프로그램에서 함수를 작성해보자.

1. 먼저, 이전에서 살펴본 house1.sb2 파일을 연다.
2. wizard2 스프라이트를 클릭하여 선택한다. "추가 블록" 팔레트를 선택하고 "블록 만들기"를 클릭한다. 아래 그림과 같은 대화 상자가 나타난다.

3. "확인" 버튼을 누르면 "추가 블록" 팔레트에 initialze라는 새로운 함수 블록이 나타나야하며 아래와 같이 initialize 블록 정의가 스크립트 영역에 나타나야 한다. 아래 그림과 초기화에 관련된 블록들을 복사하여 initialize 블록 정의에 연결한다.

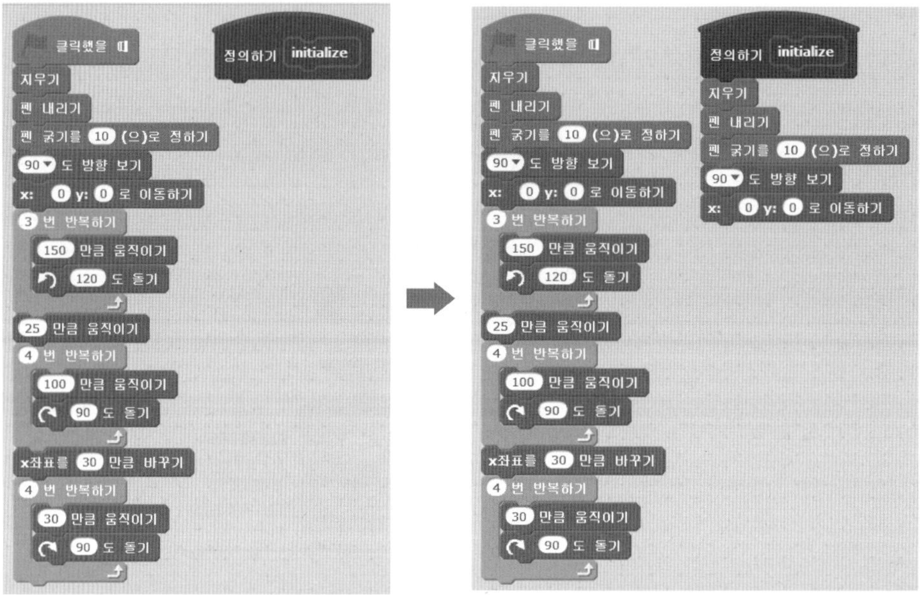

4. 사용자 정의 블록으로 구현된 initialize 블록이 생성된다.

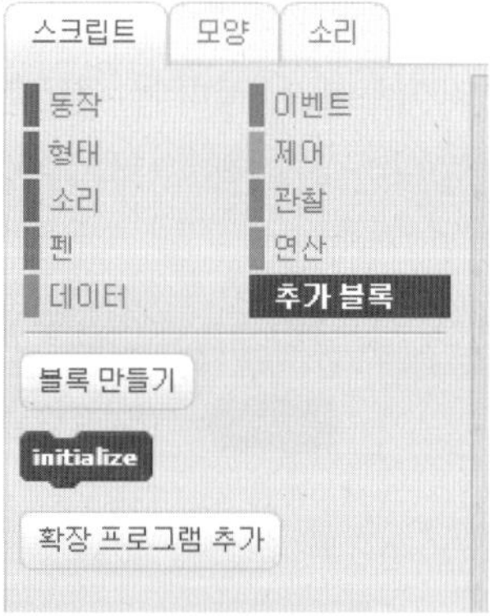

5. 이제 initialize 블록을 만들었으므로 initialize 블록을 호출하면 된다. 아래 그림과 같이 초기화하는 블록들을 삭제하고 initialize 블록을 끼워 넣는다.

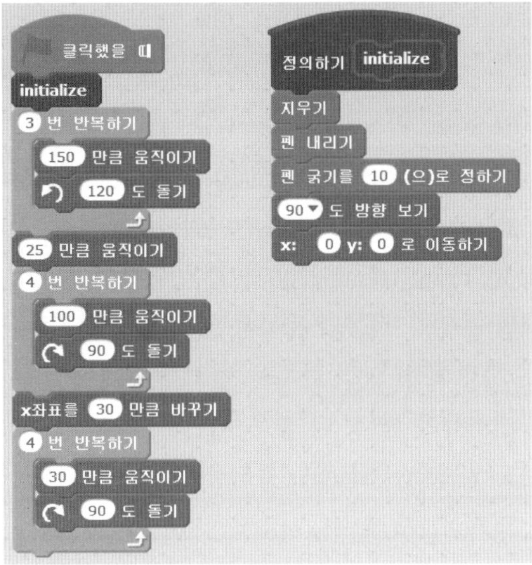

6. 이제 프로그램이 완료되었으며 테스트할 수 있다. 녹색 깃발을 클릭하여 프로그램이 이전과 같이 작동하는지 확인한다. 이제 사용자 정의 블록의 기본 사항을 알았으므로 입력을 받을 수 있는 블록을 만들어 한 단계 앞으로 나가보자.

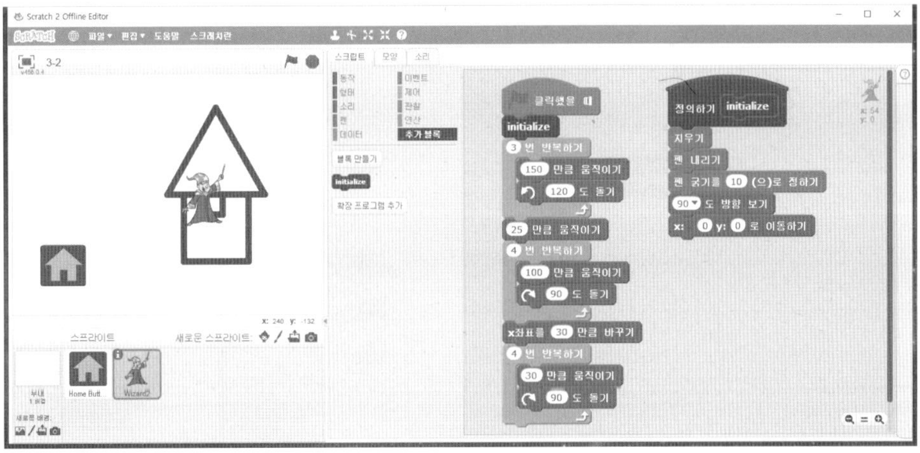

매개 변수를 받는 사용자 정의 블록

한 변이 100인 삼각형을 그리는 블록을 생성해 보자. 이 블록을 이용하면 한 변이 100인 삼각형은 그릴 수 있다.

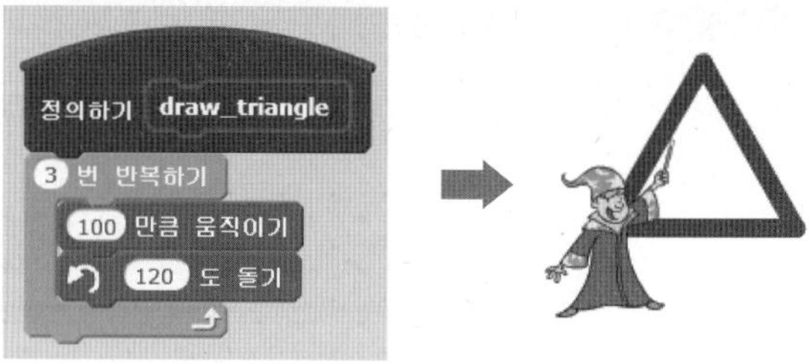

하지만 삼각형 크기가 100으로 고정되어 있기 때문에 이 블록은 일반적이지 못하다. 30, 200과 같이 서로 다른 길이의 삼각형을 그리려면 어떻게 해야 할까? draw_triangle30, draw_triangle200과 같은 이름의 사용자 정의 블록을 여러 개 정의 할 수 있지만 동일한 기능의 블록을 여러 개 작성하는 것은 좋지 않다. 우선 스크립트가 너무 복잡해진다. 또 블록을 변경해야 하는 이유가 발생하면 모든 블록들을 추적해서 변경해야 한다. 더 좋은 해결책은 사용자가 호출할 때 변의 길이를 전달할 수 있는 단일 draw_triangle 블록을 만드는 것이다.

우리가 생각해보면 스크래치에서 기본으로 제공하는 블록들은 모두 외부에서 어떤 숫자나 문자열을 받는다. 예를 들어서 "10만큼 움직이기" 블록은 외부에서 거리 10을 입력받는다. 스크래치는 하나의 이동 블록만을 제공하지만 우리가 이 블록을 사용할 때 원하는 숫자를 입력하여 이동할 단계 수를 지정할 수 있었다.

사용자 정의 블록에서도 사용자가 변의 길이를 입력 할 수 있는 매개 변수 슬롯을 추가할 수 있다. 다음 그림은 draw_triangle 블록을 수정하는 방법을 보여준다.

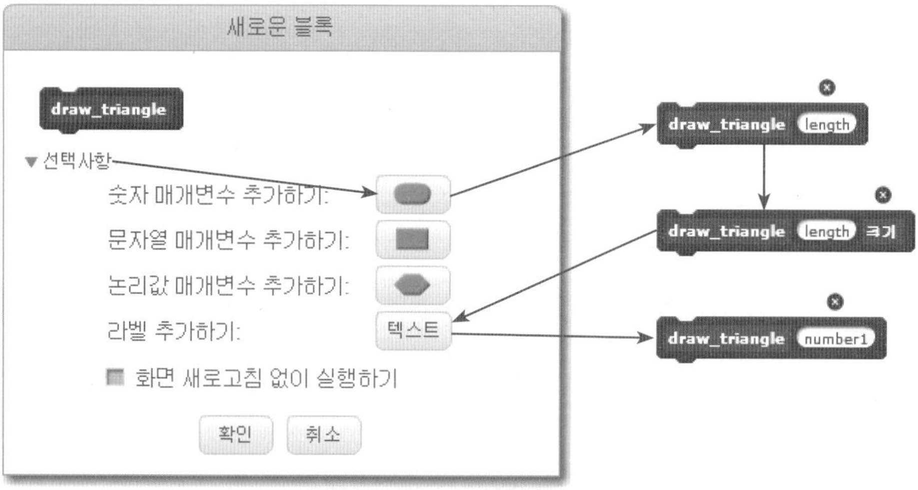

먼저, "추가 블록" 팔레트의 draw_triangle 블록을 마우스 오른쪽 버튼으로 클릭하고 팝업 메뉴에서 편집을 선택 하여 위의 그림과 같은 대화 상자를 불러온다. "선

택사항” 옆에 있는 화살표를 클릭하여 대화 상자를 확장하고 사용 가능한 옵션을 본다.

우리는 draw_triangle 블록이 원하는 사각형 변의 길이를 받아들이기를 원한다. 따라서 숫자 매개변수 추가를 클릭하여 블록에 숫자 슬롯을 추가한다. 스크래치는 draw_triangle 블록에 매개 변수 슬롯 number1을 추가한다. 매개변수의 이름을 의미있는 이름으로 변경하는 것이 좋다. 따라서 number1을 length로 변경한다.

우리는 이 블록을 사용하는 사용자에게 매개변수가 무엇을 의미하는지를 알려주는 것이 좋다. 이것을 위하여 “라벨 추가하기” 버튼을 눌러서 매개변수 뒤에 “크기”라는 라벨을 추가한다. “확인” 버튼을 누른다.

이제는 draw_triangle 블록을 수정한다. 매개변수 length를 “100만큼 움직이기” 블록의 100자리로 이동한다.

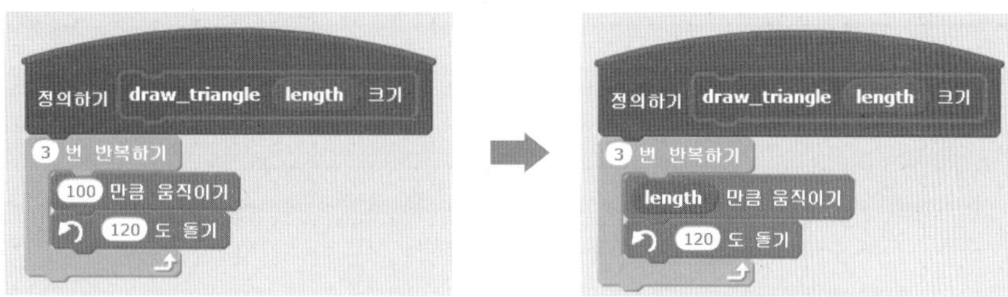

draw_triangle 블록에서 length를 함수의 매개 변수라고 한다. 매개 변수는 이름이 붙여진 자리 표시자라고 생각할 수 있다. 우리는 draw_triangle 함수가 모든 크기의 삼각형을 그릴 수 있기를 원했기 때문에 함수 내에 고정된 숫자를 하드 코딩하는 대신에 숫자 매개변수를 사용하였다.

자 이제부터는 이 draw_triangle 블록을 어떻게 사용하는지를 알아보자. 사용자는 draw_triangle 블록을 호출할 때 정확한 값을 지정한다. 예를 들어서 다음 그림과 같이 사용할 수 있다.

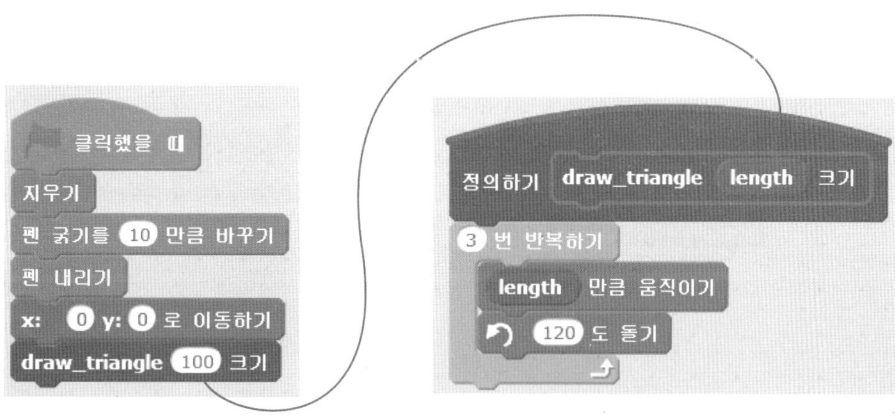

draw_triangle 블록을 호출할 때, 우리는 숫자 100을 draw_triangle 블록에 전달한다. 여기서 100을 인수라고 한다. draw_triangle 블록을 실행 하면 length 매개 변수가 100으로 설정되고 이 값은 draw_triangle 블록 내부에서 사용된다. 함수를 호출할 때 다양한 인수를 사용하는 것은 프로그램에 많은 유연성을 제공하는 강력한 기능이다.

실습시간

draw_triangle 블록에 색상을 나타내는 두 번째 매개변수인 color를 만들어보자. 사용자가 삼각형을 그릴 때, 삼각형의 색상도 지정할 수 있도록 하라.

실습시간

두 숫자의 평균을 계산하여 화면에 표시하는 블록 average를 작성해보자. 매개변수로 num1과 num2를 가지고 있다.

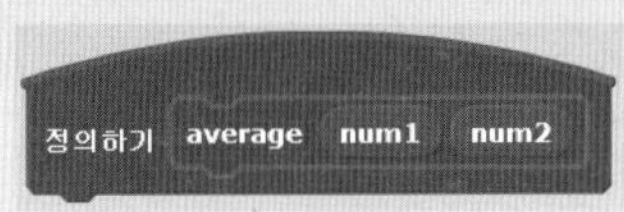

매개변수와 인수

많은 프로그래머들이 매개 변수와 인수를 구별 없이 사용하지만 사실 두 용어는 의미하는바가 다르다. 예를 들어서 draw_triangle 함수를 다시 한 번 살펴보자.

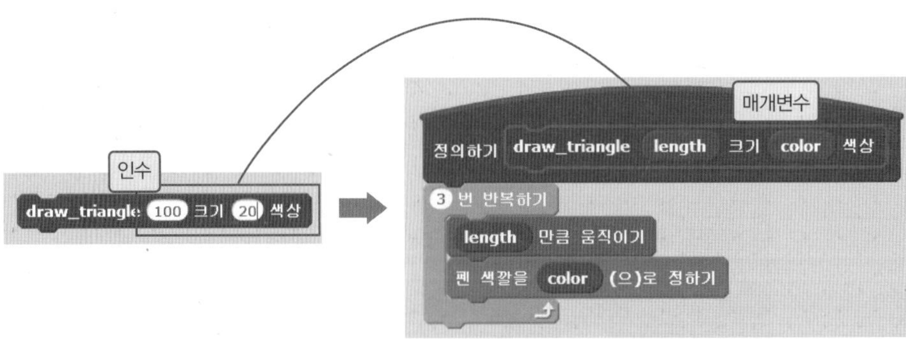

정의된 대로 이 함수에는 length와 color라는 두 개의 매개 변수가 있다. 왼쪽에서는 이 함수를 호출하고 슬롯 안에 몇 가지 값이나 수식을 지정해서 호출하고 있다. 여기서 값 100과 20을 함수의 인수라고 합니다. 물론 함수 호출의 인수 개수는 함수 정의시의 매개 변수 개수와 일치해야 한다.

실전
예제

컴퓨터 조립 비용 계산하기

스크래치로 컴퓨터 조립 비용을 계산하는 앱을 작성해보자. “컴퓨터 조립 비용 계산” 이라는 복잡한 문제는 다음과 같은 간단한 문제들로 분해될 수 있다.

- 전체가격을 0으로 설정한다.
- CPU 가격을 계산하여 전체 가격에 더한다.
- 메인보드 가격을 계산하여 전체 가격에 더한다.
- 메모리의 가격을 계산하여 전체 가격에 더한다.
- 하드 디스크의 가격을 계산하여 전체 가격에 더한다.
- 전체 가격을 출력한다.

1. 변수 만들기

사용자한테서 입력받은 값들을 앱 안에 저장하기 위하여 다음과 같은 변수를 생성한다.

변수이름	설명
total_cost	전체 조립 비용
cpu_count	CPU 개수
cpu_cost	CPU 개당 가격
board_count	메인보드 개수
board_cost	메인보드 개당 가격
memory_count	메모리 개수
memory_cost	메모리 개당 가격
disk_count	하드 디스크 개수
disk_cost	하드 디스크 개당 가격

2. 전체 가격을 0으로 설정하기

전체 가격을 나타내는 total_cost 변수의 값을 0으로 설정한다.

3. CPU 가격 계산하기

사용자에게 CPU의 개수와 CPU의 개당 가격을 물어보고 답변을 변수 cpu_count와 cpu_cost에 저장한다. (cpu_count*cpu_cost)을 계산하여 total_cost 변수에 누적한다. 다음과 같은 블록들을 사용한다.

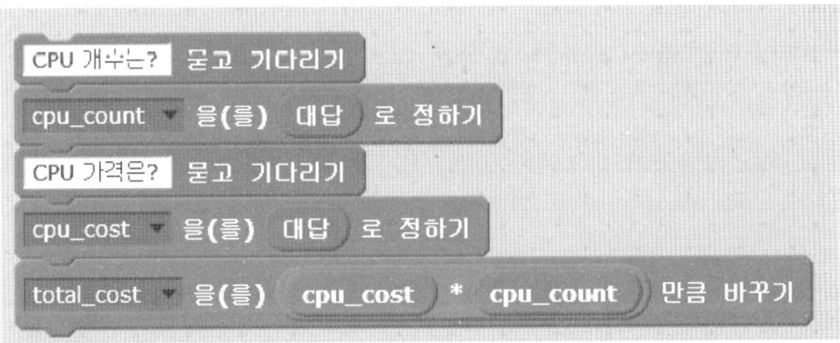

4. 메인보드 가격 계산하기

사용자에게 메인보드의 개수와 메인보드의 개당 가격을 물어보고 답변을 변수 board_count와 board_cost에 저장한다. (board_count*board_cost)을 계산하여 total_cost 변수에 누적한다. 다음과 같은 블록들을 사용한다.

5. 메모리 가격 계산하기

사용자에게 메모리의 개수와 메모리의 개당 가격을 물어보고 답변을 변수 memory_count와 memory_cost에 저장한다. (memory_count*memory_cost)을 계산하여 total_cost 변수에 누적한다. 다음과 같은 블록들을 사용한다.

6. 하드디스크 가격 계산하기

사용자에게 하드디스크의 개수와 하드디스크의 개당 가격을 물어보고 답변을 변수 disk_count와 disk_cost에 저장한다. (disk_count*disk_cost)을 계산하여 total_cost 변수에 누적한다. 다음과 같은 블록들을 사용한다.

하드 디스크 개수는? 묻고 기다리기
disk_count 을(를) 대답 로 정하기
하드 디스트 가격은? 묻고 기다리기
disk_cost 을(를) 대답 로 정하기
total_cost 을(를) disk_cost * disk_count 만큼 바꾸기

7. 전체 가격 출력하기

total_cost 말하기

실전 예제 | 이미지 압축 문제

흑백 이미지는 런길이 엔코딩 방법으로 압축될 수 있다. 이미지의 어떤 줄이 3, 1, 4로 표현되면 3개의 흰색 픽셀, 1개의 검정색 픽셀, 4개의 흰색 픽셀이라는 의미이다. 0이 나오면 그 줄이 검정색 픽셀부터 시작한다는 의미이다.

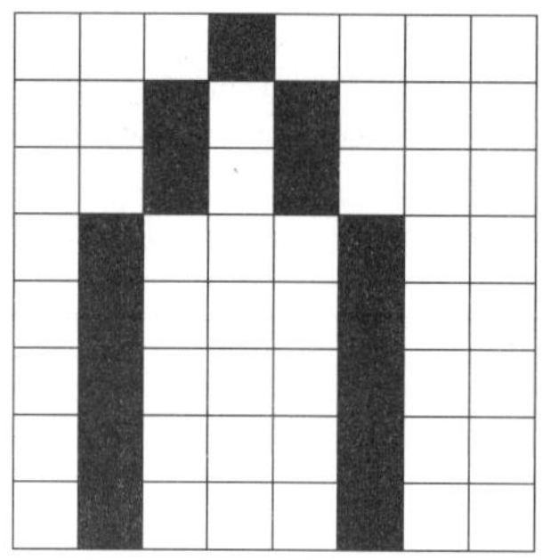

```
3, 1, 4
2, 1, 1, 1, 3
2, 1, 1, 1, 3
1, 1, 3, 1, 2
1, 1, 3, 1, 2
1, 1, 3, 1, 2
1, 1, 3, 1, 2
1, 1, 3, 1, 2
```

런길이 엔코딩을 할 때 우리는 분해 기법을 사용하고 있는 것이다. 이미지를 각 줄로 나누어서 한 줄씩 숫자로 바꾸고 있기 때문이다. 이미지의 모든 줄에 대하여 숫자가 계산되면 이것들을 모으면 된다. 이것은 합성 기법이다.

이번 실습에서는 스크래치를 이용하여 런길이 엔코딩으로 압축된 이미지를 화면에 그려보자.

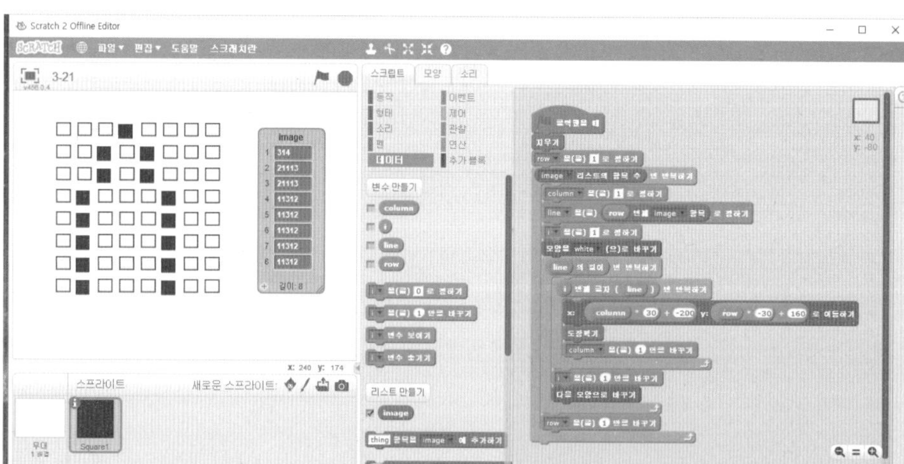

이미지는 “image”라는 리스트 안에 저장되어 있다. 아직 리스트에 대해서는 학습하지 않았지만 리스트는 항목들을 저장하는 자료구조이다. 스크립트를 간단하게 하기 위하여 숫자와 숫자 사이에 쉼표를 넣지 않았다. 그리고 이미지의 크기는 8×8로 하였다. 스크립트를 전부 이해할 필요는 없고 리스트 안의 숫자들을 변경해보면서 이미지가 어떻게 달라지는지 관찰해보자.

Section 09 이진 탐색

분할 정복 알고리즘의 가장 대표적인 예는 이진 탐색(binary search)이다. 숫자들의 리스트가 있다고 가정하자. 숫자들은 크기순으로 정렬되어 있다. 이진 탐색은 리스트에서 하나의 숫자를 찾는 알고리즘이다. 예를 들어서 다음과 같은 숫자들의 리스트에서 30을 찾는다고 가정하자. 어떻게 하면 빠르게 찾을 수 있을까? 리스트 안의 숫자들이 정렬되었다는 사실을 이용하여야 한다.

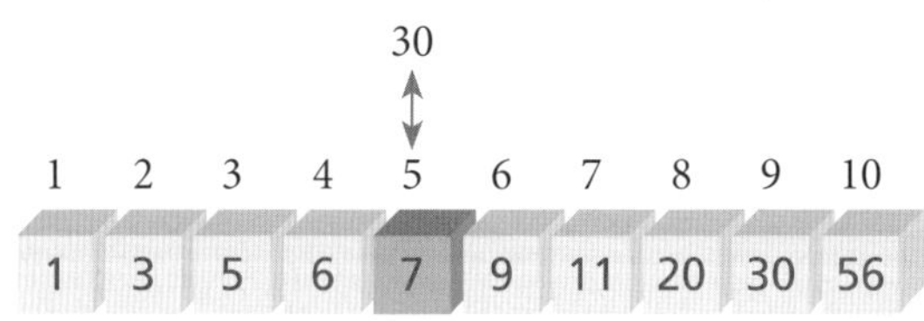

리스트의 중앙에 있는 값을 탐색값과 비교한다. 만약 일치하면 탐색값을 찾은 것이므로 성공이다. 만약 탐색값이 중앙값보다 작으면 우리가 찾고자하는 값은 리스트의 전반부에 있을 것이다. 따라서 리스트의 후반부는 탐색의 범위에서 제외할 수 있다. 반대로 만약 탐색값이 중앙값보다 크면 우리가 찾고자하는 값은 리스트의 후반부에 있을 것이다. 따라서 리스트의 전반부는 탐색의 범위에서 제외할 수 있다. 이러한 기법을 남아 있는 숫자들에 대하여 반복적으로 적용한다. 이진 탐색에서는 한 번 비교할 때마다 탐색의 범위가 절반으로 줄어든다.

다음과 같은 스크래치 앱으로 이진 탐색을 실습해보자. 앱을 실행하고 나서 탐색하고자 하는 값을 입력한다.

실전 예제	**보물찾기**

보물찾기

12명의 학생들이 있고 그 중의 하나의 학생이 보물을 가지고 있다. 어떤 학생이 보물을 가지고 있는지 알아내는 게임이다. 우리는 반장 학생한테 특정한 학생이 보물을 가지고 있냐고 질문할 수 있고 반장 학생은 yes 또는 no로 우리의 질문에 답할 수 있다. 우리가 반장 학생의 답변을 이용하여 보물을 찾는 게임이다. 어떻게 해야 가장 적은 질문을 하면서 보물을 찾을 수 있을까? 즉 어떻게 해야 가장 효율적으로 보물을 찾을 수 있는가?

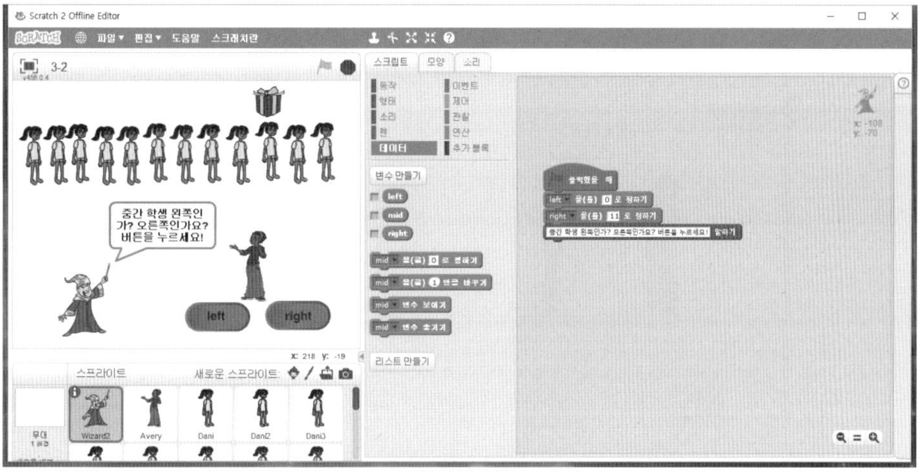

스크래치 앱에서 보물이 있는 위치를 참조하여서 "left", "right" 버튼을 눌러본다. 탐색의 범위가 1/2로 줄어드는 것을 확인하라.

실전
예제

숫자 추측 게임

분해의 예로서 숫자 추측 게임을 살펴보자. 추측 게임을 하기 위해 사람 (경기자 A)이 0에서 100까지의 숫자 중에서 임의의 숫자를 선택할 것이고, 다른 사람 (경기자 B)은 경기자 A의 숫자를 추측해야 한다. 경기자 A는 경기자 B가 추측한 숫자가 자신이 선택한 숫자보다 높거나 낮으면 경기자 B에게 알려준다. 경기자 B는 어떤 알고리즘을 사용해야 최선의 결과를 얻을 수 있을까? 최대 몇 번 만에 숫자를 맞출 수 있을까?

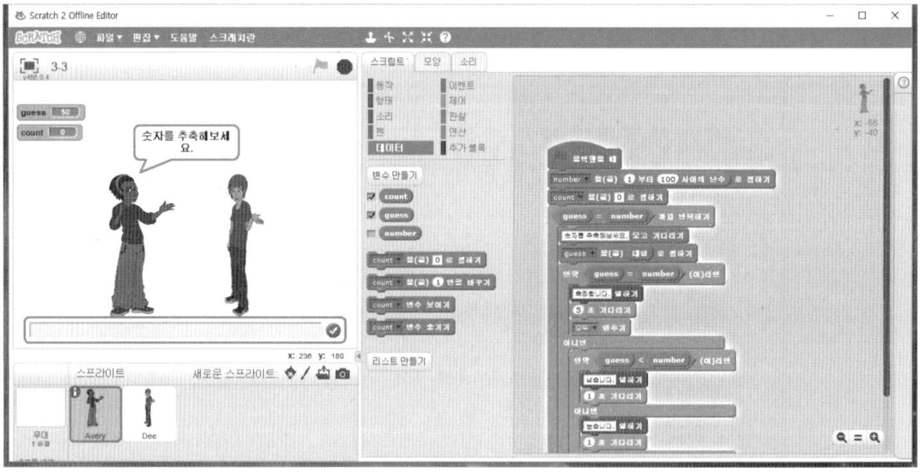

스크래치 앱에서 우리가 찾아야 할 숫자는 1부터 100 사이의 난수로 설정된다. 회수를 최소로 하여서 숫자를 맞춰보자.

실전
예제

숫자 추측 게임

감금 증후군 환자를 위한 알파벳 입력 앱을 작성하여 보자.

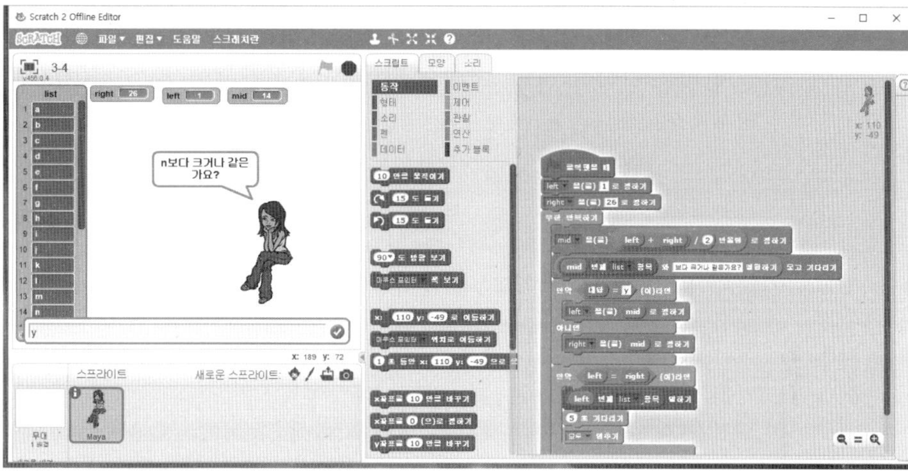

스크래치 앱을 실행하고 “y” 또는 “n”로 답변하여서 몇 번 만에 원하는 글자를 입력할 수 있는지 확인하여 보자.

실전 예제

잘못된 선물 골라내기

장난감 로봇을 만드는 공장이 있다. 크리스마스 선물을 대비하여 열심히 장남감 로봇을 생산하여 포장하던 중에 직원의 실수로 하나의 선물 박스에 로봇이 들어가지 않은 채로 포장이 되어 버렸다. 이 선물을 받은 아이의 슬픔을 해결하기 위하여 우리는 방법을 찾아야 한다. 직원은 한명 뿐이고 선물의 개수는 1024개나 되어서 선물을 일일이 하나씩 확인하기에는 너무 시간이 오래 걸린다. 우리가 사용할 수 있는 기구는 천칭뿐이다. 어떻게 하면 될까?

스크래치 앱을 실행한다. 선물 박스를 마우스로 움직이면 천칭이 달라진다. 천칭을 이용하여 잘못된 선물 박스를 골라내는 알고리즘을 실행하여 보자. 공간 제약 상 선물 박스는 8개로 제한하였다.

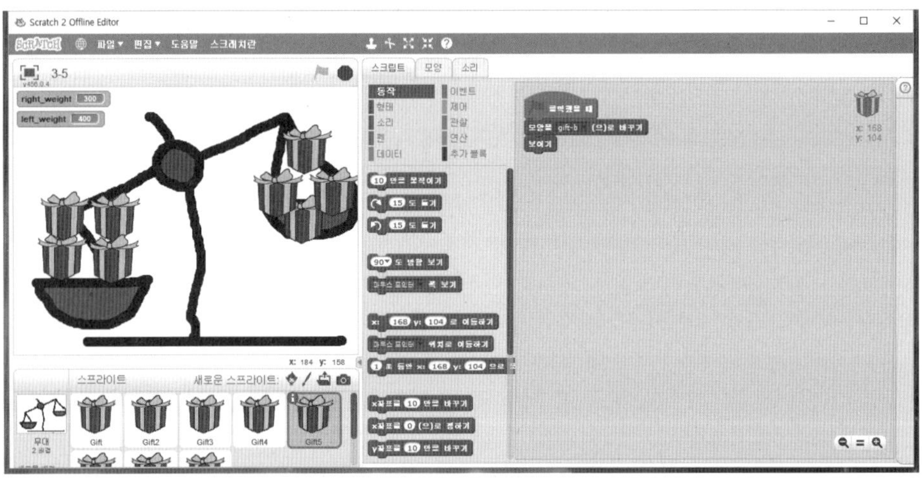

실전
예제

합병정렬

합병 정렬은 https://scratch.mit.edu/projects/46546824/#editor에 올라와 있는 스크래치 앱으로 학습해보자.

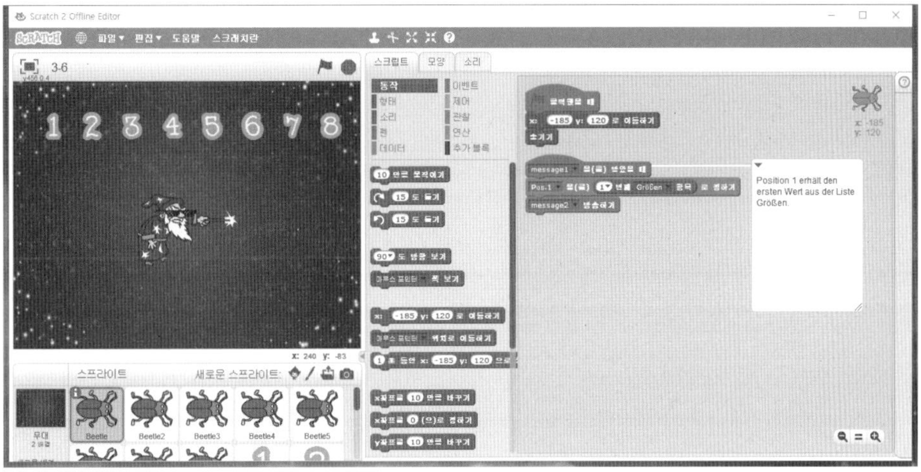

녹색 깃발을 누르면 합병 정렬이 진행된다.

SCRATCH WORKBOOK

CHAPTER

04

SCRATCH WORKBOOK

패턴인식

이번 장에서는 다음과 같은 내용을 학습합니다.

▶ 여러 가지 문제에서 패턴을 인식해본다.

▶ 패턴을 반복 블록으로 구현해본다.

▶ 패턴을 함수로 구현해본다.

▶ 문자열 처리에 대하여 살펴본다.

학습목차

이번 장에서 학습할 내용

우리는 복잡한 문제를 관찰하고 분해하는 과정에서, 어떤 유사점과 패턴을 찾을 수도 있다. 패턴 인식(pattern recognition)은 컴퓨팅 사고의 4가지 기본 기법 중 하나이다. 패턴 인식은 분해된 작은 문제 사이의 유사성 또는 패턴을 찾는다. 패턴 인식은 우리가 복잡한 문제를 효율적으로 해결하는 데 도움이 된다. 패턴이 인식되면 이것을 반복 구조나 함수로 구현할 수 있다. 패턴은 문자열에서도 많이 나타난다. 문자열은 일련의 문자들의 모임이다. 스크래치에서는 문자열을 결합, 비교, 정렬, 조작하는 프로그램을 작성할 수 있다. 이번 장에서는 스크래치에서의 문자열 처리도 함께 살펴보자.

1. 두더지 게임을 작성해보자. 반복되는 패턴을 반복구조로 구현해보자.

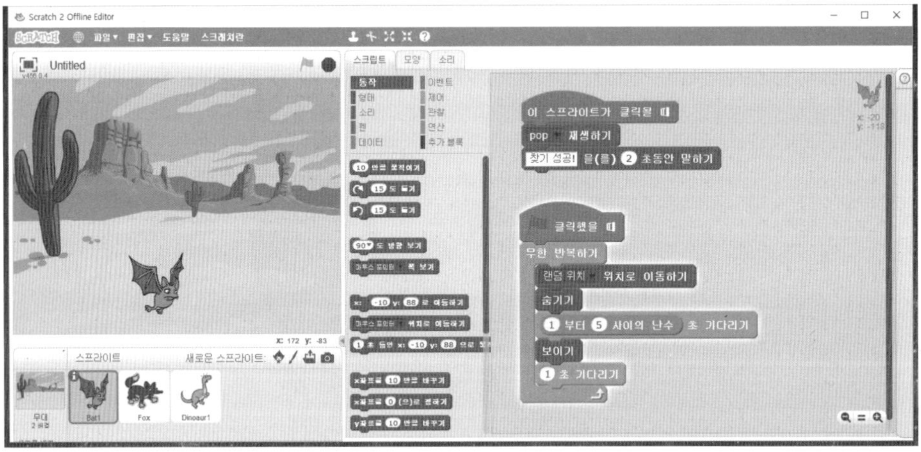

2. 패턴을 이용하여 암호를 해독하는 응용 프로그램을 작성하자.

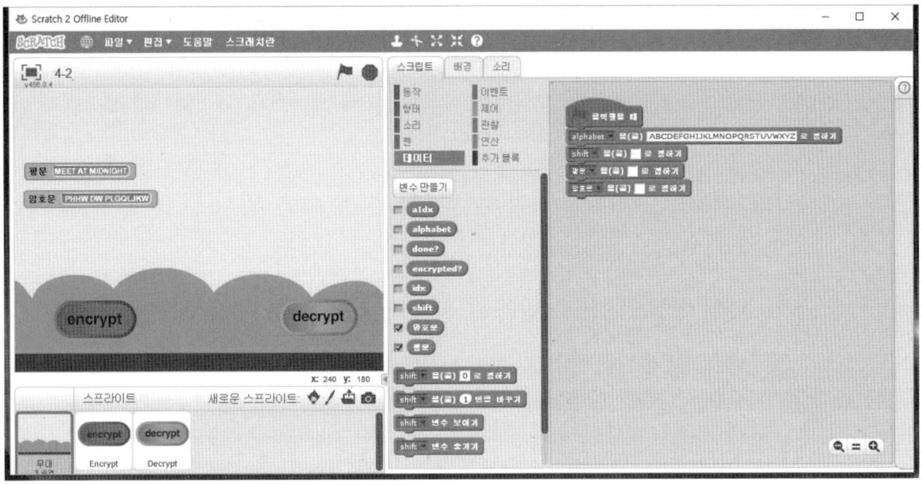

Section 02

패턴을 인식하여 반복 구조나 함수로 작성하기

스크래치로 “두더지 게임”을 작성하면서 패턴 인식이 실제 프로그램 작성에서 어떻게 사용되는지 살펴보자.

1. 파일 메뉴의 “새로 만들기”를 눌러서 새로운 프로젝트를 시작한다.
2. 무대 배경으로 “desert”를 선택한다.

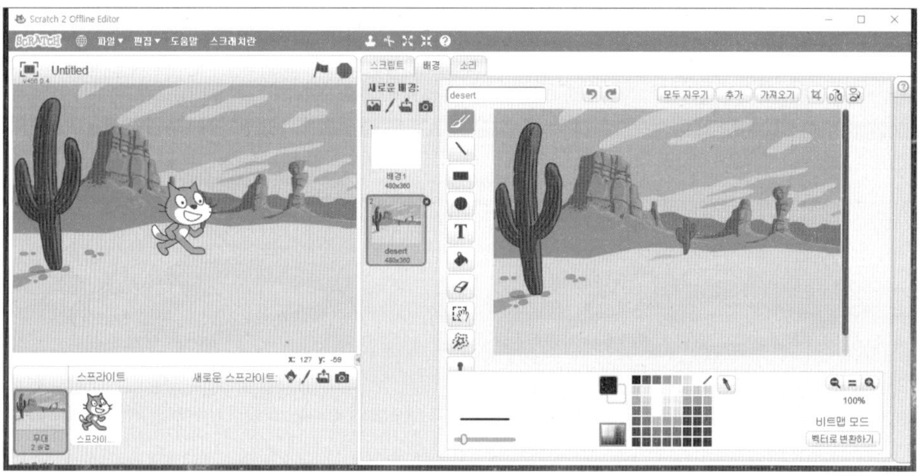

3. 고양이 스프라이트는 삭제하고 라이브러리에서 “bat1”, “fox”, “dinosaur1” 스프라이트를 추가한다. 을 사용하여 스프라이트의 크기를 적당하게 줄인다.

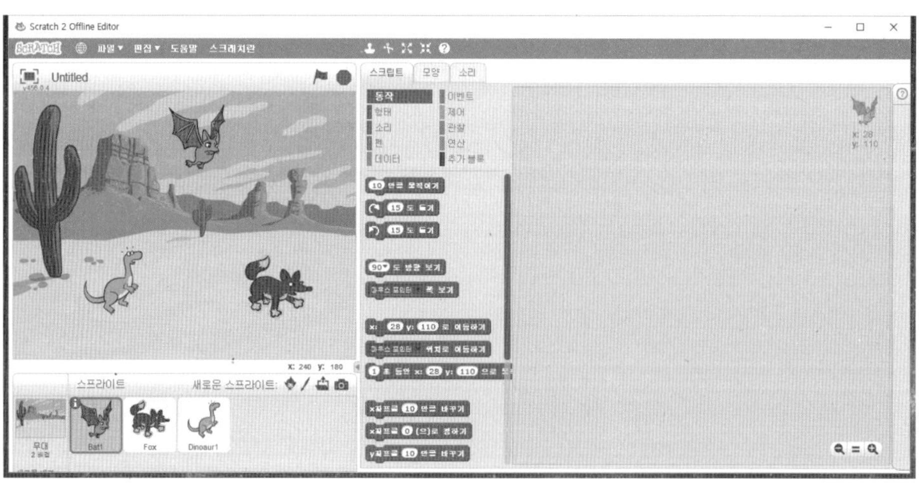

4. 각 스프라이트에 다음과 같은 스크립트를 추가한다. 스크립트를 다른 스프라이트에 복사하려면 스크립트를 마우스로 끌어서 원하는 스프라이트 위에 떨어뜨리면 복사된다. 스크립트를 실행해본다.

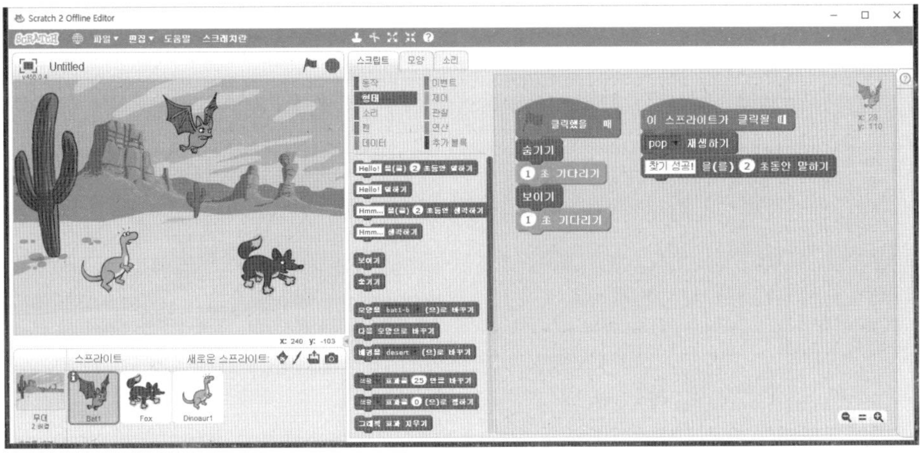

5. 위의 스크립트를 실행하면 각 스프라이트들이 없어졌다가 1초 후에 나타난다. "두더지 게임"이 되려면 이 스크립트들이 반복적으로 실행되어야 한다. 즉 어떤 반복되는 패턴이 있어야 한다. 이것은 반복 구조로 실현할 수 있다. 스크립트를 다음과 같이 수정한다.

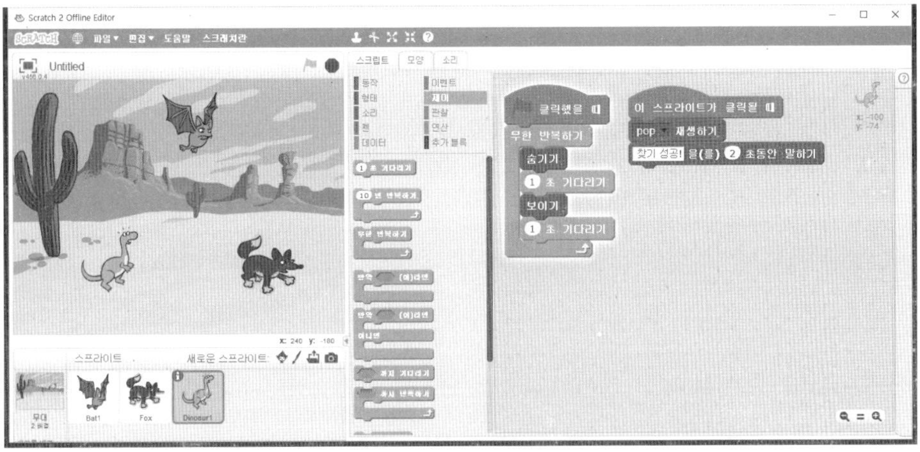

6. 하지만 이 게임은 너무 단조롭다! 항상 같은 위치에 나타나고 나타나는 시간 간격도 1초이기 때문이다. 즉 패턴이 너무 단조로운 것이다. 난수를 사용하여서 나타나는 시간과 나타나는 위치를 매번 변경해보자.

실습시간

실제 게임이 될 수 있도록 점수를 계산해본다. 즉 올바르게 스프라이트를 찾아서 클릭하면 점수가 1점씩 올라가도록 해보자.

실전 예제

목걸이 비용 계산

우리가 수작업으로 목걸이를 제작한다고 가정하자. 우리의 목걸이는 진주 원석, 사파이어 원석, 목걸이줄로 구성된다. 진주 원석과 사파이어 원석은 여러 개를 사용할 수 있다. 목걸이 줄은 1미터당 1000원이다. 목걸이의 비용을 계산해보자. 이 문제는 그다지 복잡하지는 않지만 복잡한 것처럼 생각하고 다음과 같이 작은 문제들로 분해해보자.

❶ 진주 원석의 총비용을 계산한다.

❷ 사파이어 원석의 총비용을 계산한다.

❸ 목걸이줄의 총비용을 계산한다.

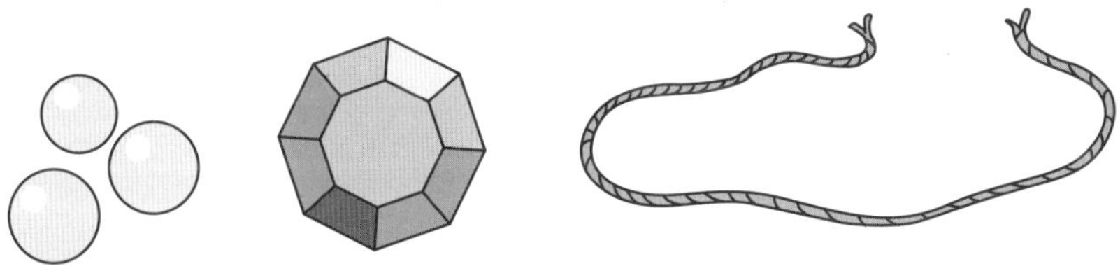

분해된 문제 ❶, ❷, ❸을 관찰해보면 모두 (1개의 가격 × 사용된 개수)와 같은 패턴이다.

❶ (진주 원석의 가격) × (진주 원석의 수)

❷ (사파이어 원석의 가격) × (사파이어 원석의 수)

❸ (1미터당 목걸이줄의 가격) × (목걸이줄의 길이)

1. 목걸이의 가격을 계산해주는 앱을 작성해보자. 파일 메뉴의 “새로 만들기”를 눌러서 새로운 프로젝트를 시작한다. 변수 cost, count, total_cost를 정의한다.

2. 다음과 같은 추가 블록을 정의한다.

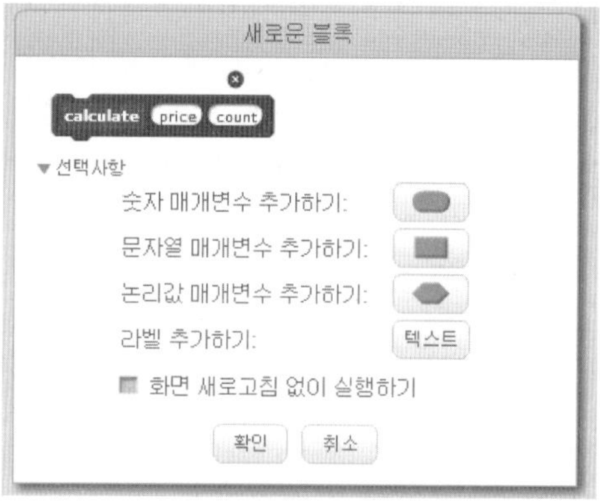

3. calculate 블록을 다음과 같이 정의한다.

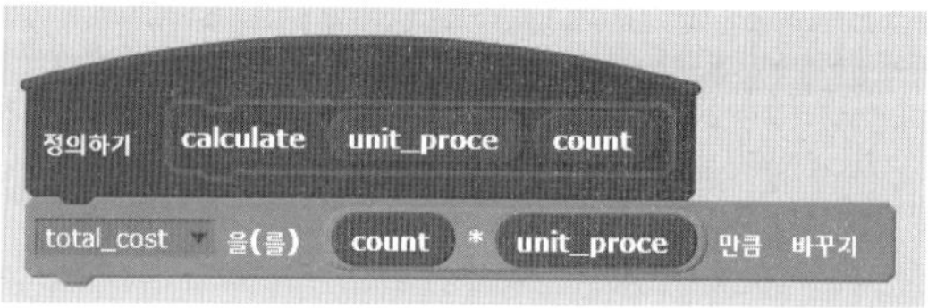

4. 사용자에게 보석의 개수와 개당 가격을 질문하여서 calculate 블록을 호출한다. 전체 가격을 계산하여서 화면에 표시한다.

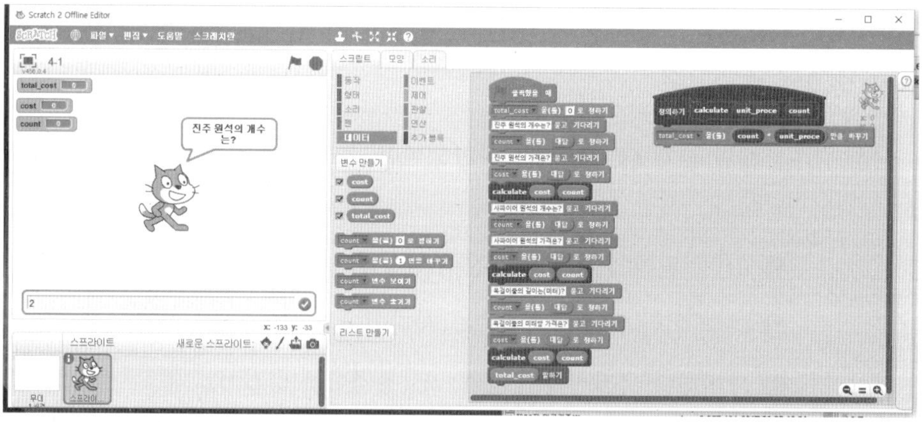

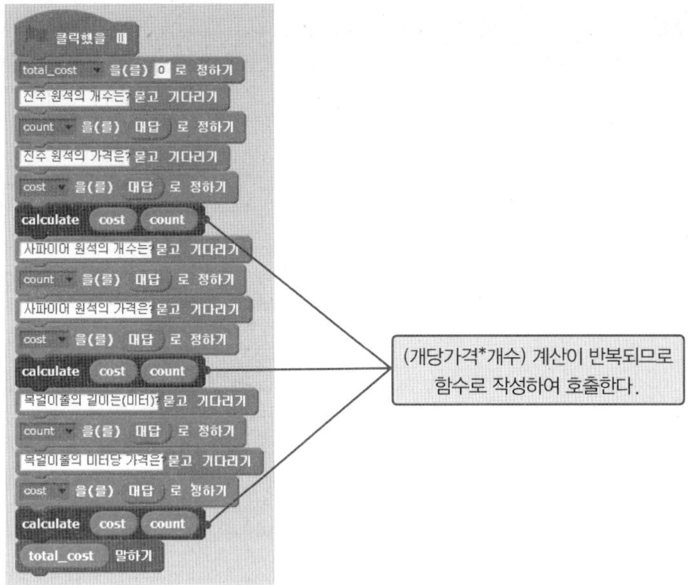
클릭했을 때
total_cost 을(를) 0 로 정하기
진주 원석의 개수는? 묻고 기다리기
count 을(를) 대답 로 정하기
진주 원석의 가격은? 묻고 기다리기
cost 을(를) 대답 로 정하기
calculate cost count
사파이어 원석의 개수는? 묻고 기다리기
count 을(를) 대답 로 정하기
사파이어 원석의 가격은? 묻고 기다리기
cost 을(를) 대답 로 정하기
calculate cost count
목걸이줄의 길이는(미터)? 묻고 기다리기
count 을(를) 대답 로 정하기
목걸이줄의 미터당 가격은? 묻고 기다리기
cost 을(를) 대답 로 정하기
calculate cost count
total_cost 말하기
(개당가격*개수) 계산이 반복되므로 함수로 작성하여 호출한다.

Section 03 스크래치에서 문자열 처리

앞장에서 언급하였지만 스크래치에는 부울형, 수치형, 문자열의 3가지 자료형이 있다. 부울형과 수치형은 어느 정도 학습하였으므로 여기서는 문자열에 대하여 살펴보자. 문자열(string)은 문자들의 시퀀스이다. 문자열에는 키보드로 입력할 수 있는 문자, 숫자, 기타 기호가 포함될 수 있다. 프로그램에서 문자열을 사용하여 이름, 주소, 전화 번호 등을 저장할 수 있다.

스크래치에서는 문자열의 문자가 순차적으로 저장된다. 예를 들어 문자열을 저장하는 변수 name을 만들고 여기에 "tom"을 저장하면 메모리에는 다음과 같이 저장된다.

문자	t	o	m
번호	1	2	3

문자열에 포함된 문자를 꺼내려면 "연산" 팔레트에 있는 다음과 같은 블록을 이용한다.

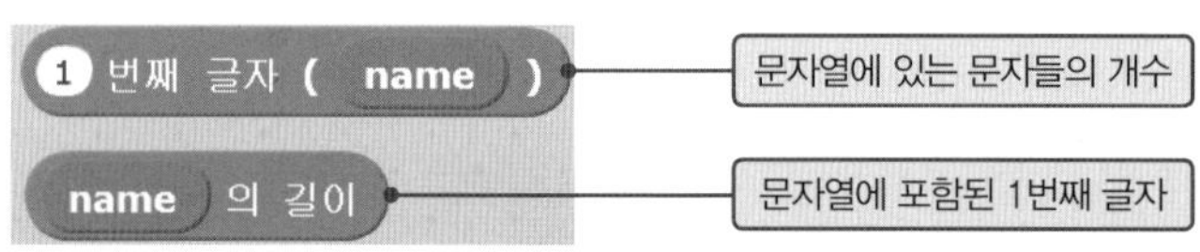

우리는 위의 블록을 이용하여서 문자열 안의 개별 문자에 접근할 수 있다. 예를 들어, 변수 name이 "tom"을 저장하고 있다면 "1번째 글자(name)" 블록을 실행하면 글자 "t"가 반환된다. "3번째 글자(name)" 블록을 실행하면 글자 "m"이 반환된다. "name의 길이" 블록을 실행하면 문자열의 문자수를 알 수 있다. 이 2개의 연산자를 반복 블록과 함께 사용 하면 문자수를 계산하고 여러 문자를 검사하는 등의 많은 유용한 작업을 할 수 있다.

문자열 안의 "a" 개수 계산

위의 블록들을 이용하여 첫 번째 예제를 만들어보자. 사용자로부터 문자열을 받아서 문자열에 모음 "a"가 몇 개나 있는지를 계산해보자.

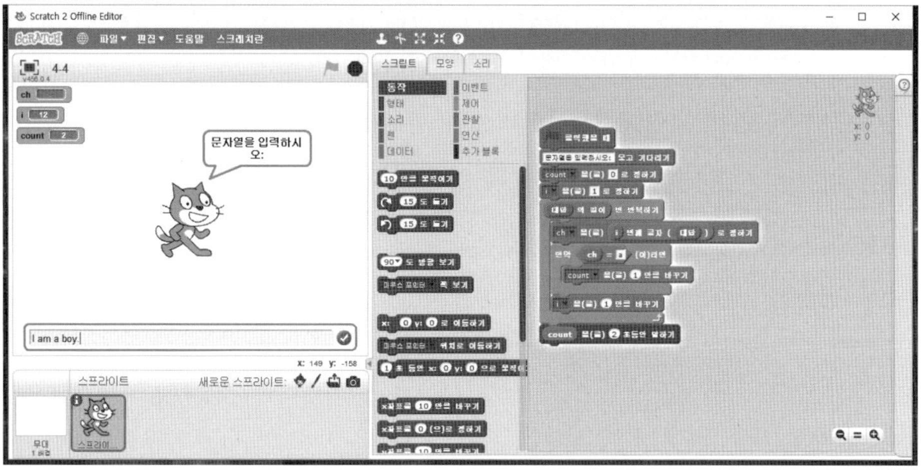

1. 파일 메뉴의 "새로 만들기"를 눌러서 새로운 프로젝트를 시작한다. 변수 count, i, ch를 정의한다.
2. 다음과 같은 스크립트를 추가한다.

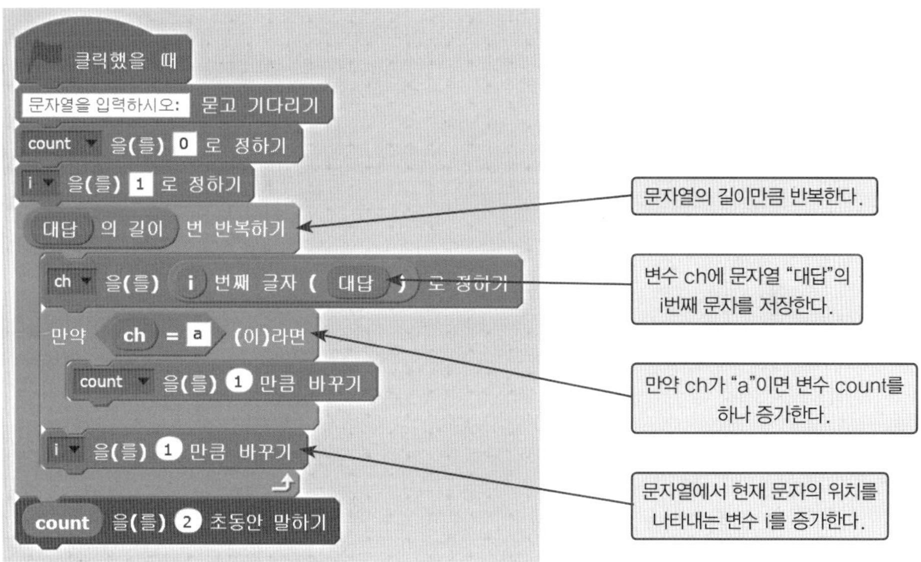

프로그램은 입력 문자열의 각 문자를 하나씩 확인하고 "a"를 찾는다. "a"를 발견 할 때마다, 변수 count를 증가한다. 변수 i를 이용하여 문자열 내의 문자 위치를 기억한다. 이 스크립트에 대해 더 자세히 살펴보자.

먼저, 스크립트는 사용자에게 문장을 입력 할 것을 요청한다. 스크래치는 사용자의 문자열을 내장 변수인 "대답"에 저장한다. 그런 다음 count를 0으로 설정하고 입력 문자열의 첫 번째 문자를 액세스하기 위해 변수 i를 1로 설정한다. 이어서 반복 루프는 입력 문자열의 모든 문자를 확인한다. "대답의 길이" 블록을 사용하면 입력 문자열에 있는 문자의 개수만큼 반복할 수 있다.

반복 루프 안에서는 변수 ch를 사용하여 입력 문자열의 하나의 문자를 확인한다. 반복 루프 안의 첫 번째 블록에서 변수 ch가 첫 번째 문자로 설정된다. 반복은 문자열의 끝에 도달 할 때까지 계속된다. 변수 i가 원하는 문자를 액세스하기 위해 사용된다. 현재의 문자가 "a" 인지를 검사한다. 만약 "a"이면 변수 count가 1씩 증가한다.

3. 스크립트를 실행하여 본다.

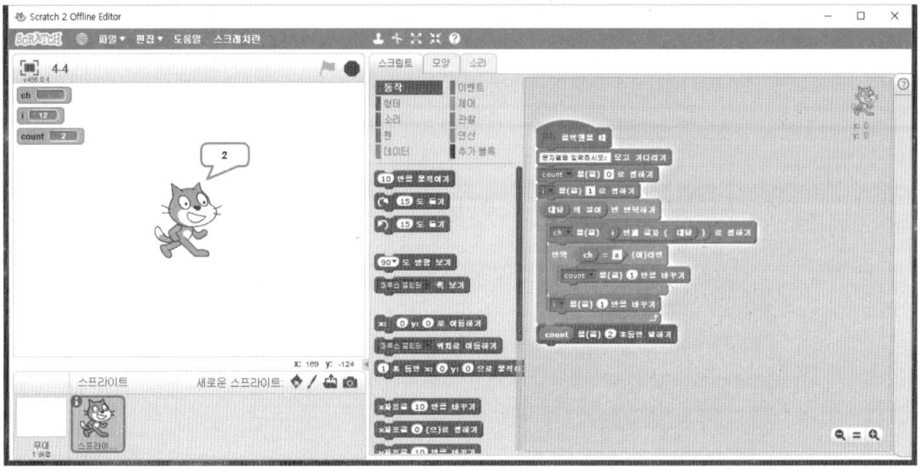

> **실습시간**
>
> 사용자가 입력한 문자열 안의 모든 모음의 개수를 계산하도록 위의 애플리케이션을 업그레이드해보자.

문자열 조작 예제

스크래치에서는 문자열 안의 개별 문자를 읽을 수는 있지만 변경할 수는 없다. 따라서 문자열 안에 문자를 삽입하거나 삭제하려면 새로운 문자열을 생성하여야 한다. 예를 들어, 문자열 "i am boy."의 첫 번째 문자를 대문자로 만들려면 "I" 다음에 "am boy."을 붙인 새로운 문자열을 만들어야 한다. 기존의 문자열을 변경하는 것이 불가능하기 때문이다.

간단한 예를 들어보자. 어린이들의 말장난 중의 하나인 피그 라틴(pig latin) 암호문을 만들어보자. 피그 라틴은 맨 앞의 자음을 어미로 돌리고 그 뒤에 "ay"를 붙이는 일종의 말장난이다. 예를 들어서 boy는 oy + b + ay → oybay가 된다. happy는 appyhay가 된다.

사용자로부터 문자열을 받아서 피그 라틴 방법으로 암호화된 문자열을 출력하는 응용 프로그램을 작성해보자.

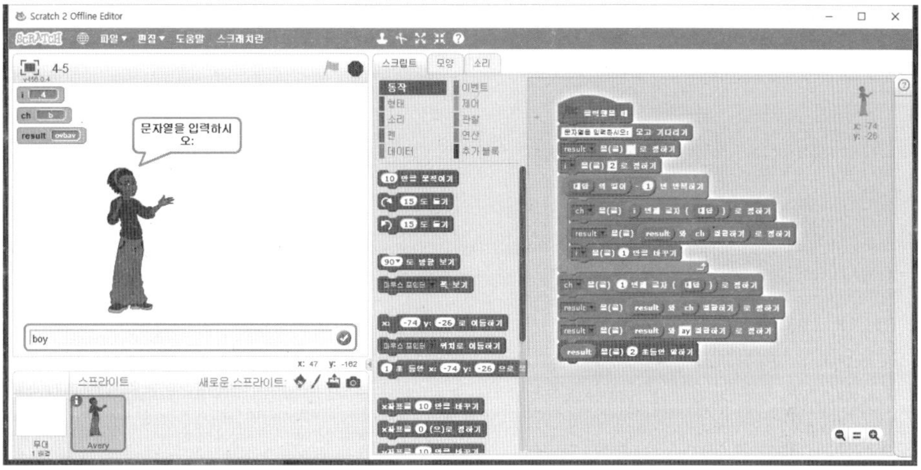

1. 파일 메뉴의 "새로 만들기"를 눌러서 새로운 프로젝트를 시작한다. 변수 i, ch, result를 정의한다.

2. 다음과 같은 스크립트를 추가한다.

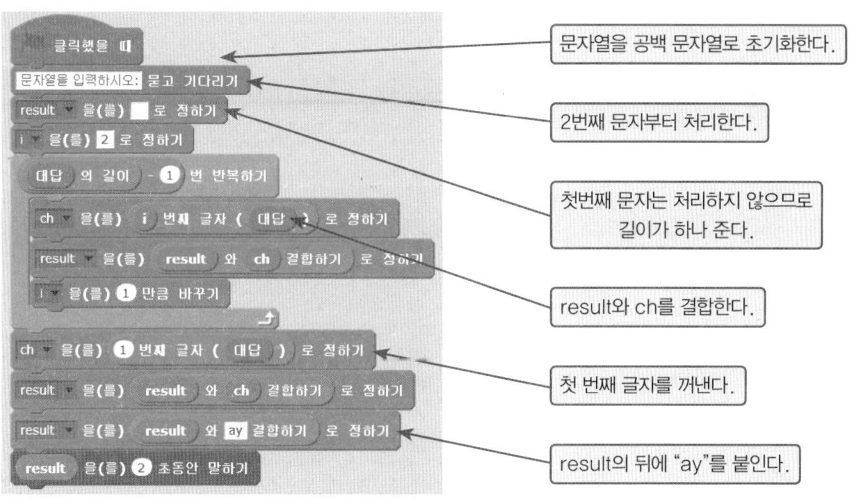

먼저 result를 공백 문자열로 초기화한다. 공백 문자열이란 문자를 전혀 포함하지 않는 문자열이며 길이는 0이다. 변수 i를 2로 설정한다. 반복 블록을 사용하여 두 번째 문자부터 마지막 문자까지 result에 추가한다. 첫 번째 문자는 생략 했으므로 반복 횟수는 입력 문자열의 길이보다 1 작다. 반복 루프가 끝나면 첫 번째 문자를 뒤에 붙이고 이어서 "ay"를 붙이면 된다.

3. 실행하여 올바르게 동작되는 지를 확인한다.

실전 예제 | 암호학에서의 패턴인식

고전적인 암호 기법 중에서 가장 대표적인 것이 시저 암호이다. 시저 암호는 알파벳 한 글자를 다른 글자로 대체하는 방법이다. 평문의 글자를 오른쪽으로 3글자씩 이동시킨 후에 해당되는 글자로 변환하는 것이다. 예를 들어서 알파벳 A를 암호문에서 D로 대체하여 암호화하는 방법이다.

A	B	C	D	E	F	G	H	I	J	K	L	M	N	O	P	Q	R	S	T	U	V	W	X	Y	Z
D	E	F	G	H	I	J	K	L	M	N	O	P	Q	R	S	T	U	V	W	X	Y	Z	A	B	C

시저 암호 기법을 이용하여 평문을 암호문으로 만드는 응용 프로그램을 작성해 보자.

1. 파일 메뉴의 “새로 만들기”를 눌러서 새로운 프로젝트를 시작한다. 변수 alphabet, pos, shift, “암호문”, “평문”을 생성한다.
2. 무대의 배경을 “blue sky”로 설정한다. 라이브러리에서 버튼 이미지를 가져와서 “encrpyt”와 “decrypt” 버튼을 생성한다.

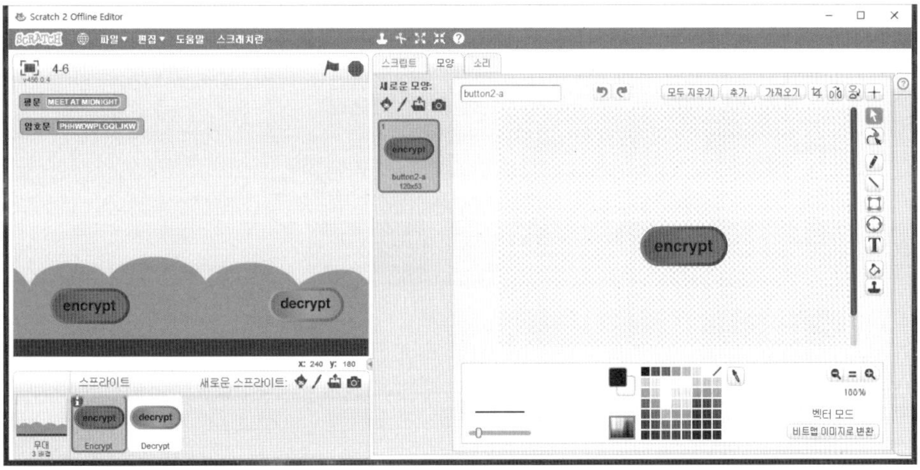

3. “encrpyt” 버튼에 다음과 같은 스크립트를 추가한다.

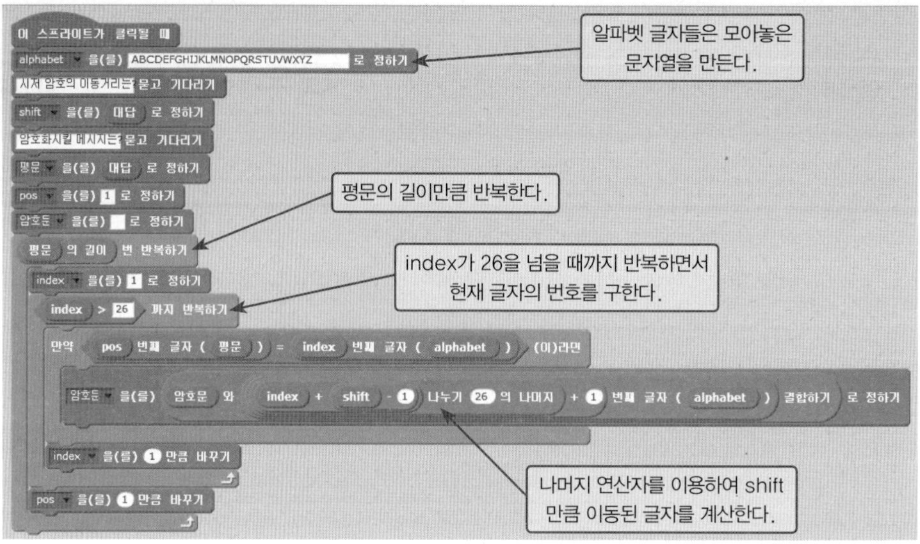

4. 화면에서 “encrypt” 버튼을 눌러서 이동거리와 암호화할 메시지를 입력한다. 이동거리는 3을 입력하고 메시지로는 “MEET AT MIDNIGHT”을 입력한다.

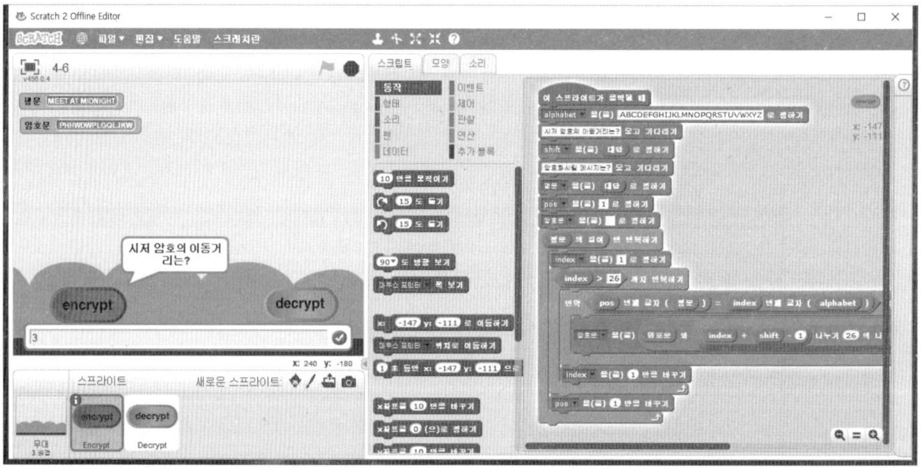

실전 예제

빈도를 이용한 암호해독

우리는 글자들이 나타나는 빈도를 이용하여서 아래와 같은 기호로 된 암호문을 해독할 수 있다. 연습삼아서 다음과 같은 암호문을 글자 빈도만을 가지고 해독해보자.

평문에서의 알파벳 빈도는 암호문에서의 알파벳 빈도와 일치하기 때문에 암호문에서 빈번하게 나타나는 문자를 분석하면 대략적인 평문을 만들어 낼 수 있다. 아래는 일반 영어 문장에서 사용되는 알파벳의 빈도이다.

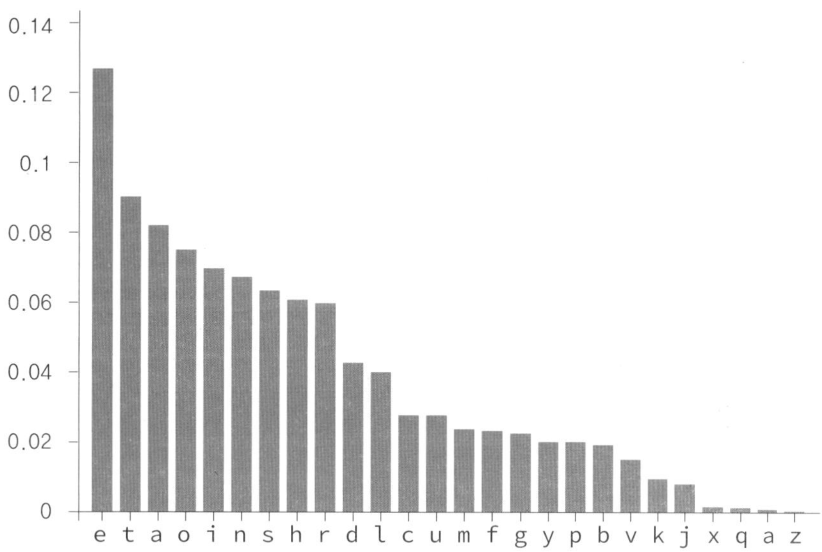

- E는 가장 일반적인 문자이고, q와 z는 가장 적게 나오는 문자들이다.
- 단일 문자 단어는 A 또는 I일 가능성이 높다.
- 반복되는 문자는 EE, SS, OO, LL 또는 TT일 가능성이 높다.

1. 가장 많이 나타나는 글자는 e이다. 19기호 중에서 5개의 기호가 동일하다. 아마 e일 것이다. 그러면 다음과 같이 된다.

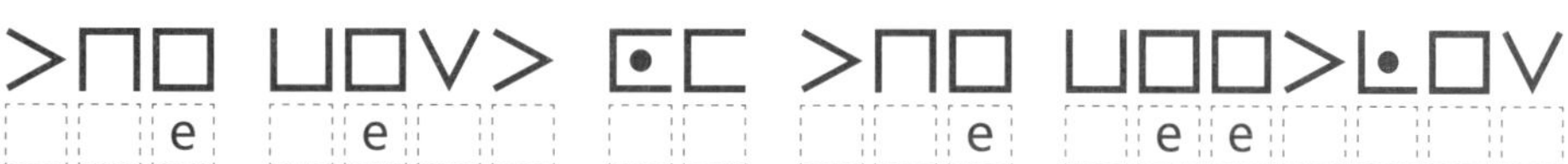

2. 영어에서 가장 많이 나오는 3글자 단어는 “the”이다. 따라서 첫 번째 단어는 “the”일 가능성이 매우 높다.

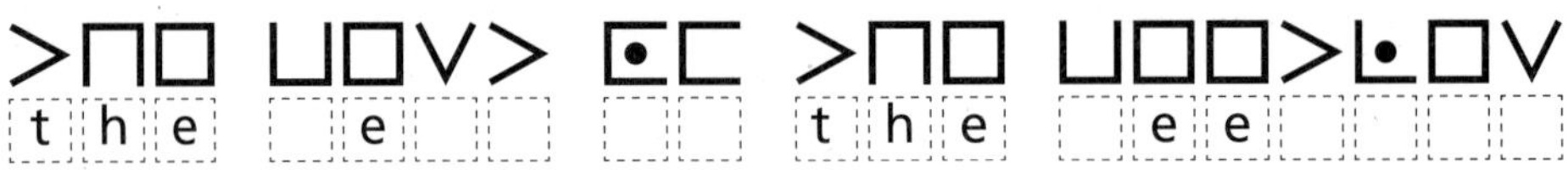

3. 영어에서 아주 많이 나오는 2글자 단어는 “of”이다. 따라서 중간의 단어는 “of” 일 가능성이 매우 높다.

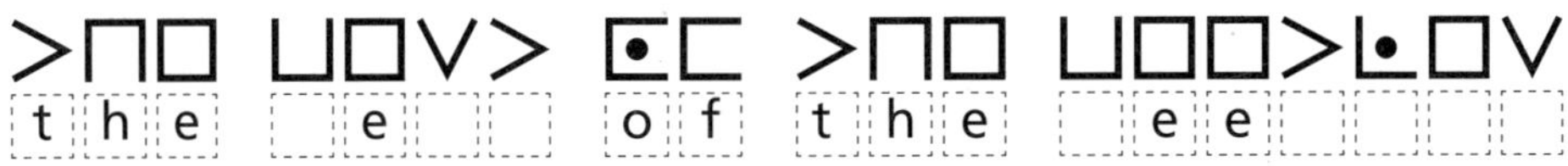

4. 여기서부터는 사실 데이터가 더 필요하다. 정답은 다음과 같다.

the best of the beetles

하노이탑

"하노이 탑"이라는 게임이 있다. 이 게임에서는 왼쪽 막대기에 쌓인 디스크를 가장 오른쪽 막대기로 옮기면 된다.

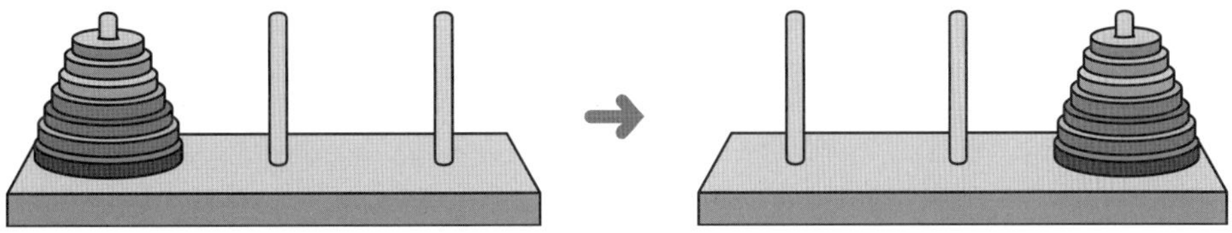

스크래치를 통하여 하노이 탑에서의 패턴을 찾아보자.

하노이 탑 문제를 해결할 때 따라야하는 규칙은 다음과 같다.

- 한 번에 하나의 디스크 만 이동할 수 있다.
- 각 이동은 스택 중 하나에서 상위 디스크를 가져 와서 다른 스택 맨 위에 놓는 것이다. 즉, 디스크가 스택의 최상위 디스크인 경우에만 디스크를 이동할 수 있다.
- 작은 디스크 위에는 큰 디스크를 놓으면 안 된다.

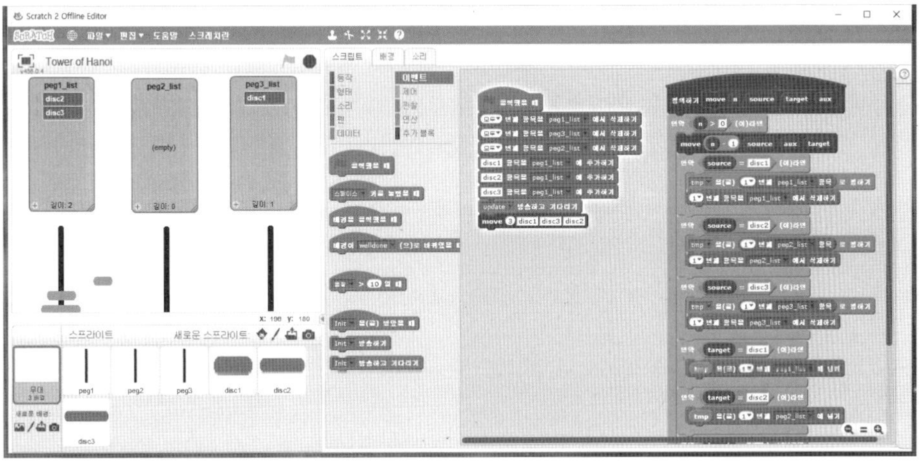

하노이탑 애플리케이션은 아직 우리가 학습하지 않은 리스트를 사용하고 있다. 코드는 이해하지 않아도 된다. 실행만 시켜보자.

CHAPTER

05

SCRATCH WORKBOOK

추상화

이번 장에서는 다음과 같은 내용을 학습합니다.

- ▶ 컴퓨팅 사고 중에서 추상화에 대하여 실습해본다.
- ▶ 스크래치의 "모양" 팔레트에 속하는 블록을 살펴본다.
- ▶ 스크래치의 "소리" 팔레트에 속하는 블록을 살펴본다.
- ▶ 추상화를 이용하여 몇 개의 게임을 작성해본다.

학습목차

Section 01

이번 장에서 학습할 내용

추상화(abstraction)는 컴퓨팅 사고로 문제를 해결하는 중요한 단계 중의 하나이다. 추상화는 불피요한 세부 사항을 제거하는 것이며 일반적인 개념을 형성하는 과정이기도 하다. 이번 장에서는 컴퓨터 사고 중에서 추상화 개념을 실습하기 위해서는 몇 개의 게임을 추상화 과정을 거쳐서 작성해본다.

스크래치에서 애니메이션이나 게임을 작성하려면 스프라이트의 형태를 변경하고 사운드를 재생하는 것이 중요하다. 이번 장에서는 "형태"와 "소리" 팔레트에 속하는 다양한 블록들에 대해 학습한다. 우리는 "형태" 팔레트의 블록들을 통하여 애니메이션을 쉽게 만들 수 있다. 특히 "소용돌이", "어안렌즈", "모자이크" 등의 그래픽 효과를 스프라이트 모양에 적용 할 수 있다. "소리" 팔레트의 블록은 사운드, 음성, 음악을 애플리케이션에 추가하려는 아주 편리하다.

1. 이미지 효과와 사운드 재생 기능을 이용하여 "댄스장"을 만들어보자.

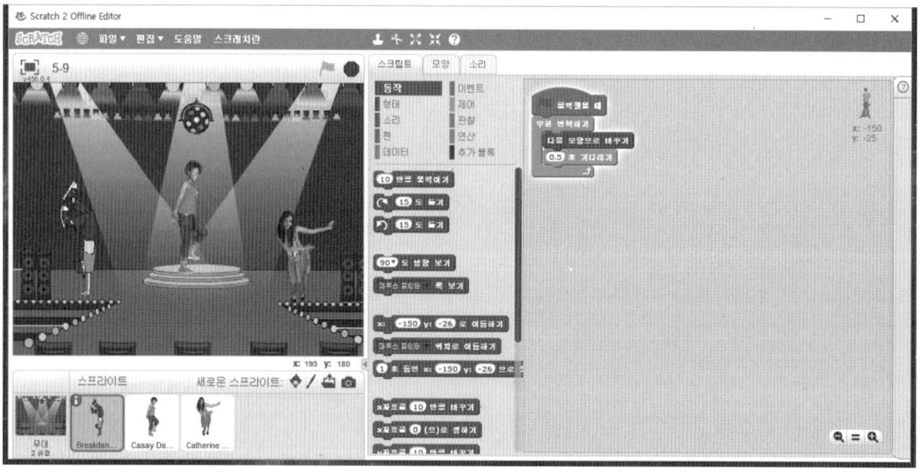

2. 추상화를 이용하여 "앵그리 공" 게임을 만들어보자.

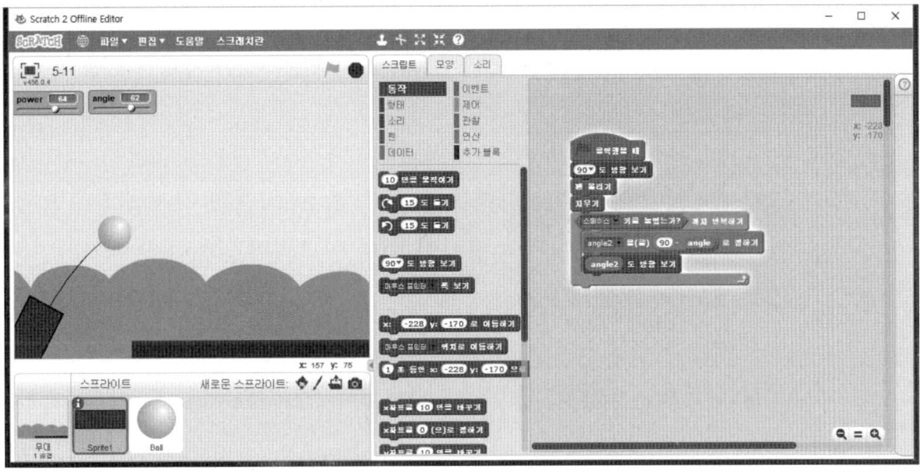

02 "형태" 팔레트

앞장에서는 스프라이트를 이동하여서 애니메이션을 작성한 바 있다. 하지만 애니메이션 중에 스프라이트의 모양이 전혀 변경되지 않는다면 애니메이션이 실감나지 않는다. 따라서 애니메이션 중에 다른 모양으로 빠르게 전환할 수 있다면 스프라이트가 실제로 걷는다거나 뛰는 느낌을 줄 수 있다. 스크래치는 "형태" 팔레트 안에 모양을 변경할 수 있는 다양한 블록들을 가지고 있다.

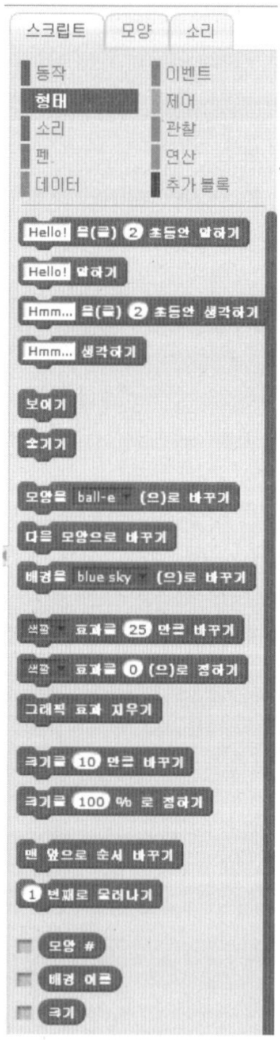

스프라이트 모양 변경하기

형태 팔레트에 속하는 블록들을 이용하여 모양이 변화되는 간단한 애니메이션을 만들어보자.

1. 파일 메뉴의 "새로 만들기"를 선택한다. 고양이 스프라이트를 삭제하고 라이브러리에서 "Avery Walking" 스프라이트를 찾아서 추가한다. "Avery Walking" 스프라이트에는 걸어가는 4개의 모양이 저장되어 있다.

2. "Avery Walking" 스프라이트의 모양을 변경하면서 앞으로 걸어가는 다음과 같은 스크립트를 추가한다. 녹색 깃발을 눌러서 실행해본다.

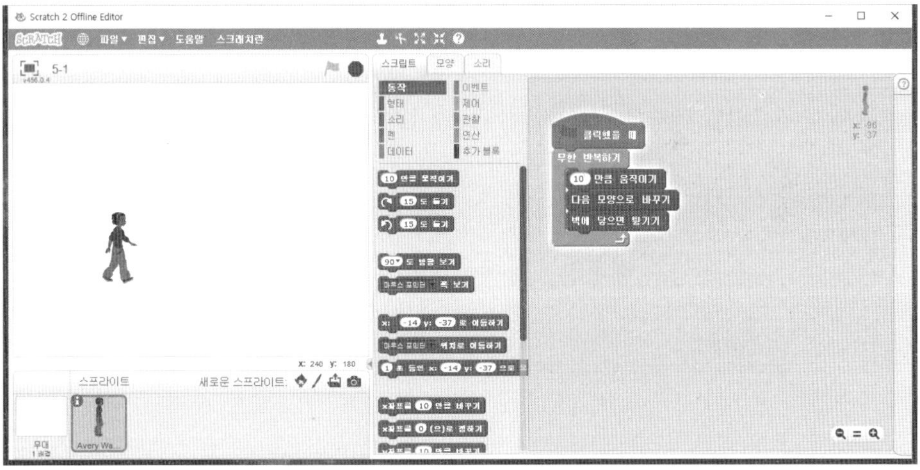

이 앱에는 4개의 모양이 포함된 스프라이트 "Avery Walking"가 있다. "모양" 탭을 누르면 약간씩 다른 4개의 모양을 볼 수 있다. "스크립트" 탭을 누르면 애니메이션을 만드는 스크립트를 볼 수 있다. 녹색 깃발을 클릭하여 앱을 실행하면 스프라이트가 무대 위를 걷는 것처럼 보인다. 이 스크립트에서 가장 핵심적인 블록은 "다음 모양으로 바꾸기"로 스프라이트의 다음 모양을 변경되도록 지시한다. 스프라이트가 마지막 모양일 때는 다시 첫 번째 모양으로 넘어간다.

우리는 "펜" 팔레트의 블록들로 걸어가는 모습을 직접 화면에 그릴 수도 있지만 아주 길고 지루한 스크립트를 작성해야 한다. 반면에, 일단 이러한 모양을 그려놓으면 애니메이션을 작성하는 것이 무척 쉬워진다. 모양 이미지를 만들 때는 어떤 이미지 편집기를 사용하여도 좋다.

실습시간

1초에 한 번씩 신호가 변경되는 신호등을 만들어보자. 신호등은 적색등, 녹색등, 녹색등으로 이루어져 있다.

무대 모양 변경하기

스크래치에서는 스프라이트의 모양만 변경할 수 있는 것이 아니다. 무대의 모양도 변경할 수 있다. 이것은 특히 게임에서 레벨 #1과 레벨 #2를 구분하는데 많이 사용된다. 무대의 모양을 변경하는 블록은 "배경을 stage4로 바꾸기" 블록이다. 이 블록을 이용하여 스토리의 장면을 변경하거나 게임의 레벨을 전환하는 작업을 할 수 있다. 모든 스프라이트는 "이벤트" 팔레트에 속하는 "배경이 stage4로 바뀌었을 때" 블록을 사용하여서 무대가 특정한 모양으로 전환되었다는 것을 감지할 수 있다.

스프라이트를 클릭하면, 스프라이트 모양과 무대 모양이 동시에 다른 모양으로 되는 응용 프로그램을 작성해보자.

1. 파일 메뉴의 "새로 만들기"를 선택한다. 고양이를 삭제하고 "parrot" 스프라이트를 라이브러리에서 찾아서 추가한다.
2. 무대를 클릭하고 라이브러리에서 배경 "blue sky", "slopes", "beach malibu" 등을 찾아서 배경의 모양에 추가한다.

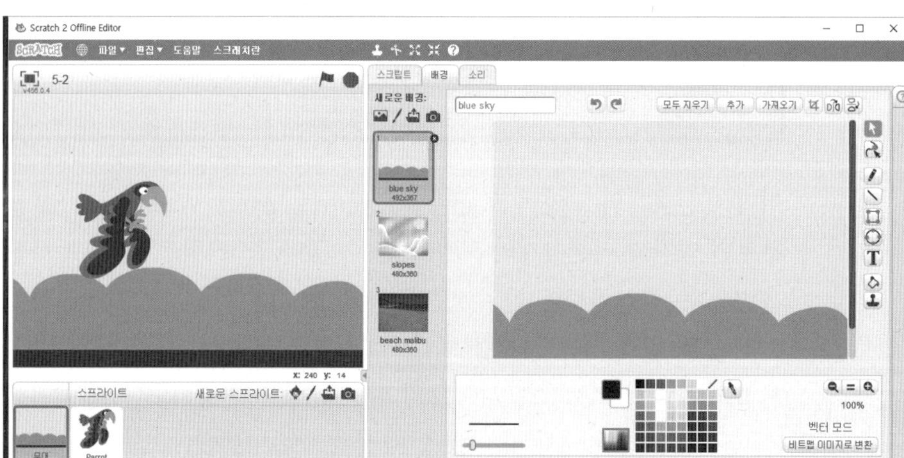

3. 스프라이트를 클릭할 때마다 스프라이트와 무대의 모양이 변경되도록 다음과 같은 스크립트를 추가한다.

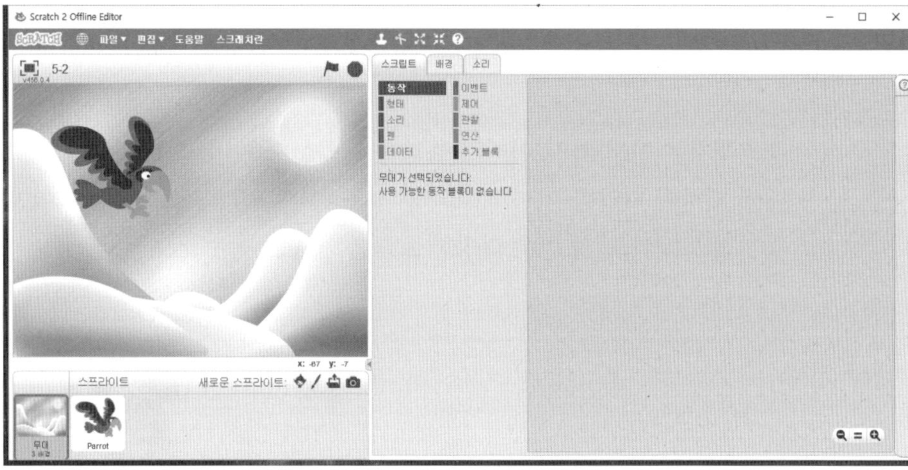

이 앱을 실행하면 앵무새 이미지에서 마우스를 클릭할 때마다 앵무새의 모습이 모양 리스트의 다음 이미지로 변경된다. 또한 "배경 바꾸기" 블록을 사용하여 무대가 3개의 배경 중에서 랜덤하게 하나로 전환하도록 한다.

Section 03 이미지 효과

스크래치는 여러 가지 이미지 효과를 제공한다. 이것을 이용하면 스프라이트와 무대에 대하여 다양한 이미지 효과를 적용 할 수 있다. 스크래치는 “어안렌즈”, “소용돌이”, “모자이크”와 같은 다양한 효과를 제공한다.

이미지 효과	변경된 이미지
“그래픽 효과 지우기”	
“색깔” 효과를 100만큼 바꾸기“	
“어안렌즈” 효과를 100만큼 바꾸기“	
“소용돌이” 효과를 100만큼 바꾸기“	

크기 변경

때로는 스프라이트가 화면에 나타날 때 크기를 변경해야 할 수도 있다. 예를 들어 게임에서 가까운 곳의 물체를 더 크게 보이게 할 필요가 있다. 이때는 “형태” 팔레트의 “크기를 100%로 정하기” 블록이나 “크기를 10만큼 바꾸기” 블록을 사용할 수 있다. 첫 번째 블록은 스프라이트의 크기를 원래 크기의 백분율로 설정하고 두 번째 블록은 현재 크기를 기준으로 스프라이트의 크기를 지정된 양만큼 변경한다. 스프라이트를 나타나게 하거나 사라지게 만들 필요가 있을 때는 “보이기” 블록이나 “숨기기” 블록을 사용할 수 있다. 다음과 같은 스크립트는 스프라이트를 크게 했다가 다시 작게 한다.

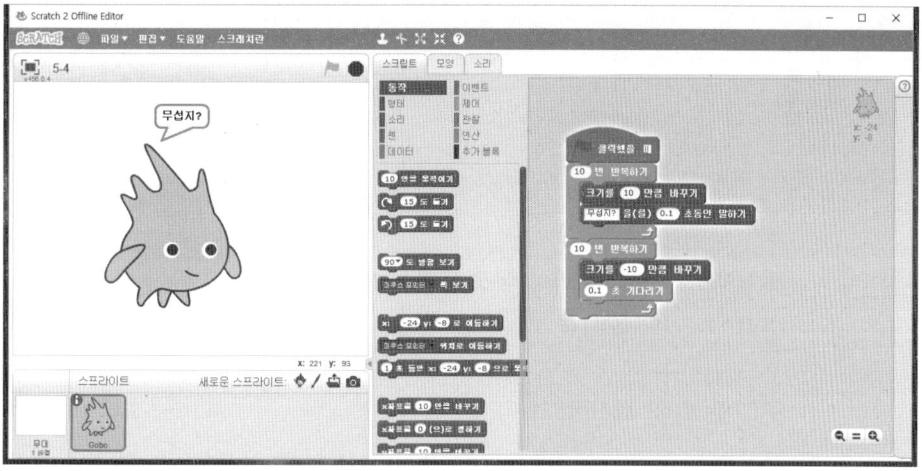

레이어

"모양" 팔레트에 있는 "맨 앞으로 순서 바꾸기" 블록과 "1번째로 물러나기" 블록은 무대에 스프라이트가 그려지는 순서에 영향을 미친다. 이 블록들은 무대에서 스프라이트가 겹칠 때 어떤 스프라이트가 앞에 있는지를 결정한다.

예를 들어 큰 나무 뒤에 숨어 있는 고양이를 만들고 싶다고 하자. 일단 2개의 레이어를 만들어야 한다. 고양이가 나무 뒤에 있기를 원한다면, 나무를 앞쪽 레이어로 가져 오거나 고양이를 뒤쪽의 레이어에 보내야 한다. 스크래치는 2개의 블록을 제공한다. 이 블록들을 사용하여 레이어의 순서를 변경할 수 있다. 예를 들어서 나무 뒤에서 왔다 갔다 하는 애니메이션은 다음과 같이 작성할 수 있다.

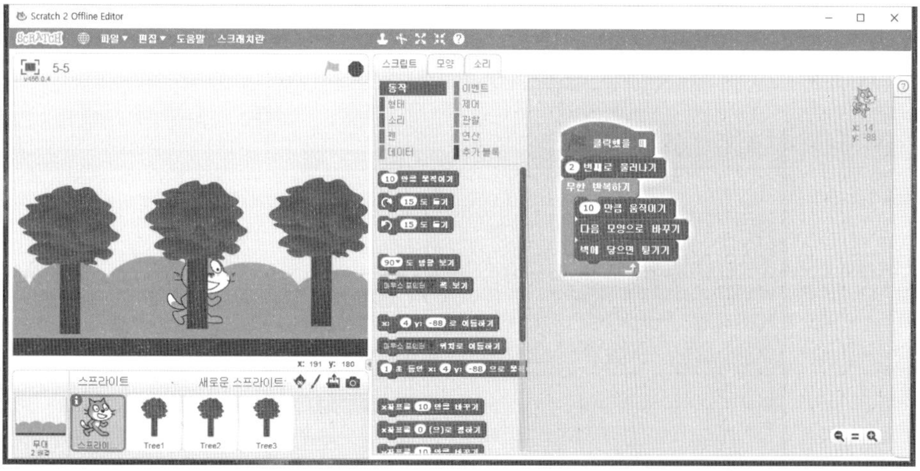

Section 04 "소리" 팔레트

게임에서는 음향 효과나 배경 음악을 사용하면 게임이 활기차게 된다. 여기서는 스크래치의 "소리" 팔레트 블록들을 이용하여 오디오 파일을 재생하는 방법을 살펴보자.

오디오 파일 재생하기

컴퓨터에서는 다양한 형식의 오디오 파일을 사용할 수 있지만 스크래치에서는 .wav 및 .mp3 형식만 사용할 수 있다. 오디오 파일과 관련된 3가지의 블록이 있다.

- "야옹 재생하기"
- "야옹 끝까지 재생하기"
- "모든 소리 끄기"

처음 2가지의 블록은 주어진 사운드를 재생한다. "야옹 재생하기" 블록은 소리의 재생이 끝나지 않아도 다음 블록을 실행할 수 있다. "야옹 끝까지 재생하기" 블록은 소리가 끝날 때까지 다음 블록으로 넘어가지 않는다. "모든 소리 끄기" 블록은 재생되는 모든 사운드를 끈다.

응용 프로그램에 배경 음악을 추가하려면 다음과 같이 반복적으로 오디오 파일을 재생하면 된다. 예를 들어서 물고기 애니메이션에 bubble 사운드를 배경음악으로 사용하려면 다음과 같이 한다.

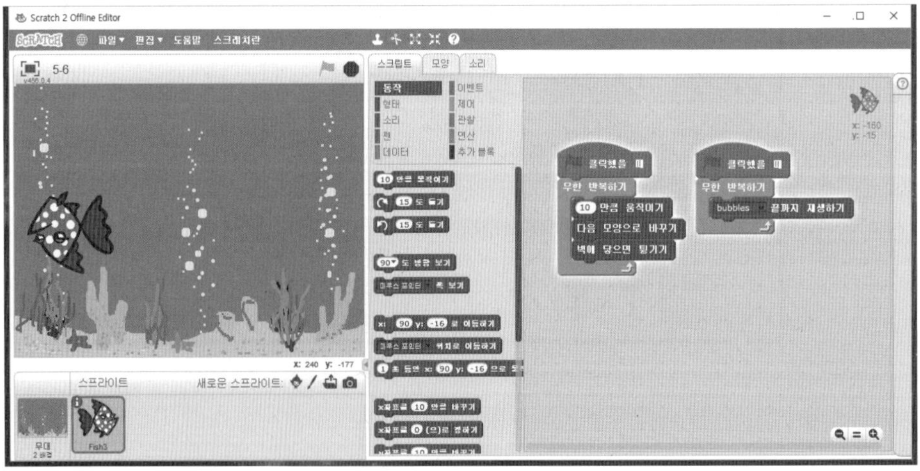

드럼 및 기타 사운드 연주하기

게임을 개발하고 있다면, 플레이어가 목표물을 맞혔을 때, 사운드 효과를 원할 수 있다. 이때는 특정한 비트 수의 드럼 사운드를 연주할 수 있다. 관련된 블록은 다음과 같다.

- "1번 타악기를 0.25박자로 연주하기"
- "0.25박자 쉬기"

예를 들어서 고양이가 10씩 이동할 때마다 1번 타악기를 0.5박자로 연주하는 애니메이션을 작성해보면 다음과 같다.

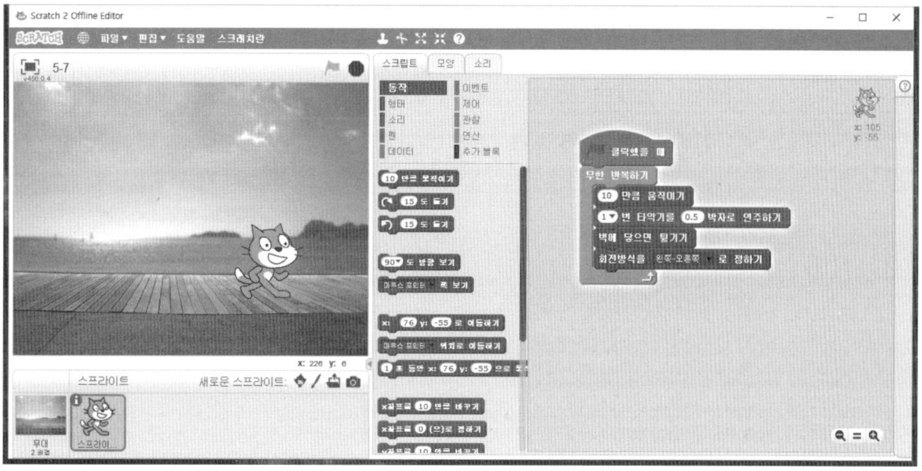

"1번 타악기를 0.5박자로 연주하기" 블록은 0.5초의 시간 간격을 두고 드럼 소리를 연주한다.

음악을 연주해보자.

스크래치에는 음표를 연주하고 자신 만의 음악을 작곡할 수 있는 2가지 블록이 포함되어 있다.

- "60번 음을 0.5박자로 연주하기"
- "1번 악기로 정하기"

이것을 이용하여서 간단한 피아노를 만들어 보면 다음과 같다.

1. 파일 메뉴의 "새로 만들기"를 선택한다. 고양이를 삭제하고 "NoteC" 스프라이트를 직접 그린다. 이것을 복사하여서 건반의 수만큼의 스프라이트를 만든다.

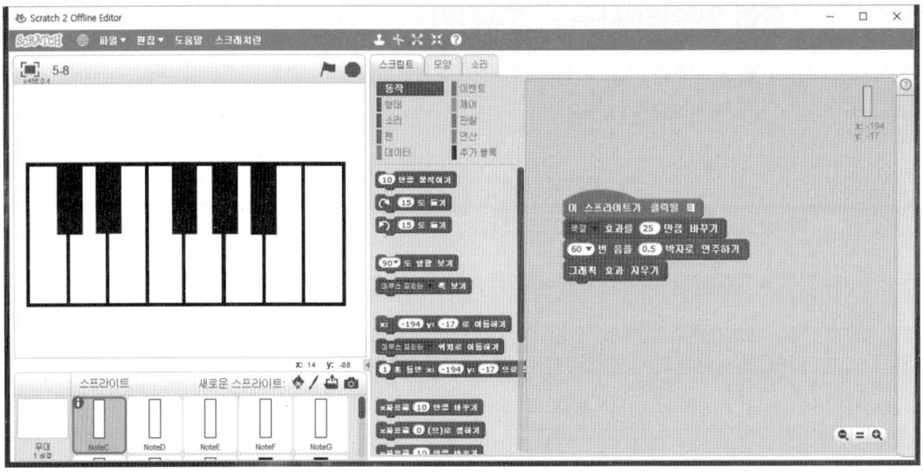

2. “NoteC” 스프라이트에 위의 스크립트를 추가한다. 즉 각 스프라이트가 클릭될 때마다 약간의 색깔 효과를 내고 60번음(피아노 음색)을 0.5박자로 연주한다. 끝나면 그래픽 효과를 지운다. 이 스크립트를 모든 스프라이트로 복사한다. 각 스프라이트마다 음의 번호를 다르게 한다.

3. 반음을 나타내는 스프라이트를 직접 그린다. 위의 스프라이트를 복사하여서 음의 번호만 다르게 한다.

실전 예제

댄스장을 만들어보자.

이번 장에서 스크래치에서의 모양과 소리 블록에 대하여 집중적으로 학습하였다. 이것들을 사용하여서 댄스장을 만들어보자. 댄스장의 특징 중에서 어떤 것만을 구현할 것인가? 이것이 바로 추상화이다. 추상화란 여러 가지의 특징 중에서 중요한 것만 남기고 나머지 세부 사항은 삭제하는 것이다. 댄스장의 특징 중에서 다음과 같은 특징만을 구현하도록 하자.

- 회전하는 조명
- 음악소리
- 댄서의 모습이 변화된다.
- 스포트라이트

1. 파일 메뉴의 "새로 만들기"를 선택한다. 무대의 배경을 "spotlight-stage"로 설정한다.

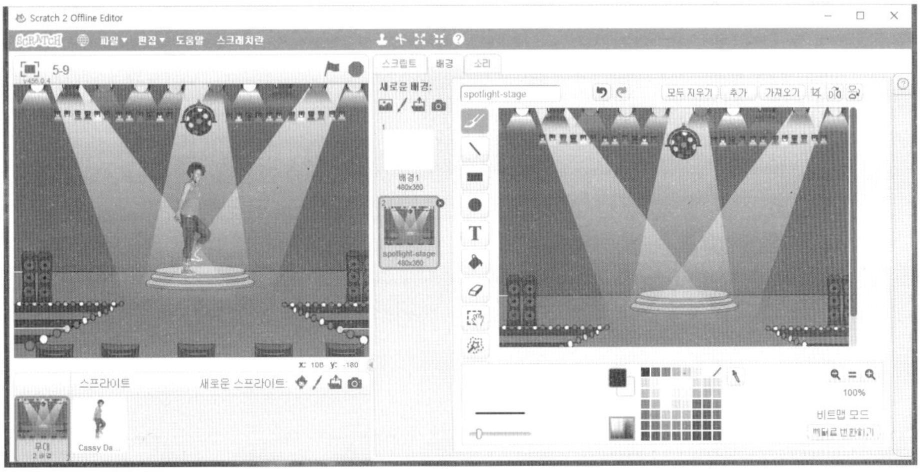

2. 무대 배경 이미지에 색깔 효과를 추가한다.

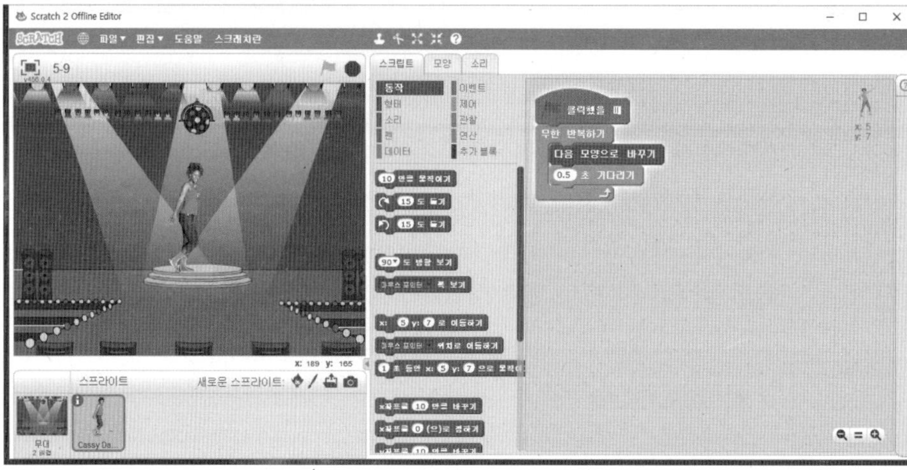

3. 춤추는 모양을 가지고 있는 스프라이트를 추가하고 모양을 반복하여 변경한다.

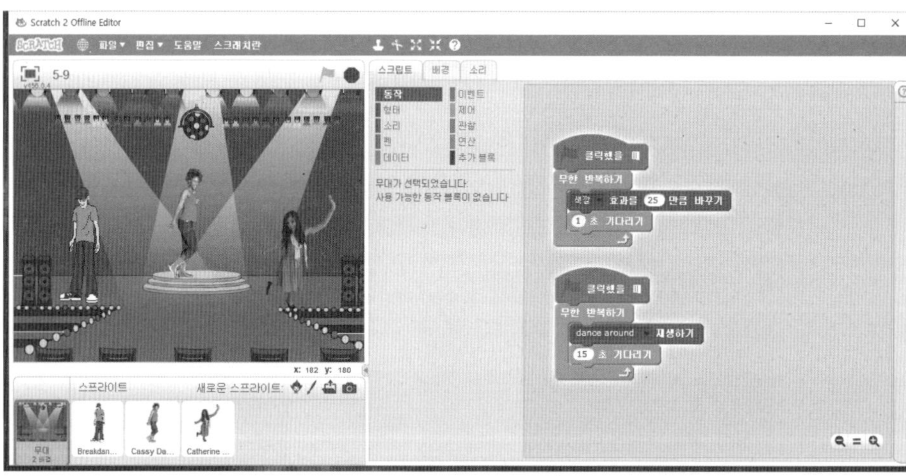

4. 배경 음악을 재생해보자. “dance around” 사운드 파일을 사용한다. 이 파일을 무대로 가져온 다음 기본으로 설정된 “pop” 사운드를 삭제한다. 그런 다음 아래와 같은 스크립트를 무대에 추가한다.

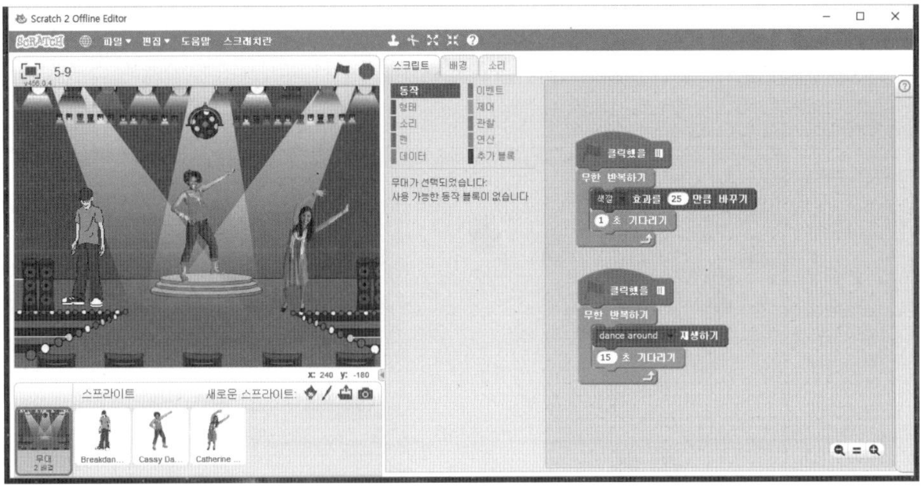

“15초 기다리기” 블록을 사용한 이유는 “dance around” 사운드 파일의 길이가 15초이기 때문이다. 사운드 파일에 보면 시간이 나와 있다.

실습시간

색깔 효과 외에 다른 효과도 댄스장에 추가하여 보자. “밝기” 효과나 “반투명” 효과를 추가해보자.

실전
예제

감염 시뮬레이션

전염병이 퍼지는 상황을 시뮬레이션하는 애니메이션을 작성해보자.

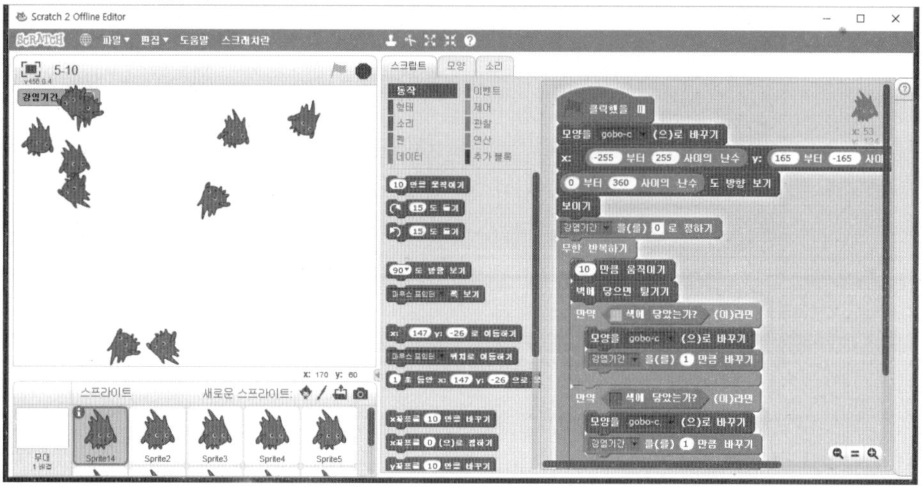

1. 파일 메뉴의 "새로 만들기"를 선택한다. 고양이 스프라이트를 삭제하고 "gobo" 스프라이트를 추가한다.

2. "gobo" 스프라이트에 다음과 같은 3가지의 모양을 추가한다.

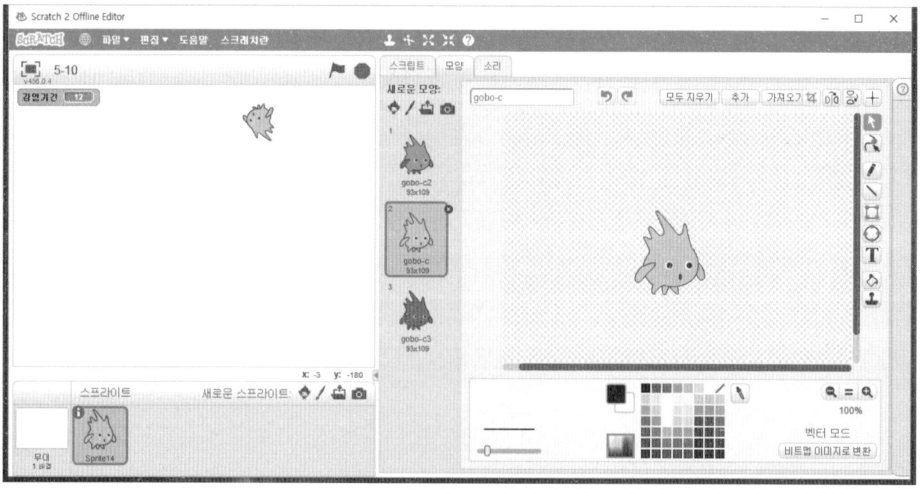

여기서 녹색 스프라이트는 건강한 상태를 의미한다. 노란색은 감염된 상태이고, 빨간색은 발병한 상태이다.

3. "gobo" 스프라이트의 스크립트에 다음과 같은 블록들을 추가한다.

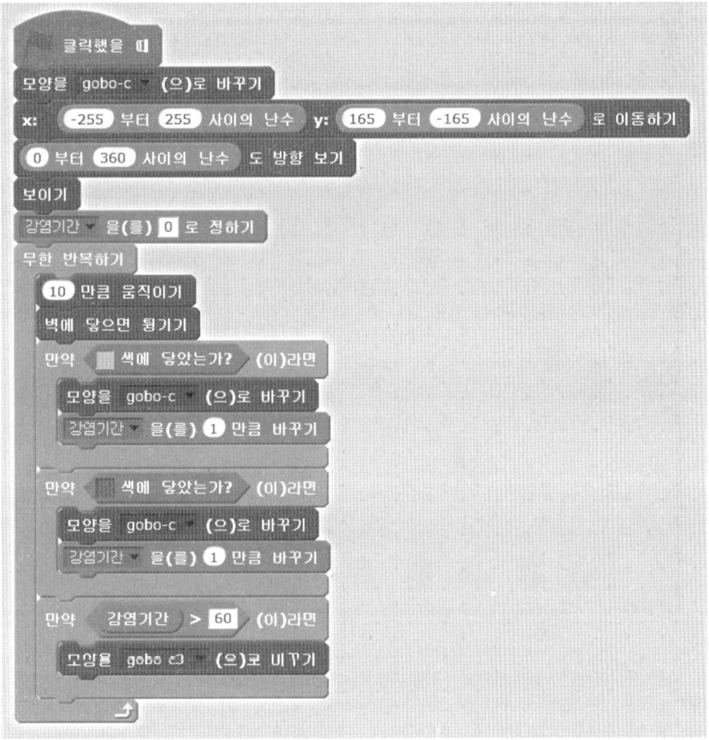

첫 번째 스프라이트는 감염된 상태이다. 따라서 모양을 "gobo-c"로 변경한다. 위치와 방향을 난수로 결정한다. "감염기간" 변수는 스프라이트마다 가지고 있는 지역변수로서 감염된 날짜를 저장하고 있다. "무한 반복하기"를 작성하고 무대 위를 이동한다. 만약 노란색을 가지고 있는 스프라이트와 충돌했을 경우에는 모양을 감염된 모양으로 변경하고 감염기간을 증가한다. 빨간색에 닿으면 즉시 감염되는 것으로 가정한다. 감염기간이 60일이 넘으면 발병하는 것으로 한다.

4. 첫 번째 스프라이트를 10개로 복사한다. 다만 초기 모양을 녹색으로 한다.

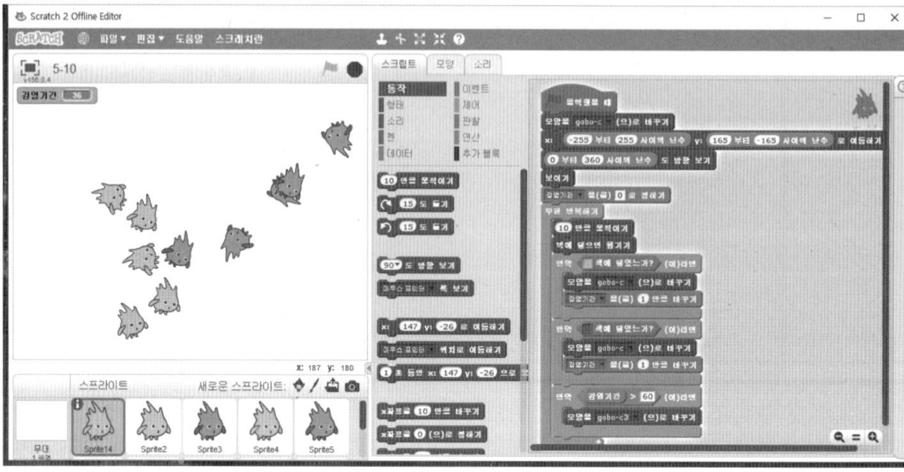

5. 스크래치 앱을 실행해본다.

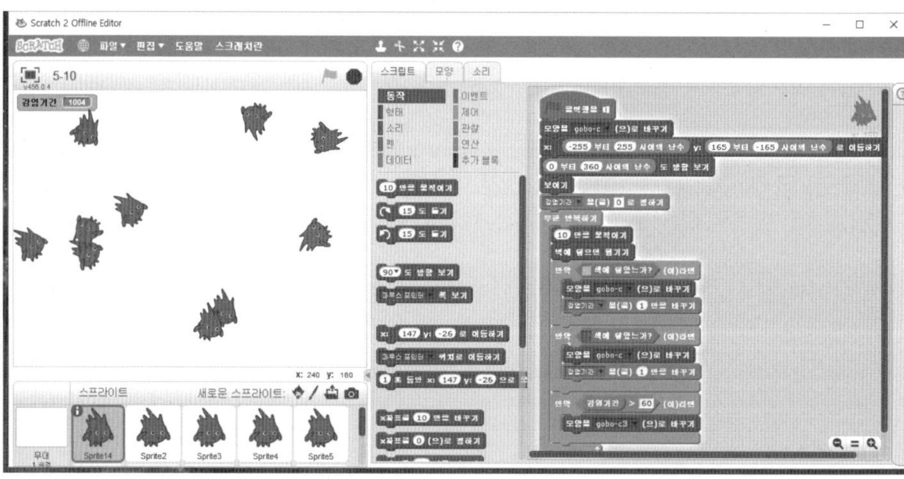

실습시간

색깔 효과 외에 다른 효과도 댄스장에 추가하여 보자. "밝기" 효과나 "반투명" 효과를 추가해보자. 위의 시뮬레이션에서 병이 퍼지는 규칙을 변경하여 보자.

1. 건강한 사람은 적어도 3명의 다른 감염자를 접촉하여야 감염된다.
2. 건강한 사람은 1명의 다른 병자를 접촉하면 감염된다.
3. 감염된 지 70초가 지나야 발병한다.

실전
예제

게임에서의 추상화(앵그리 공게임)

게임을 제작할 때도 많은 추상화 기법이 사용된다. 예를 들어서 공을 떨어뜨리는 게임을 생각해보자. 현실 세계에서 공을 위에서 떨어뜨리면 중력, 바람, 공기 저항 등의 많은 점을 고려해야 한다. 그러나 공기 저항은 중력에 비하여 상대적으로 작다. 따라서 우리는 컴퓨터 게임을 작성할 때 공기 저항을 무시하고 프로그래밍을 할 수 있는 것이다. 앵그리버드나 대포 게임과 같이 공(포탄)를 발사하는 게임을 작성해보자. 여기서 이런 게임에서 어떻게 알고리즘을 만들 것인지 고민하여 보자. 이 게임에서는 공을 발사하여서 초기 속도와 초기 각도에 의하여 비행하다가 목표물에 맞으면 성공이다.

1. 파일 메뉴의 "새로 만들기"를 선택한다. 고양이 스프라이트를 삭제하고 무대의 배경을 "blue sky"로 설정한다.

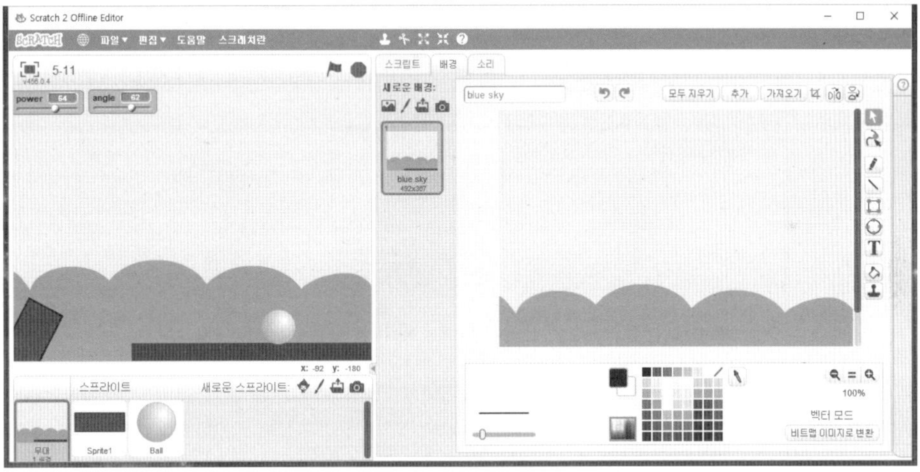

2. 2개의 스프라이트를 추가한다. 하나는 대포를 나타내는 스프라이트이다. 본 실습에서는 추상화를 적용하여 직사각형으로 대포를 표시한다. 또 하나의 스프라이트는 포탄이다. 이것은 라이브러리에서 "ball" 스프라이트를 가져온다.

3. 변수 angle, vx, vy, power, angle2를 생성한다. angle은 대포의 각도를 나타낸다. power는 포탄의 세기이다. vx와 vy는 포탄의 수평속도와 수직속도를 나타낸다.

4. 대포를 나타내는 스프라이트에 다음과 같은 스크립트를 추가한다.

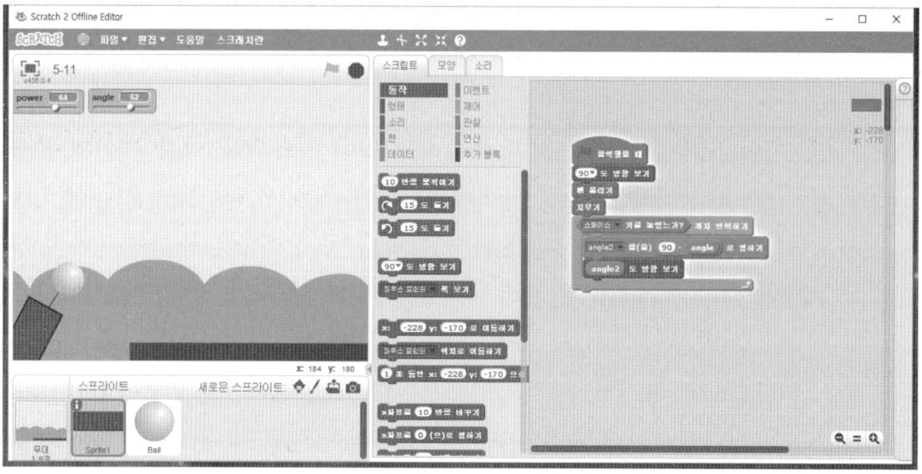

90도 방향을 보게 하고 화면을 지운 후에 사용자가 스페이스키를 누를 때까지 angle 변수에 따라 대포의 각도를 조절한다.

5. 포탄을 나타내는 스프라이트에 다음과 같은 스크립트를 추가한다.

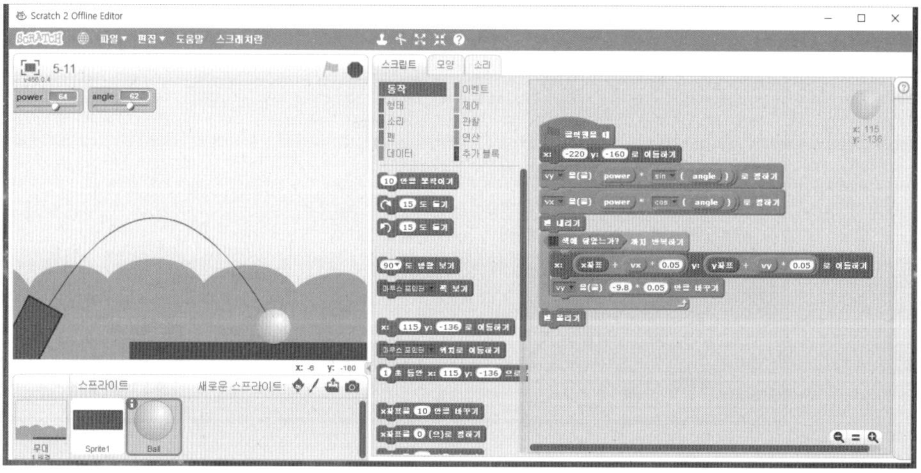

녹색 깃발이 눌려지면 포탄은 초기 위치인 (-220, -160)으로 이동한다. 수직 속도와 수평 속도를 power와 angle 로부터 계산한다. 펜을 내리고 땅에 닿기 전까지 x좌표와 y좌표 값을 변경한다. 한번에 시간은 0.05초가 흐른 것으로 생각한다. 수직 속도에서 중력 가속도 만큼을 빼준다. 따라서 시간이 흐름에 따라 수직 속도는 점점 음수가 된다.

6. 녹색 깃발을 누르면 각도와 세기를 조절한 후에 스페이스키를 누른다.

실습시간

위의 게임에서 바람의 영향을 추가해보자. 바람의 속도를 나타내는 변수 wind를 추가한다. wind의 세기에 따라서 공의 수평방향 속도가 느려진다.

CHAPTER

06

SCRATCH WORKBOOK

알고리즘 I

이번 장에서는 다음과 같은 내용을 학습합니다.

- ▶ 알고리즘의 개념을 살펴본다.
- ▶ 알고리즘을 기술하는 방법을 살펴본다.
- ▶ 순서도를 학습한다.
- ▶ 순차구조를 학습한다.

학습목차

01 이번 장에서 학습할 내용
02 3가지의 제어구조
03 비교 연산자
04 선택 구조
05 중첩 선택 구조
06 논리 연산자

이번 장에서 학습할 내용

알고리즘은 컴퓨팅 사고의 중요한 부분이다. 알고리즘은 어떤 문제를 해결하기 위한 단계적인 지침이다. 컴퓨팅 사고의 최종 결과물이 알고리즘이라고 할 수 있다. 이 장에서는 다음과 같은 응용 프로그램을 작성해본다.

1. 1초등학생들에게 수학을 가르칠 수 있는 프로그램을 작성해보자.

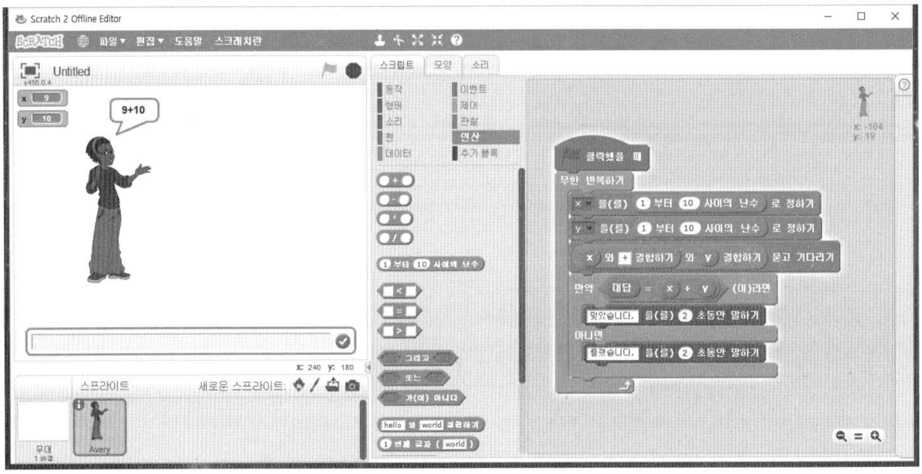

2. 로봇 청소기 알고리즘을 작성하여 보자.

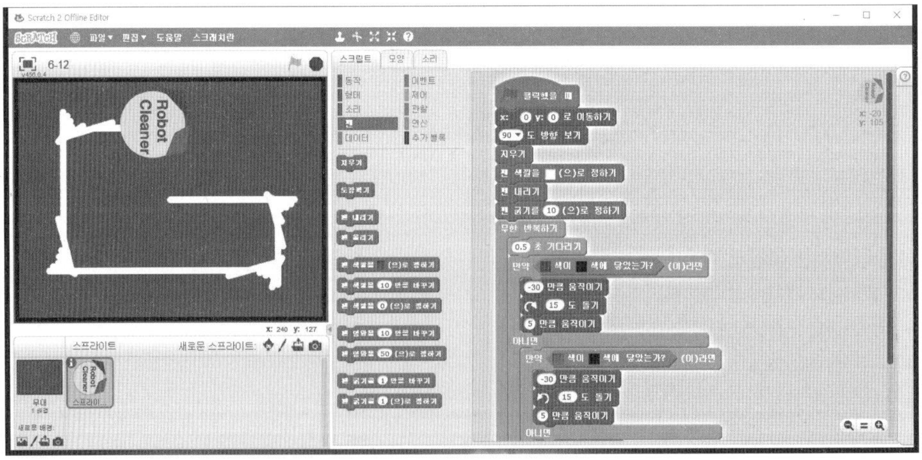

3가지의 제어구조

우리가 알고리즘을 작성할 때, 사용할 수 있는 3가지의 기본적인 제어 구조가 있다.

- 순차 구조(sequence) - 명령어들이 순차적으로 실행되는 구조이다.
- 선택 구조(selection) - 둘 중의 하나의 명령어를 선택하여 실행되는 구조이다.
- 반복 구조(iteration) - 동일한 명령어가 반복되면서 실행되는 구조이다.

아래 그림은 순차 구조, 선택 구조, 반복 구조를 순서도(flowchart)로 나타낸 것이다.

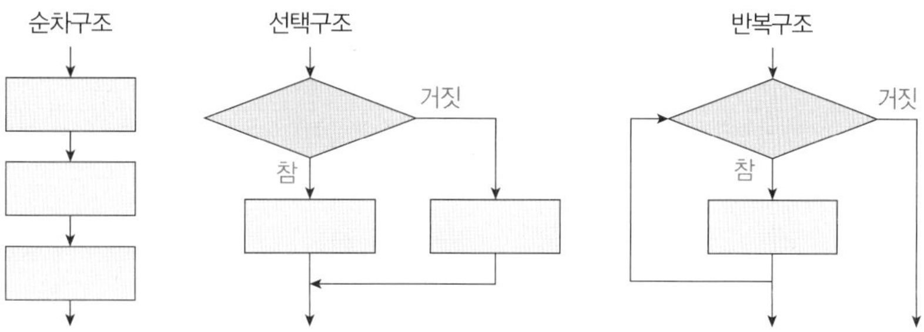

가장 간단한 실행 모델은 순차 구조이다. 순차 구조에서는 첫 번째 명령어부터 시작하여 실행하고 다음 명령어로 이동하는 패턴이 프로그램이 끝날 때까지 계속된다. 순차 구조의 각 명령어들은 건너뛰지 않고 순서대로 실행된다. 하지만 순차 구조만 가지고서는 많은 작업을 할 수 없다. 예를 들어서 에어컨에 내장된 프로그램의 경우에, 온도가 높으면 에어콘을 켜고 온도가 낮으면 에어콘을 끄는 작업이 필요하다. 즉 어떤 조건을 검사하여, 그 결과값을 기반으로 의사 결정을 내릴 수 있는 제어 구조가 필요할 것이다. 이것이 바로 선택 구조이고 이번 장에서는 자세하게 살펴본다(이제까지 우리는 이미 많은 선택 구조를 사용하였다).

Section 03 비교 연산자

우리는 일상생활에서 매일같이 의사 결정을 내린다. 예를 들면 “60인치 TV의 가격이 100만원 미만이면 당장 구입한다.”와 같다. 스크래치에서도 유사하게 의사 결정을 내릴 수 있다. 비교 연산자를 사용 하면 두 변수의 값을 비교하여 하나가 다른 변수보다 크거나 작은지를 확인할 수 있다. 비교 연산자는 두 값 사이의 관계를 검사하기 때문에 관계 연산자라고도 한다. 스크래치에서 지원되는 3개의 관계 연산자는 다음 표에 나와 있다.

연산자	의미
( ) > ( )	..보다 크다.
( ) < ( )	..보다 작다.
( ) = ( )	..과 동일하다.

위의 블록들은 모두 육각형이다. 우리가 3장에서 학습하였듯이 육각형 블록의 결과값은 부울형(논리형)이며 즉 참(true) 또는 거짓(false)이다. 이러한 이유 때문에 이 수식을 부울식이라고도 한다.

예를 들어, “price<100” 블록은 변수의 값 price가 100보다 작은 지 여부를 검사한다. 만약 변수 price가 100보다 작으면 블록은 참(true)을 반환한다. 그렇지 않으면 거짓(false)을 반환한다. 이 수식을 사용하여 “만약 (price<100) 이면, TV를 구입하라”와 같은 형태로 선택문을 만들 수 있다. 비교 연산자는 이미 앞에서 많이 사용하였기 여기서는 구체적인 예제를 생략한다.

문자열 비교

스크래치의 관계 연산자는 문자도 비교할 수 있을까? 비교할 수 있다. 아래 그림에서 볼 수 있듯이 스크래치는 알파벳 순서에 따라 문자를 비교한다. 예를 들어서 문자 A가 문자 B보다 알파벳 순서로 앞에 오기 때문에 “A < B”라는 수식은 참을 반환한다. 그리고 이러한 비교는 대소문자를 구분하지 않는다는 점에 유의해야 한다. 즉 대문자 A는 소문자 a와 동일하게 비교된다. 따라서 “A = a”라는 수식은 참을

반환한다. 이것은 대부분의 프로그래밍 언어와는 다른 점이다.

이것을 이용하여서 컴퓨터가 생각하고 있는 하나의 문자를 사용자가 알아맞히는 게임을 작성해보자. 사용자가 어떤 글자를 입력하면 정답과 비교하여 힌트를 준다.

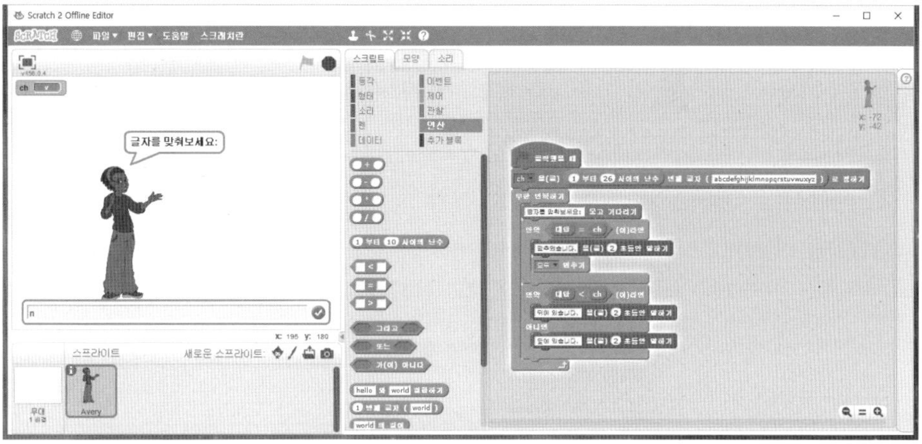

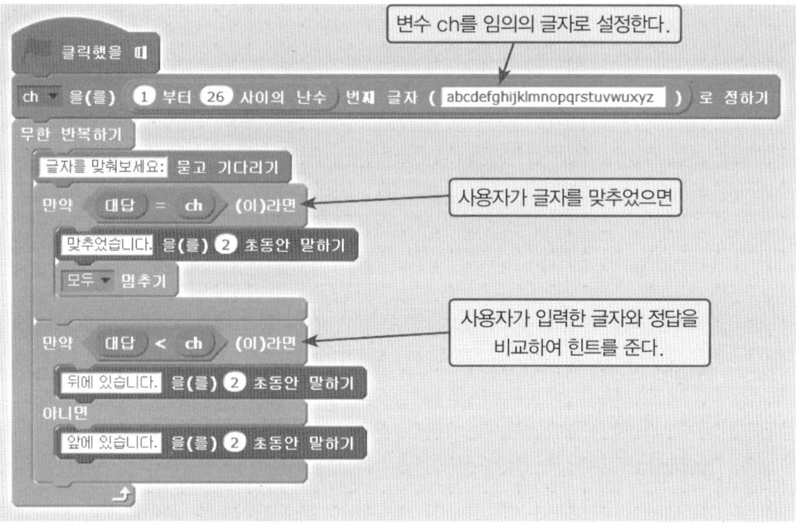

스크래치는 2개의 문자열을 비교할 수 있을까? 즉 "apple"과 "banana"를 비교할 수 있을까? 관계 연산자를 사용하여 비교할 수 있다! 이번에는 사용자가 과일의 이름을 알아맞히는 게임을 작성해보자. 앞의 코드와 유사한 코드를 사용할 수 있다.

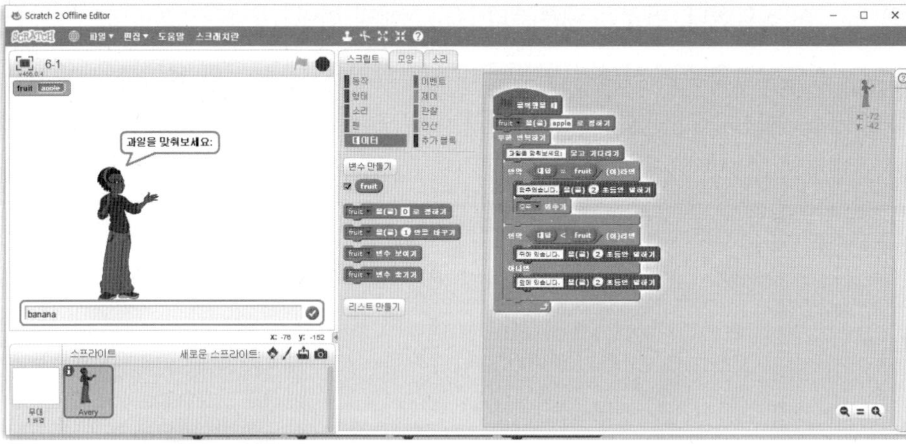

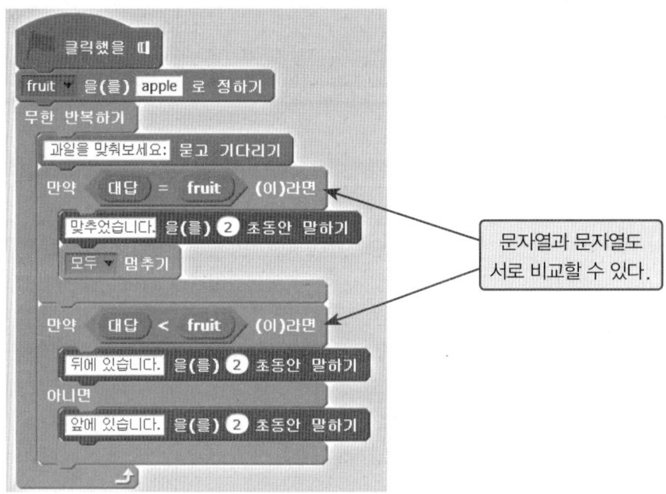

스크래치는 대소문자에 관계없이 문자열을 비교합니다. 예를 들어, "APPLE"과 "apple" 문자열은 동등한 것으로 간주된다. 또 스크래치는 문자열을 비교할 때 공백을 계산한다. "apple" 문자열과 "apple"문자열은 동일하지 않다. 또 "apple" > "banana" 수식은 참을 반환하는데 "apple" 문자열에 사전에서 "banana" 문자열 보다 앞에 위치하기 때문이다. 이것은 문자열들을 사전 순으로 정렬할 때 아주 중요하게 사용된다.

04 선택 구조

스크래치의 제어 팔레트에는 프로그램에서 의사 결정과 제어 작업을 할 수 있는 2개의 블록인 if 블록과 if-else 블록이 있다. 이 블록을 사용하면 사용자에게 질문을 하고 사용자의 대답에 따라 행동을 다르게 할 수 있다. 이 절에서는 if 블록과 if-else 블록에 대하여 자세히 살펴보자.

if 블록

if 블록의 경우 블록에게 명령 세트 (또는 안) 시험 조건의 결과에 기초하여 실행되어야하는지 여부를 지정하는 기능을 제공하는 결정 구조이다. if 블록의 구조와 해당 순서도가 아래 그림에 나와 있다.

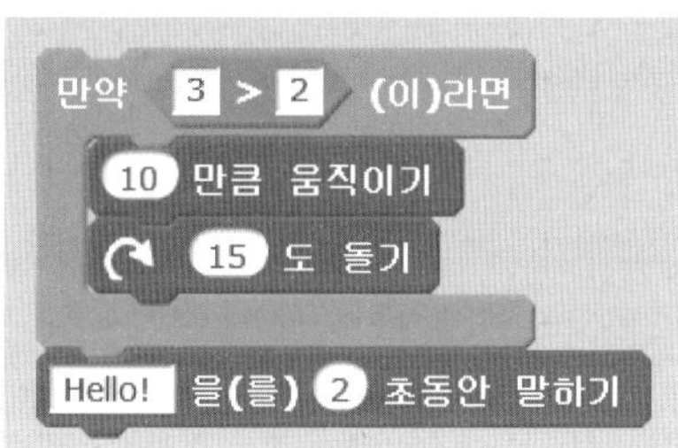

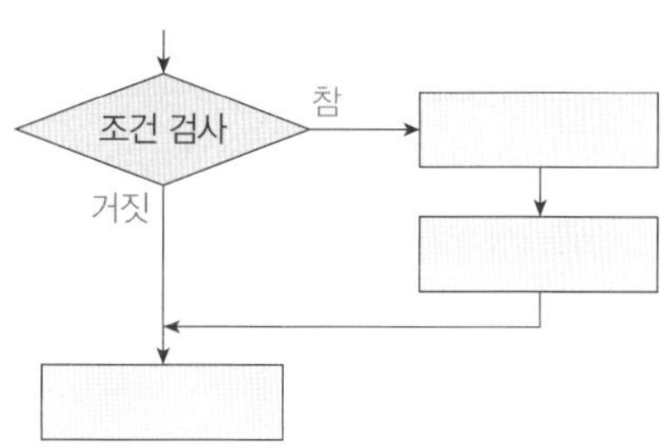

위의 그림에서 다이아몬드 모양은 조건을 검사하는 블록을 나타낸다. if 블록의 검사 조건이 참이면 프로그램은 if 블록 안에 있는 명령을 실행한다. 검사 조건이 거짓이면 프로그램이 해당 명령을 건너뛰고 직접 if 블록 밑에 있는 블록으로 이동한다.

간단한 예제를 작성해보자. 스프라이트가 왼쪽에 있으면 배경이 설경이 되고 스프라이트가 오른쪽에 있으면 배경이 초원이 되도록 다음과 같은 코드를 작성한다.

스크립트의 무한 반복 루프는 매 이동 명령 후에 스프라이트의 x 위치를 검사하는 if 블록을 포함하고 있다. 만약 스프라이트의 x좌표가 0보다 큰 수이면 배경이 "blue sky"로 변경된다. 바로 아래에 또 하나의 if 블록이 있는데 여기서는 스프라이트의 x좌표가 음수이면 배경을 "winter-lights"로 변경한다.

if-else 블록

우리는 앞에서 스프라이트의 x좌표가 0보다 큰 수이면 배경이 "blue sky"로 변경되게 하였고 또 스프라이트의 x좌표가 음수이면 배경을 "winter-lights"로 변경하였다. 이것을 위하여 다음과 같이 if 블록을 2개 사용하였다.

스크래치에는 2개의 if 블록을 하나의 if-else 블록으로 결합하여 코드를 단순화하고 보다 효율적으로 만들 수 있다.

if-else 블록에서는 지정된 조건이 검사된다. 조건이 참이면 블록의 if 부분에 있는 명령들이 실행된다. 그러나 조건이 거짓이면이면 else 아래의 명령이 실행된다. 프로그램은 if-else 블록에서 2개의 명령 그룹 중에서 하나를 실행한다. if-else 블록의 구조와 해당 순서도는 아래 그림에 나와 있다.

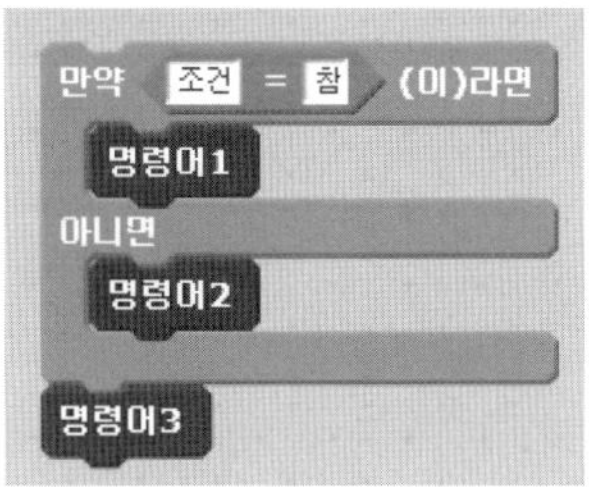

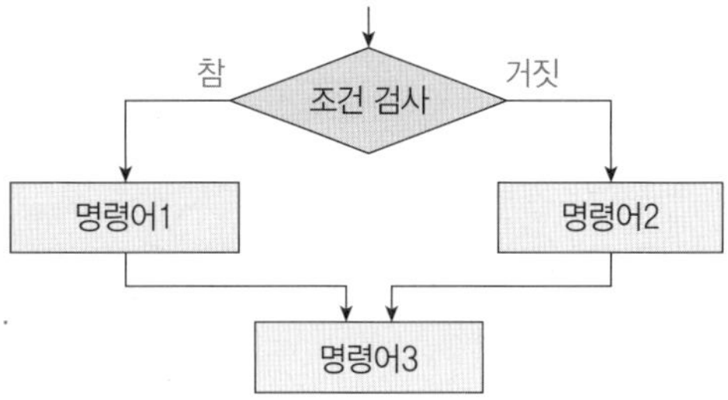

간단한 예를 들어보자. 초등학생들에게 수학을 가르치는 문제를 출제하고 답을 검사하는 프로그램을 작성하고 있다고 하자. 학생은 정답을 이야기하면 "맞았습니다" 를 출력하고 오답을 이야기하면 "틀렸습니다"를 출력한다.

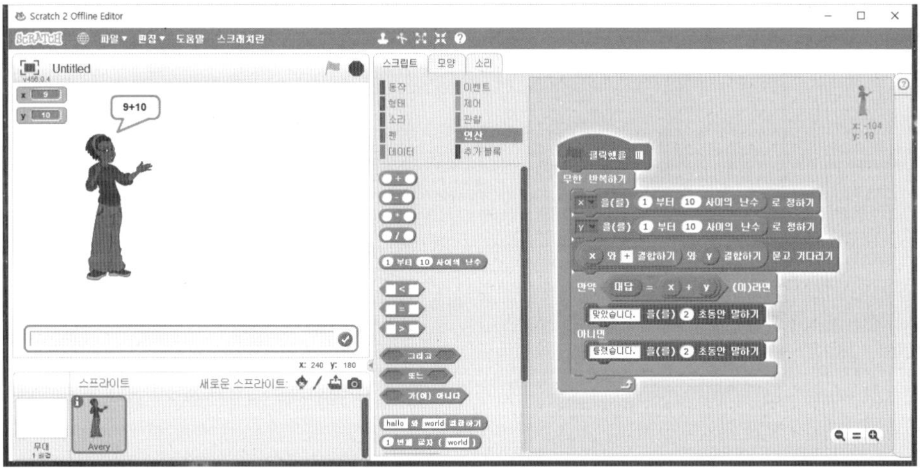

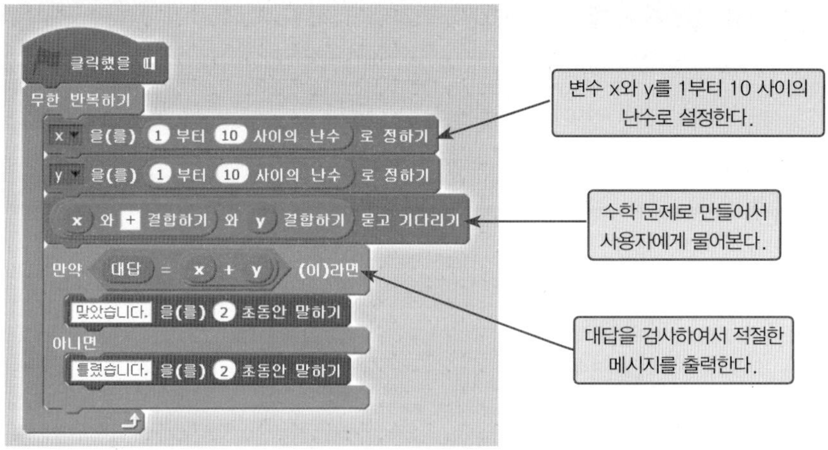

또 하나의 간단한 예를 들어보자. 사용자에게 숫자를 입력하게 하고 숫자가 짝수인지 홀수인지를 출력하는 프로그램을 작성해보자.

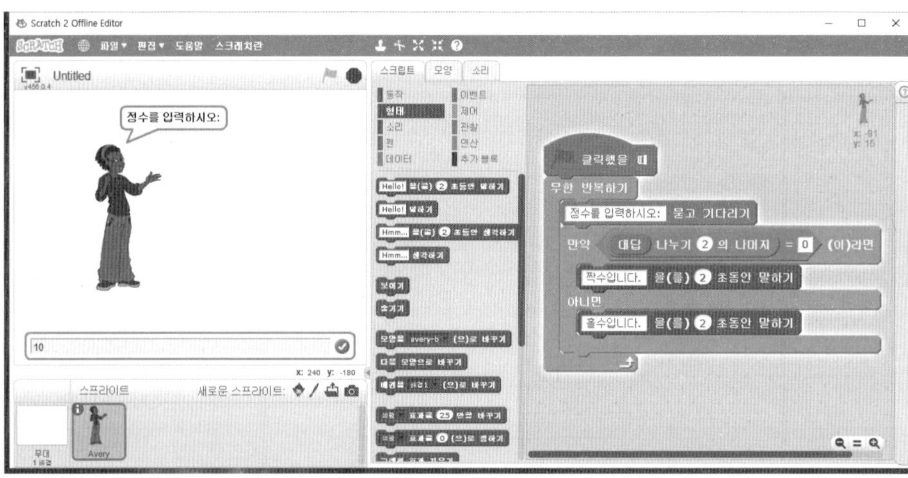

중첩 선택 구조

여러 개의 조건을 검사하여서 조치를 취하려는 경우에는 여러 개의 if-else 블록들을 중첩하여 사용할 수 있다. 예를 들어 학생이 장학금을 타려면 (1) 학점평균이 3.0 이상이어야 하고 (2) 봉사시간이 10시간 이상이어야 한다고 하자. 이러한 여러 가지 조건은 중첩 if-else 블록을 이용하여 검사할 수 있다.

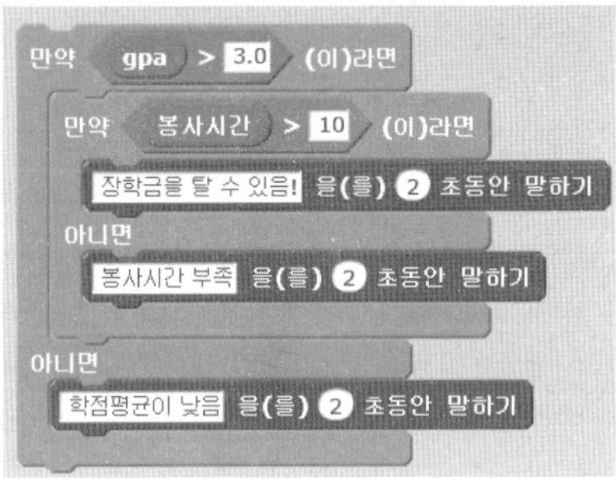

위의 블록에서는 먼저 gpa>3.0 수식을 검사한다. 이 수식의 값이 거짓인 경우, 학생은 장학금 기준을 충족시키지 않아 다른 조건을 확인할 필요가 없다. 수식 gpa>3.0이 참이면 두 번째 조건을 검사해야 한다. 이것은 "봉사시간>10" 조건을 검사하는 중첩된 if-else 블록으로 구현된다. 이 두 번째 조건이 참이라면 학생은 장학금을 받을 수 있다. 그렇지 않은 경우 이유를 설명하는 적절한 메시지가 출력된다.

특히 중첩 if-else 블록은 메뉴를 처리하는데 많이 사용된다. 예를 들어서 패스트푸드 매장에서 사용자한테서 주문을 받는 시스템을 구현해보자. 사용자가 1을 입력하면 햄버거를 주문하고 2를 입력하면 콜라를, 3을 입력하면 감자튀김을 주문하여야 한다.

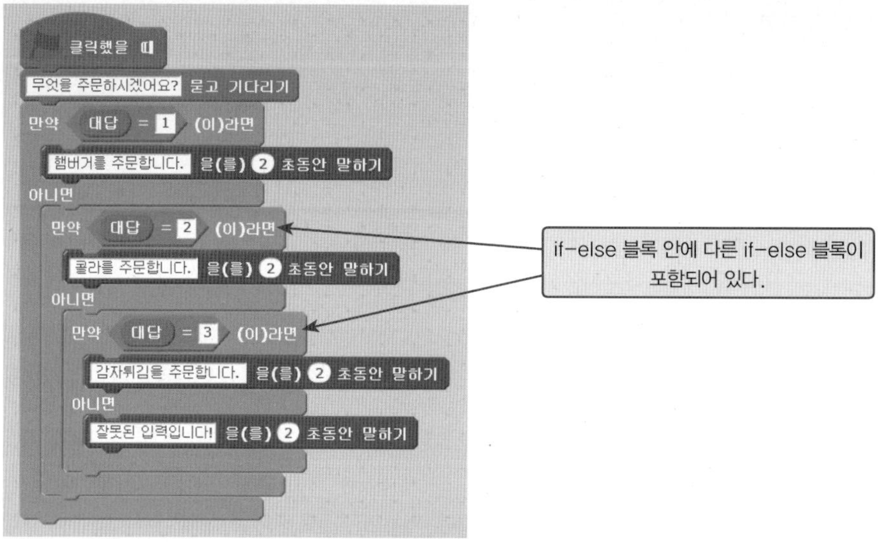

사용자에게 메뉴를 입력하라고 요청한 후, 스프라이트는 사용자의 입력을 기다린다. 사용자가 입력을 하면 이를 처리하기 위해 3개의 if-else 블록을 사용한다. 사용자가 유효한 선택을 하면 스크립트는 해당 제품을 화면에 출력한다. 그렇지 않으면, 스크립트는 사용자의 입력이 유효하지 않음을 알린다.

06 논리 연산자

이전 절에서 중첩된 if-else 블록을 사용하여 여러 개의 조건을 검사하는 방법을 배웠지만 논리 연산자 를 사용하여 동일한 작업을 수행 할 수도 있다. 예를 들어, 수식 (n > 3) and (n < 7)은 2개의 수식 (n > 3)과 (n < 7)을 논리적인 연산자 and로 연결한 것이다. 논리적인 and는 우리말로는 "그리고"이다. 즉 and 연산자의 결과는 두 피연산자가 모두 참인 경우에만 참이 된다. 다음 표에 스크래치에서 사용 가능한 3가지 논리 연산자에 대한 간략한 설명이 나와 있다.

연산자	의미
그리고	2개의 피연산자가 모두 참인 경우에만 결과가 참이다.
또는	2개의 피연산자 중에서 하나만 참이면 결과가 참이다.
가(이) 아니다	피연산자의 참과 거짓을 반대로 한다.

논리 연산자를 사용하여 앞에서 살펴본 장학금 조건을 만들어보자. 예를 들어 학생이 장학금을 타려면 (1) 학점평균이 3.0 이상이어야 하고 (2) 봉사시간이 10시간 이상이어야 한다고 하자.

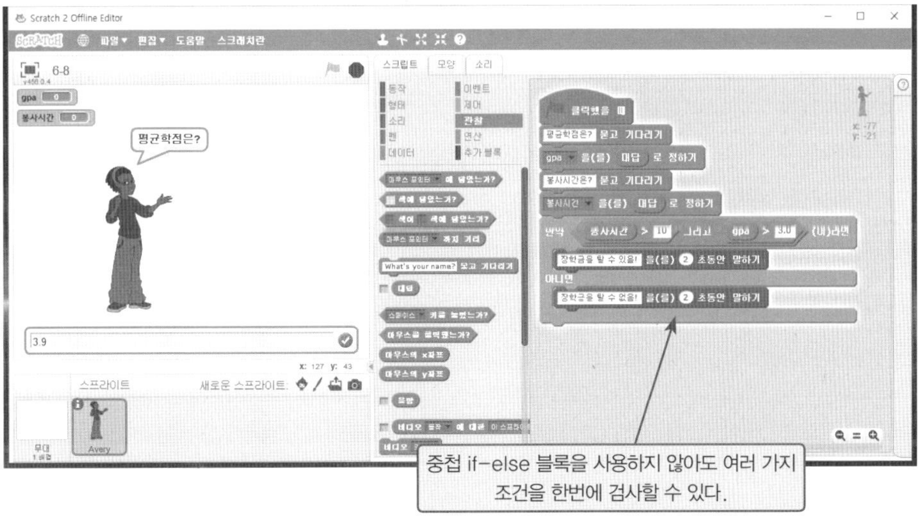

위에서 논리 연산자 and를 사용하여서 2가지 조건이 동시 만족되는지를 검사하고 있다. 즉 "(봉사시간 > 10) 그리고 (gpa > 3.0)" 수식은 (봉사시간 > 10)이 참이고 (gpa > 3.0)이 참일 때만 참이 된다.

이번에는 논리 연산자 or에 대하여 살펴보자. 우리가 어떤 게임을 하는데 다음 레벨에 도달하는 데 제한된 시간이 있다고 가정하자. 또 현재 레벨에서 사용할 수 있는 생명도 제한되어 있다. 따라서 플레이어가 허용된 시간 내에 다음 레벨에 도달하지 못하거나 플레이어가 할당된 모든 생명을 고갈시키면 게임이 종료된다. 이것을 수식으로 만들어서 검사해보자. 현재 남은 시간은 time 변수로 알 수 있고 플레이어의 남아 있는 생명의 개수는 life 변수로 알 수 있다.

논리 연산자 not은 참이면 거짓으로 만드는 연산자이다. 스크래치에서는 "같거나 크다" 와 같은 연산자가 없어서 약간 불편하지만 논리 연산자 not을 사용하여 "같거나 크다" 연산자를 만들 수 있다. 즉 다음과 같이 "10보다 같거나 큰 가"를 검사할 수 있다.

실전 예제

선을 따라서 움직이는 자동차

우리는 이번 절에서 조건에 따라서 서로 다른 작업을 할 수 있는 선택 구조에 대하여 학습하였다. 이 선택 구조를 이용하여서 선을 따라가는 자동차를 구현해보자. 스크래치에서는 특정한 색을 감지하는 블록들이 있다. 이들 블록을 이용하면 가상적인 센서를 구현할 수 있다.

자동차의 모습은 다음과 같다. 자동차 앞에는 3가지의 센서가 부착되어 있다.

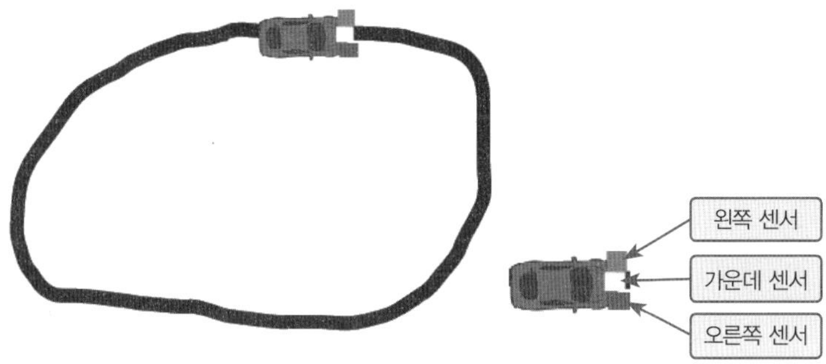

스크래치에는 "어떤 색깔이 다른 색깔과 닿았는가"를 판단할 수 있는 블록이 있다. 이 블록과 선택구조를 사용하면 검정색 선을 따라가는 알고리즘을 작성할 수 있다.

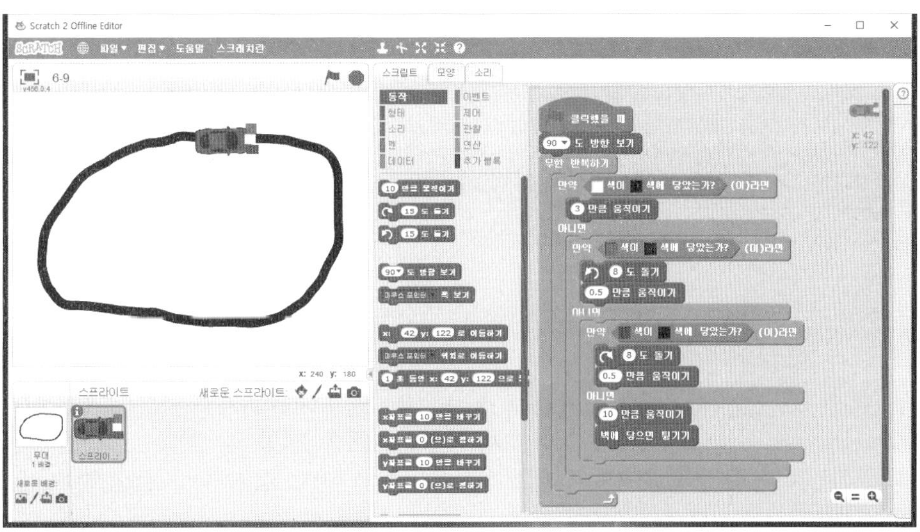

간략한 알고리즘은 다음과 같다. 가운데 센서가 검정색을 감지하였으면 정상적으

로 앞으로 전진한다. 하지만 왼쪽 센서가 검정색을 감지하였으면 차량이 오른쪽으로 치우친 것이므로 왼쪽으로 회전한 후에 약간만 앞으로 간다. 반면에 오른쪽 센서가 검정색을 감지하였으면 차량이 왼쪽으로 치우친 것이므로 오른쪽으로 회전한 후에 약간만 앞으로 간다. 어떤 센서도 검정색을 감지하지 못했으면 빠른 속도로 앞으로 이동하여 검정색 선을 찾는다. 이동거리나 회전각도는 실험을 하면서 결정하면 된다.

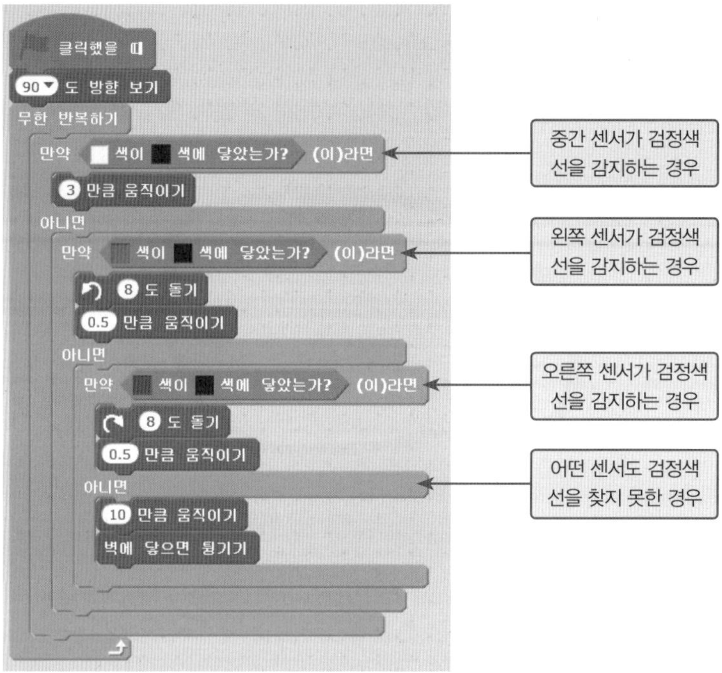

위의 스크립트에서는 새로운 블록을 사용한다. [색이 색에 닿았는가?] 블록은 노란색이 검정색에 닿았는지를 검사한다. 닿았으면 블록은 참을 반환한다. 그렇지 않으면 거짓을 반환한다. 색상을 지정하려면 블록안의 색을 표시하는 사각형을 클릭 한 후에 무대의 아무 곳이나 클릭하면 된다.

실습시간

선을 따라가는 다른 알고리즘을 생각해보자. 어떻게 하면 속도를 빠르게 할 수 있는가?

실전 예제 수학적인 알고리즘

이번 Lab에서는 1부터 10까지의 합을 계산하는 알고리즘을 만들어보자. 몇 가지의 방법을 생각할 수 있다. 가장 알기 쉬운 방법만 살펴보자. 1부터 10까지의 숫자를 하나씩 더하는 알고리즘만 살펴보자. 이 알고리즘을 순서도로 작성해보자.

$$1 + 2 + 3 + \ldots + 10 = 55$$

순서도 작성에 사용되는 기호는 다음과 같다.

기호	의미
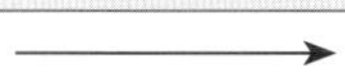	화살표는 알고리즘이 진행하는 방향을 나타낸다.
	수행의 시작(start), 종료(end)
	처리(process)를 나타낸다. 예를 들어서 변수 x에 1을 더하는 연산이 여기에 해당된다.
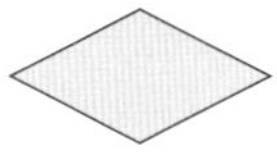	판단(decision)을 나타낸다. yes/no질문이나 true/false 검사가 여기에 해당된다. 일반적으로 이 도형에서 나가는 2개의 화살표가 있다.
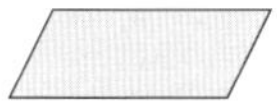	입력(INPUT)이나 출력(output)을 나타낸다. 예를 들어서 사용자로부터 정수를 받아서 변수 x에 저장하는 연산이 여기에 해당된다.

컴퓨터를 위한 알고리즘을 작성하려면 변수가 필요하다. 1부터 하나씩 증가되는 변수 i와 현재까지의 합을 저장하고 있는 변수 sum을 생성한다.

1부터 10까지의 합을 계산하는 알고리즘을 순서도로 그리면 다음과 같다.

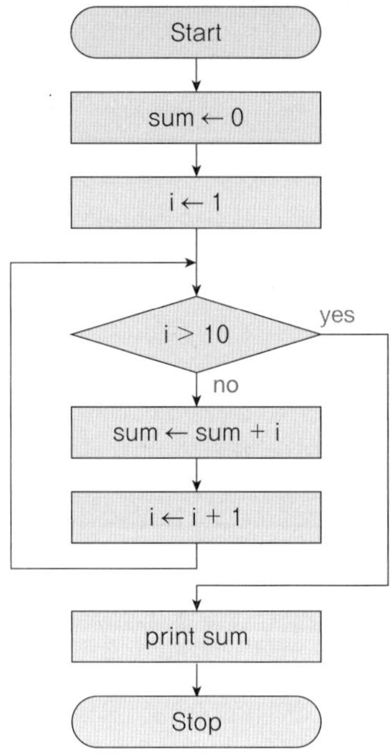

여기서 ← 기호는 변수에 값을 저장한다는 의미의 연산자이다. 이것을 스크래치 프로그램으로 작성해보면 다음과 같을 것이다.

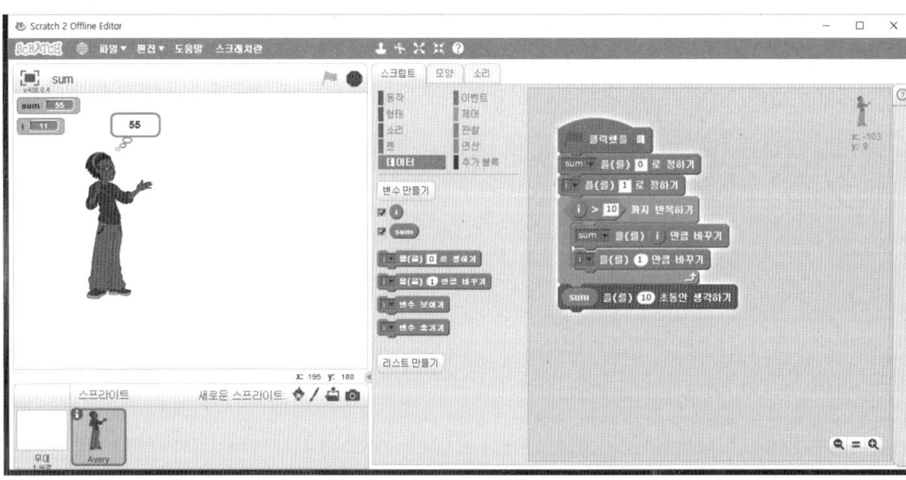

실습시간

1부터 사용자가 입력하는 숫자까지의 합을 계산하도록 위의 스크래치 프로그램을 수정하여 보자.

실전 예제

유클리드 GCD 알고리즘

최대 공약수란 정수들의 공통 약수 중에서 가장 큰 수를 의미한다. 예를 들어서 12와 8의 최대 공약수는 4가 된다. 왜냐하면 4는 12의 약수이면서 동시에 8의 약수이고 공통 약수 중에서 가장 크기 때문이다.

최대 공약수를 구하려면 아무래도 정교한 수학적인 알고리즘이 필요하다. 최대 공약수를 구하는 알고리즘은 기원전 300년 전에 이미 유클리드에 의하여 개발되었다.

❶ 두 수 가운데 큰 수를 x, 작은 수를 y라 한다.
❷ y가 0이면 최대 공약수는 x와 같고 알고리즘을 종료한다.
❸ r ← x % y
❹ x ← y
❺ y ← r
❻ 단계 ❷로 되돌아간다.

스크래치로 유클리드 알고리즘을 구현해보자. 반복 구조를 사용한다.

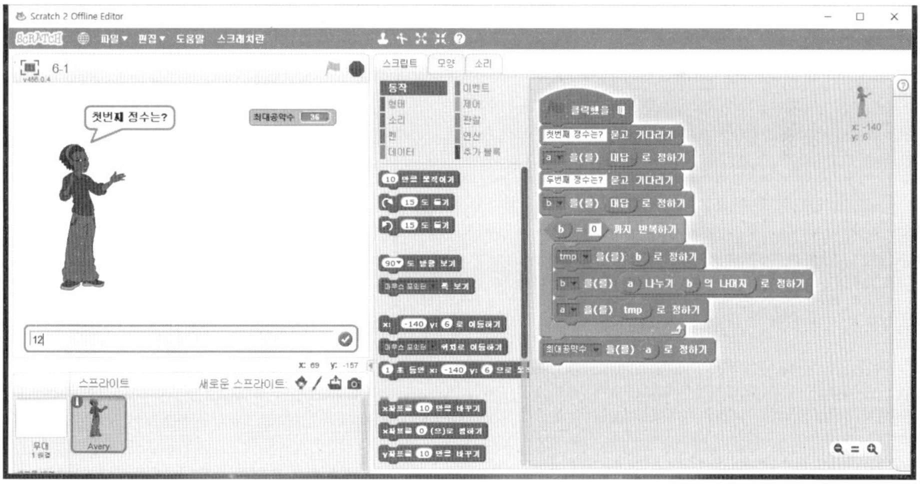

이진 탐색

이진 탐색으로 이름을 찾는 알고리즘을 수행시켜보자. 아직 코드는 이해하지 않아도 된다. 실행해보고 이진 탐색이 어떻게 이름을 찾는지 살펴보자.

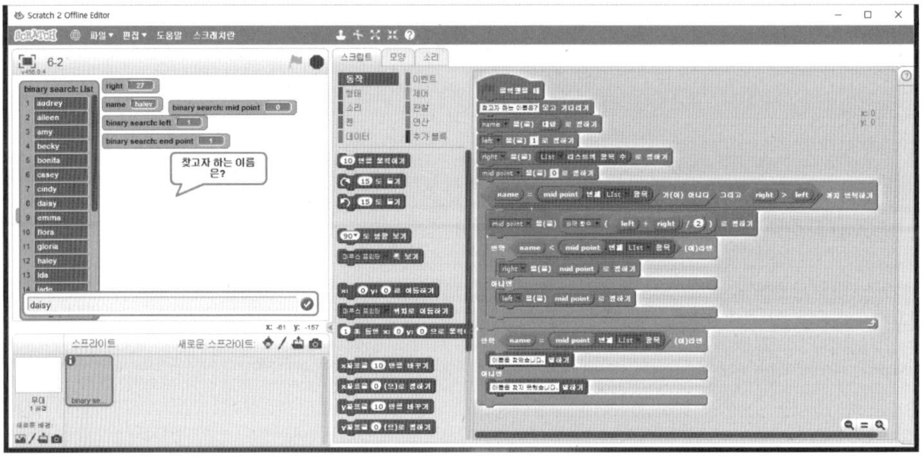

실전
예제

로봇 청소기 알고리즘

청소를 좋아하는 사람은 거의 없다. 하루 종일 쓸고 닦아도 집안 청소는 끝나지 않는다. 청소를 대신해주는 로봇이 있다면 얼마나 좋을까? 로봇 청소기는 "청소"라는 힘든 가사노동을 줄여주는 인기가 많은 가전제품이다. 로봇 청소기는 카메라, 초음파, 적외선, 범퍼를 이용하여 장애물을 감지하고 충돌을 피하면서 청소를 한다. 또 배터리가 부족해지면 자동으로 충전한다.

로봇 청소기는 어떤 알고리즘으로 청소를 하는 것일까? 물론 제조사에 따라서 서로 다른 청소 알고리즘을 가지고 있을 것이다. 우리는 그 중에서 하나를 선택하여 알고리즘을 작성해보자.

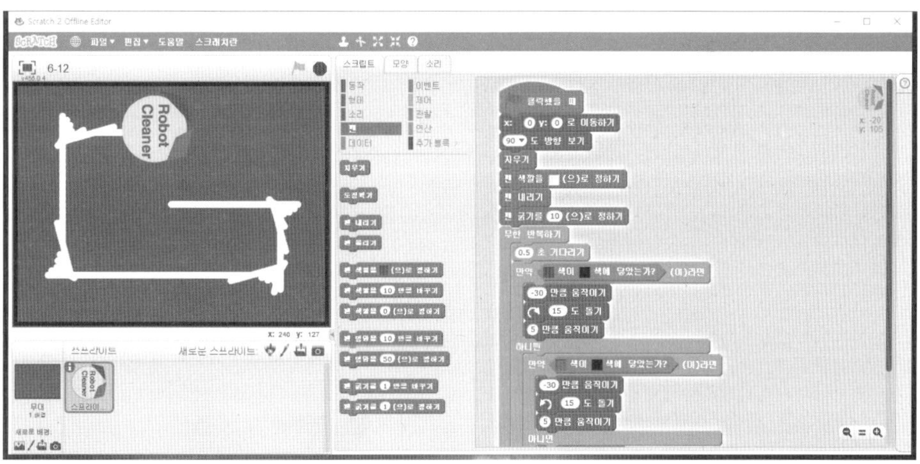

1. 파일 메뉴의 "새로 만들기"를 클릭하여 새로운 프로젝트를 만든다.

2. 무대를 클릭하고 다음과 같이 배경 이미지를 만들어 준다. 검정색 선은 벽을 의미한다.

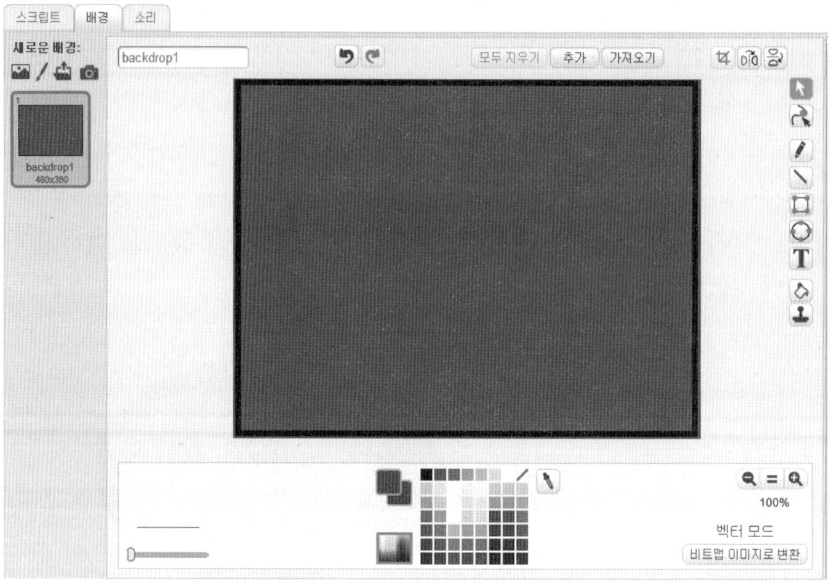

3. 스프라이트를 다음과 같이 그려서 작성한다. 앞에 붙은 파란색 조각과 빨간색 조각은 충돌 감지 센서를 의미한다.

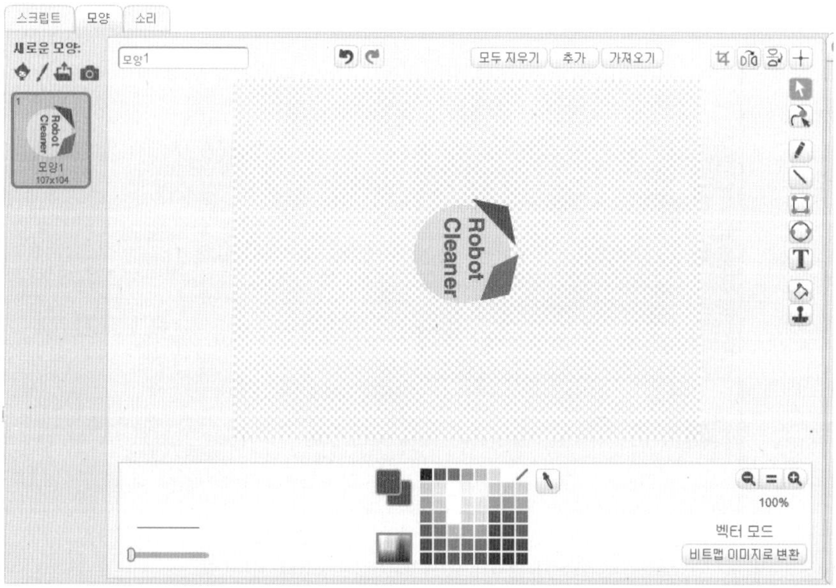

4. 청소기 스프라이트에 다음과 같은 스크립트를 작성한다. 이 알고리즘은 앞에서 살펴보았던 라인을 따라가는 자동차와 비슷하다.

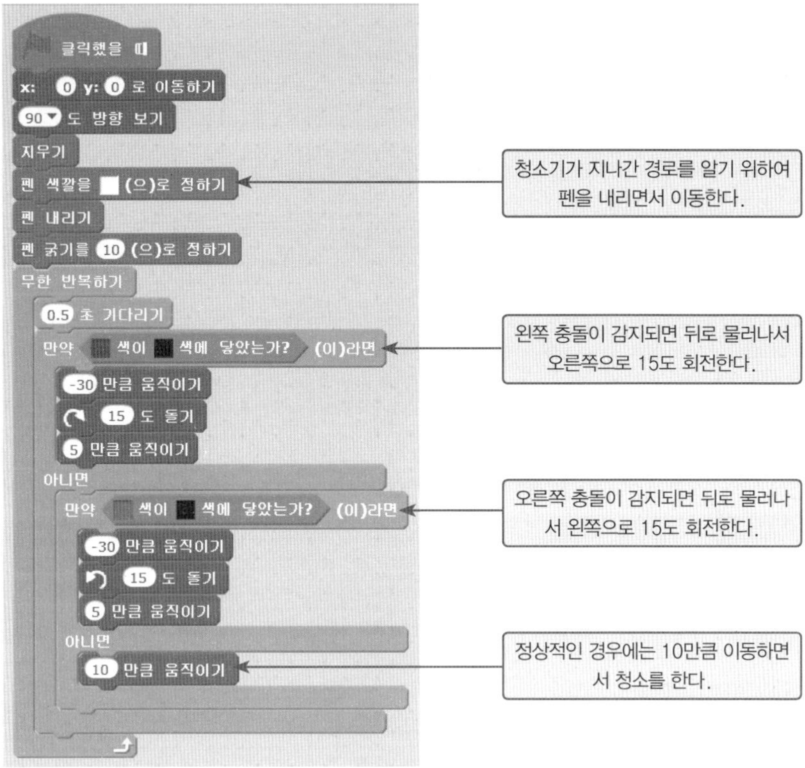

도전문제

1. 다른 청소 알고리즘도 작성해보자. 다음과 같이 청소를 하려면 어떤 알고리즘이 있어야 하는가?

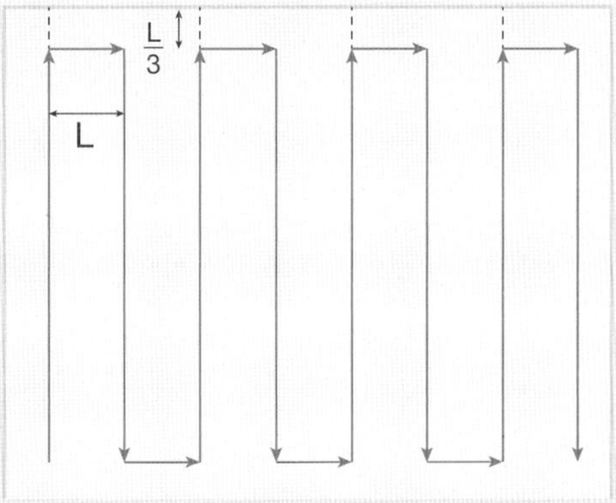

2. 감지기 모양은 어떻게 설계하는 것이 좋을까?
3. 이동속도와 알고리즘을 수정하여서 방이 최단 시간 안에 청소되도록 하여 보자.

CHAPTER

07

SCRATCH WORKBOOK

알고리즘 II

이번 장에서는 다음과 같은 내용을 학습합니다.

▶ 알고리즘을 이루는 3가지의 제어구조를 실습해본다.

▶ 재귀 호출을 실습해본다.

▶ 무한 루프를 이용하여 응용 프로그램을 작성해본다.

학습목차

이번 장에서 학습할 내용

알고리즘은 컴퓨팅 사고의 중요한 부분이다. 알고리즘은 어떤 문제를 해결하기 위한 단계적인 지침이다. 컴퓨팅 사고의 최종 결과물이 알고리즘이라고 할 수 있다. 이 장에서는 다음과 같은 응용 프로그램을 작성해본다.

1. 재귀 호출을 이용하여 멋진 그림을 그려본다.

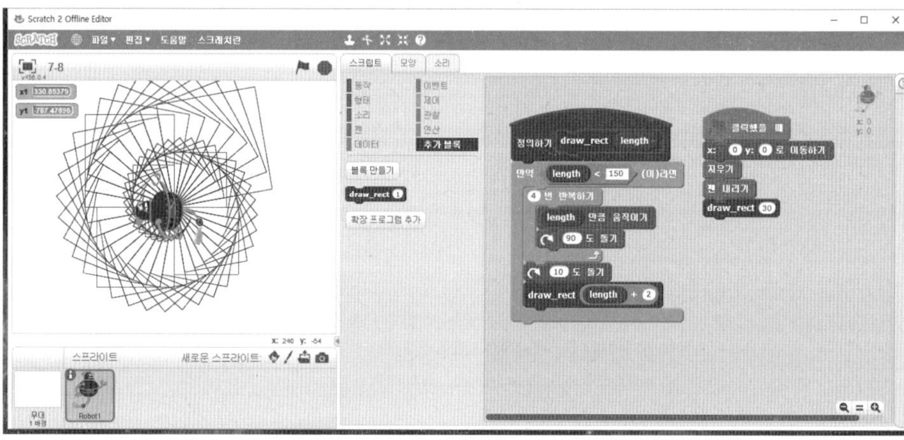

2. 주차장 알고리즘을 작성하여 보자.

02 반복

우리는 이미 처음부터 스크래치의 반복 구조를 많이 사용하였지만 이 장에서는 반복에 대하여 더 자세히 설명한다. 특히 중첩 루프, 재귀에 대해서도 살펴본다. 이번 장에서 학습할 내용은 다음과 같다.

- 반복 구조
- 횟수 제어 루프
- 조건 제어 루프
- 재귀 함수

대부분의 사람들은 반복적인 작업을 지루하게 여기지만 컴퓨터는 그렇지 않다. 여기에 컴퓨터의 장점이 있다. 반복 구조는 흔히 루프(loop)라고도 한다. 반복 구조는 반복적으로 동일한 명령어를 실행하는 구조이다. 가장 단순한 종류의 루프는 정해진 횟수만큼 반복하는 루프이다. 이러한 루프를 횟수 제어 루프라고 한다. 또 다른 유형의 루프는 특정한 이벤트(조건)가 발생할 때까지 계속 반복된다. 이것을 조건 제어 루프라고 한다. 끝없이 반복되는 루프도 있다. 이것을 무한 루프라고 한다. 스크래치에는 무한 루프를 끝내는 데 사용할 수 있는 중지 블록이 있다. 중첩 루프는 다른 루프를 포함하는 루프이다. 재귀는 스스로를 호출하는 함수이다.

스크래치에서의 반복 블록

스크래치에서 지원하는 반복 블록에는 다음과 같이 3개가 있다. 이들 블록을 명령어를 반복 할 수 있다.

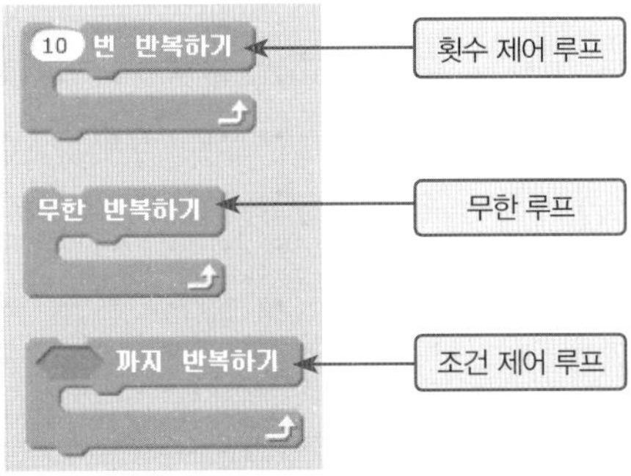

우리는 이미 처음부터 첫 번째 블록과 두 번째 블록은 많이 사용하여 왔다. 하지만 여기서는 각 반복 루프에 대하여 더 자세하게 살펴보자.

횟수 제어 루프

횟수 제어 루프는 횟수만큼만 반복하는 루프이다. 가장 기본적인 반복 구조이다. 우리에게 가장 익숙한 블록은 특정 횟수만큼 반복하는 카운터 제어 루프이다. 만약 루프가 실행해야하는 반복 횟수를 우리가 미리 알 수 있다면 이 루프를 사용하는 것이 좋다. 어디서 사용될까? 예를 들어서 사용자에게 올바른 암호를 입력할 기회를 세 번만 부여할 때 사용한다. 횟수 제어 루프에서는 반복 횟수를 기억하고 있는 변수를 사용하여야 한다. 이러한 변수는 루프 카운터라고 한다. 몇 가지 예를 살펴보자.

예를 들어서 터틀 그래픽을 이용하여 사각형을 그린다면 4번 반복하는 것을 우리가 미리 알 수 있기 때문에 횟수 제어 루프를 사용하면 된다.

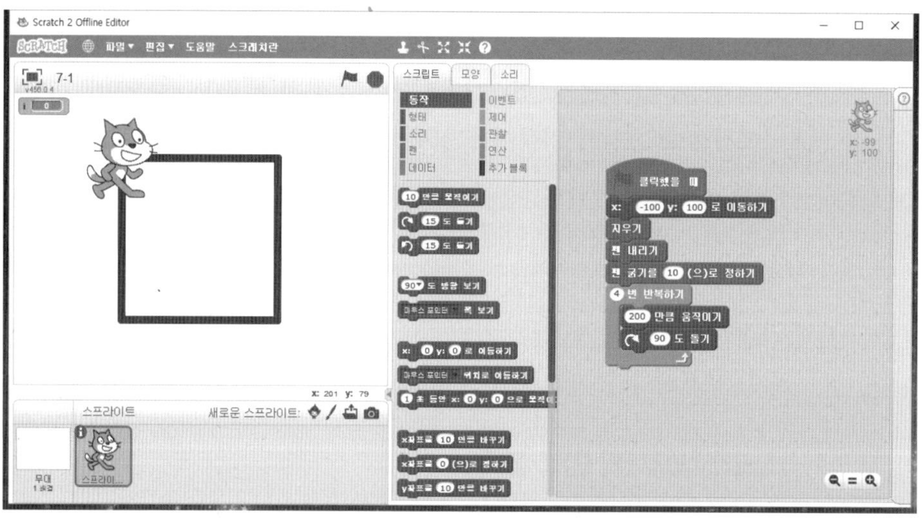

반면, "...까지 반복하기" 블록은 조건 제어 루프이다. 이 블록 안의 명령어는 조건식의 진위에 따라 반복된다. 반복해야하는 횟수를 미리 알지 못하는 경우에는 이 블록을 사용한다. 예를 들어 "사용자가 음수를 입력할 때까지 "...묻고 기다리기" 블록을 반복하는 경우에 이 블록을 사용할 수 있다.

사용자로부터 잠금 해제 암호를 입력받는 간단한 프로그램을 작성해보자. 암호는 3번까지 입력할 수 있다. 잘못된 암호를 세 번 입력하면 컴퓨터에 대한 액세스가 거부된다.

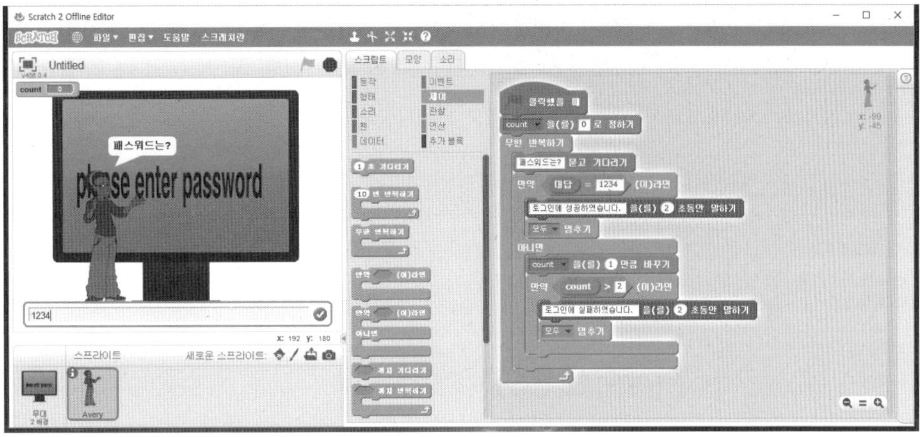

스크립트는 로그인이 실패한 횟수를 저장하는 변수 count를 정의한다. 루프를 반복 할 때마다 암호를 입력하라는 메시지가 표시된다. 사용자가 올바른 암호(현재는 1234이다)를 입력하면 "로그인에 성공하였다"는 메시지가 출력되고 모든 스크립트가 중지된다. 그렇지 않은 경우 사용자가 3번 시도를 모두 실패하면 오류 메시지가 표시되고 모든 스크립트가 중지된다.

조건 제어 반복

퀴즈 프로그램을 개발한다고 가정하자. 사용자의 대답이 틀리면 프로그램은 다시 같은 질문을 하여 사용자에게 다시 기회를 준다고 하자. 즉, 사용자가 정답을 입력할 때까지 같은 질문을 하는 것이다. 이런 경우에는 "...까지 반복하기" 블록이 제격이다. "...번 반복하기" 블록은 이런 경우에는 부적절하다. 왜냐하면 몇 번이나 반복할지를 미리 알 수 없기 때문이다. 첫 번째 시도에서 정답을 맞출 수도 있고 200번 반복할 수도 있다. "...까지 반복하기" 블록이 아래 그림에 표시되어 있다.

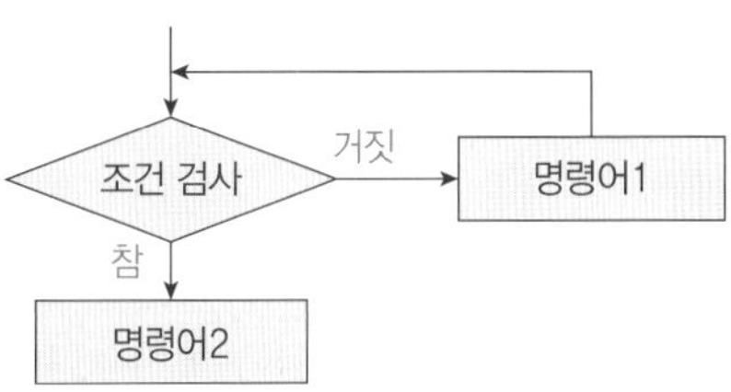

"...까지 반복하기" 블록에는 루프의 처음에 값을 검사하는 조건식이 들어 있다. 이 조건식의 값이 거짓이면 루프 내의 명령어들이 실행된다. 사실 이것은 다른 프로그래밍 언어와는 반대이다. 다른 프로그램 언어에서는 조건식이 참이면 반복된다. 하지만 스크래치에서는 조건식이 거짓이면 반복이 지속된다. 주의하도록 하자. 루프 안의 마지막 명령어가 실행되고 나서 루프가 다시 시작되고 조건식이 다시 검사된다. 조건식이 여전히 거짓이면 루프 내의 명령어들이 다시 실행된다. 이 반복은 조건식이 참이 될 때까지 계속된다. 조건식이 참이 되면 루프는 종료되고 프로그램은 루프 바로 다음에 오는 명령어로 이동한다.

프로그램이 루프를 처음 실행하기 전에 조건식이 이미 참이면 루프 안의 명령어들은 실행되지 않는다. 또한 조건식이 참이 되지 않으면 반복이 종료되지 않는다. 따라서 조건식이 절대로 참이 되지 않는 경우라면 무한 루프가 된다. 주의하도록 하자.

"...까지 반복하기" 블록을 사용하여 간단한 예제 프로그램을 작성해보자. 최근 사람의 운전을 도와주는 컴퓨터 시스템이 인기를 끌고 있다. 이번 예제에서는 자동차와 보행자가 동시 움직인다. 자동차 스프라이트와 보행자와의 거리가 100 미만이 되면 자동차를 정지시킨다. 이것을 위해서 "...까지 반복하기" 블록과 다른 스프라이트까지의 거리를 측정하는 "...까지의 거리" 블록이 사용되었다. 두 스프라이트 사이의 거리가 100보다 작으면 반복이 종료되고 자동차는 더 이상 움직이지 않는다. 두 스프라이트 사이의 거리가 100 이상이 되면 자동차가 다시 움직인다.

자동차 스프라이트에 대한 스크립트는 다음과 같다. "dist < 100까지 반복하기" 블록이 사용되고 있다. 보행자까지의 거리가 계산되어서 변수 dist에 저장된다. 이 거리가 100 이상이면 자동차는 앞으로 나간다. 이 거리가 100 미만이면 자동차는 정지하고 반복하여 보행자와의 거리를 계산하여 변수 dist에 저장한다. 이 거리가 다시 100 이상이 되면 자동차는 움직이게 된다.

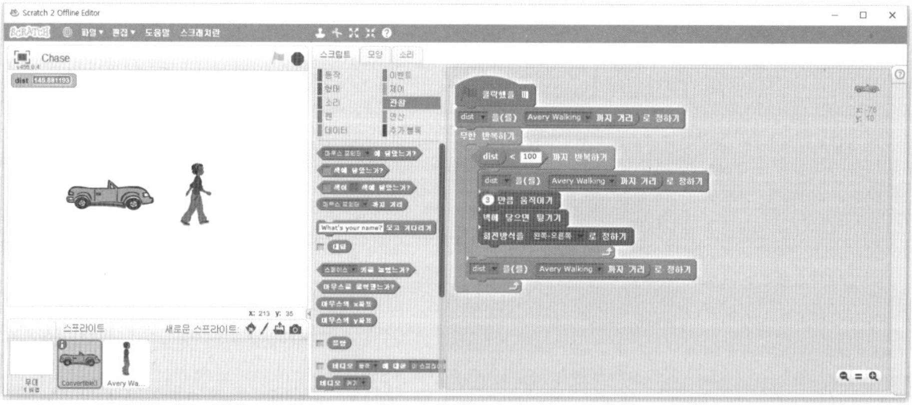

보행자 스프라이트에 대한 스크립트는 다음과 같다. 무한 반복 루프를 이용하여 10만큼씩 움직인다.

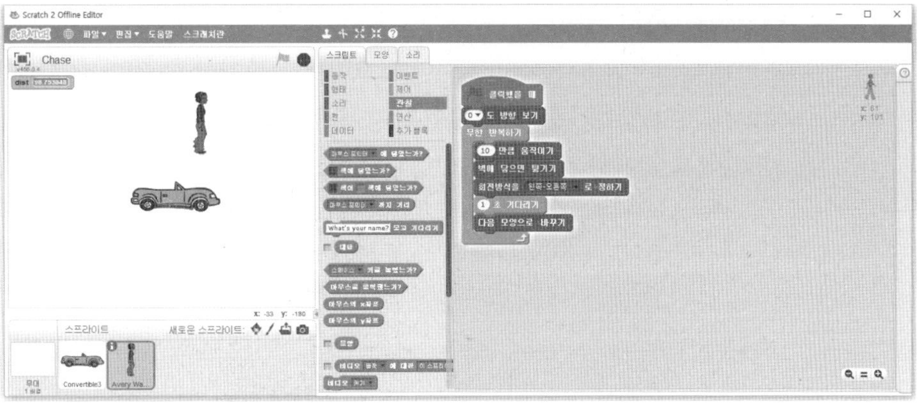

무한 루프

무한 루프는 많은 프로그래밍 상황에서 유용하다. 예를 들어, 앞의 예제에서도 무한 루프를 사용하여 자동차를 계속하여 움직이게끔 하였다. 또 게임할 때 배경 음악을 연주할 때도 무한 루프가 필요하다. 무한 루프는 말 그대로 무한히 반복하는 것이다.

가장 전형적인 예를 들어보자. 게임 프로그램을 작성하는데 스프라이트를 화살표키로 움직이는 것일 필요하다. 왼쪽 화살표키와 오른쪽 화살표키만 처리하면 된다고 하자. 가장 직관적인 방법이 무한 루프를 만들고 무한 루프 안에서 왼쪽 화살표키와 오른쪽 화살표키가 눌려졌는지를 검사하는 것이다.

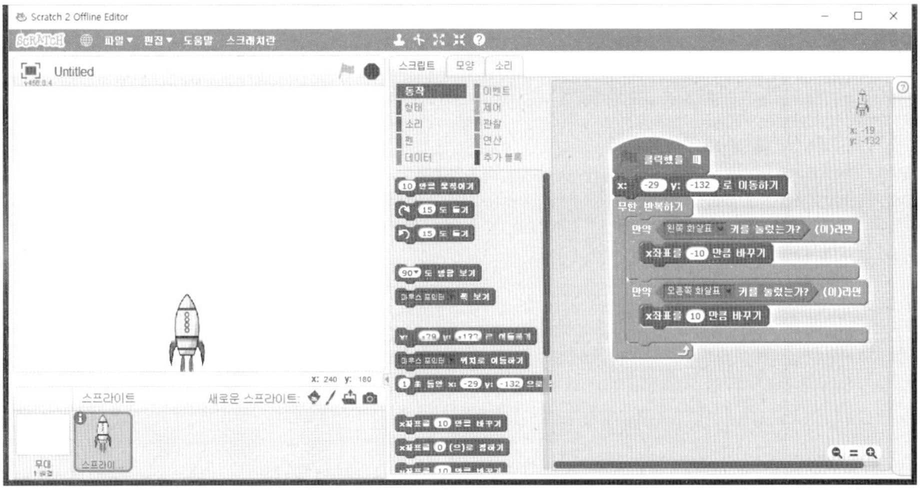

녹색 깃발 아이콘을 누르면 무한 루프에서 2개의 키보드 화살표 키가 모니터링된다. 왼쪽 화살표와 오른쪽 화살표키 중 하나를 누르면 스프라이트의 x좌표를 변경시킨다.

스크립트 중지 블록

조건을 검사하여 조건이 만족되면 스크립트를 중지할 수 있다. 스크래치는 현재 실행되는 스크립트를 중지할 수 있는 블록을 제공한다. 제어 팔레트에서 "모두 멈추기" 블록을 사용하여 활성 스크립트를 종료 할 수 있다.

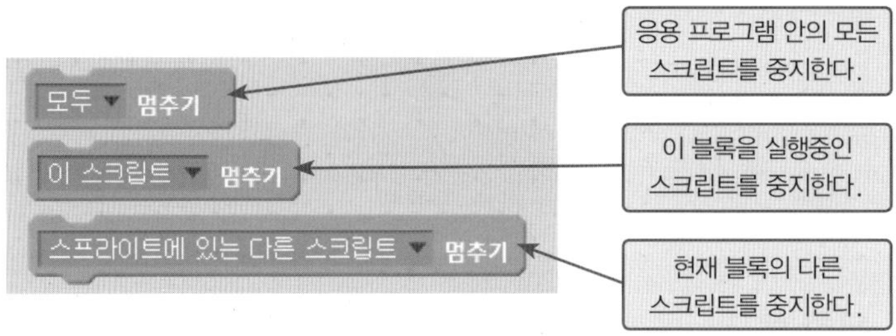

첫 번째 블록은 응용 프로그램에서 실행중인 모든 스크립트를 중지한다. 무대 맨 위에 있는 빨간색 중지 아이콘과 동일하다. 두 번째 블록은 이를 호출하는 스크립트를 즉시 종료한다. 세 번째 블록을 사용하면 스프라이트 또는 무대에서 정지 블록을 호출한 스크립트를 제외한 모든 스크립트를 종료할 수 있다. 이 블록에는 다른 블록을 추가 할 수 있다.

간단한 예제를 작성해보자. 10000보다 작은 정수 중에서 7로 나눌 수 있는 가장 큰 정수를 찾는 프로그램을 작성한다고 하자. 숫자 9999, 9998, 9997, ... 과 같이 하나씩 확인하는 스크립트를 작성할 수 있다. 반복 루프 중에 찾고자하는 번호를 숫자를 찾으면 검색을 중단하면 된다.

실전 예제

추격게임 만들기

이번 장에서 학습한 반복 구조들을 이용하여 다음과 같이 사자가 오리를 쫓는 게임을 만들어 보자. 이 게임에서 사자는 무대 위를 이동하여 오리를 쫓는다. 플레이어는 오리 스프라이트를 키보드 화살표로 움직이고 사자에 닿지 않도록 한다. 사자가 언제든지 오리에 닿으면 게임이 종료된다.

1. 파일 메뉴의 "새로 만들기"를 클릭하고 라이브러리에서 duck 스프라이트와 lion 스프라이트를 추가한다. 고양이 스프라이트는 삭제한다.
2. 무대 배경을 "playing-field"로 변경한다.

3. 화살표로 오리를 움직이기 위하여 무한 루프와 if-블록을 이용하여 다음과 같은 스크립트를 추가한다.

4. 사자는 다음과 같은 스크립트를 이용하여 오리가 있는 방향으로 이동한다.

재귀 호출

재귀 호출(recursion)은 순환호출이라고도 한다. 재귀 호출은 함수가 자기 자신을 호출하는 기법이다. 조금 생소한 기법일 수 있지만 실제로 재귀 호출은 프로그래밍에서 아주 중요한 위치를 차지하고 있다. 재귀는 아주 어려운 문제를 쉽게 바꾸는 마법과도 같은 기법이다. 재귀를 사용하면 많은 컴퓨터 분야의 어려운 문제를 단순화 할 수 있다.

아주 간단한 예를 들어보자. 우리가 다음과 같은 사용자 정의 블록을 만든다고 하자. 그리고 이 블록을 실행한다면 어떻게 될까?

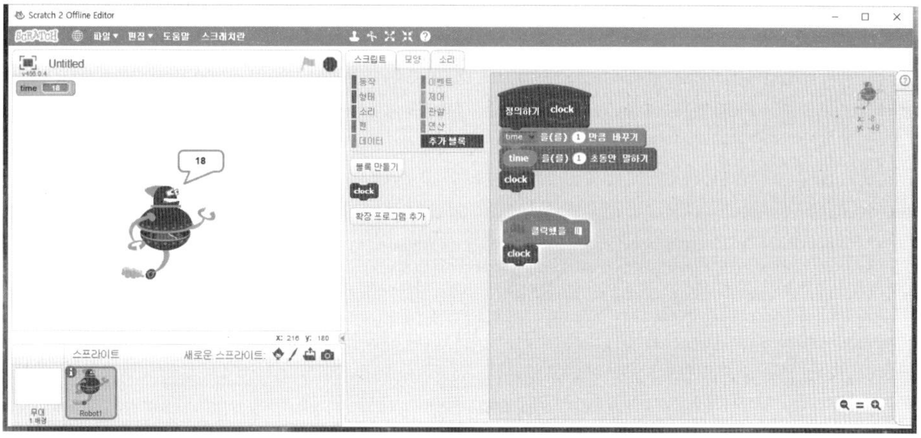

위의 스크립트 중에서 추가 블록에서 정의한 clock 블록을 자세히 보자.

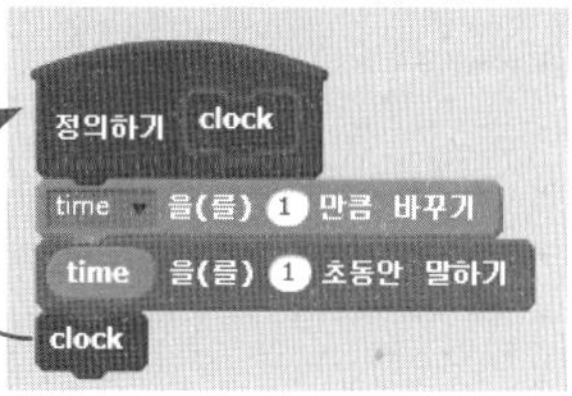

clock 블록에서는 현재의 시간을 나타내는 변수인 time을 1만큼 증가하고 time을 1초 동안 말한다. 그리고 다시 clock 블록을 실행한다. 이렇게 되면 계속 순환적으로 호출이 되어서 전체 스크립트가 종료되지 않는다. 종료하는 단 하나의 방법은 중지 아이콘을 클릭하는 것이다. 재귀 호출을 이용하면 무한 루프를 사용하지 않아도 영원히 반복 할 수 있다.

재귀 호출을 이용하여서 겹치는 사각형을 여러 개 그려보자. 사각형의 크기는 점점 커지게 된다.

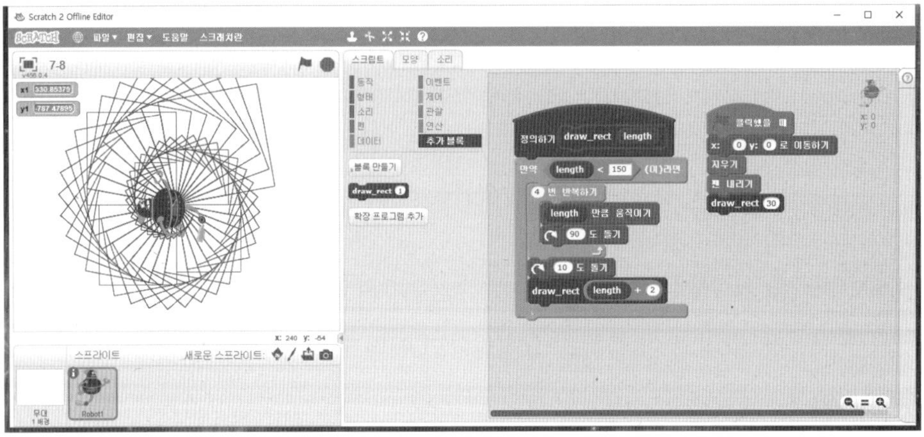

여기서 핵심적인 코드는 사용자 정의 블록에서 자기 자신을 다시 호출하는 부분이다.

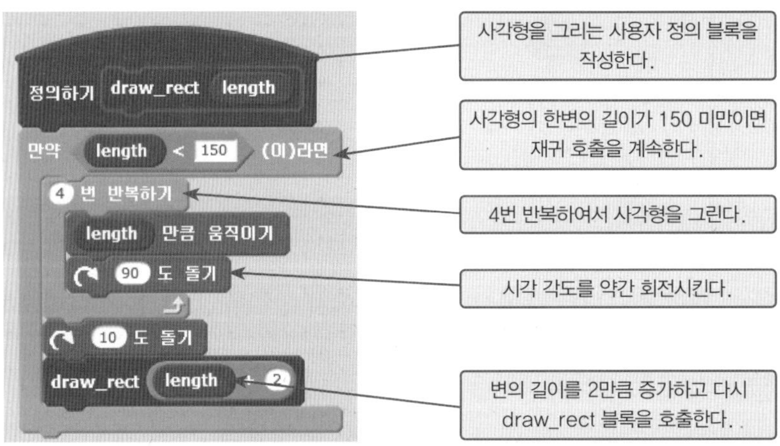

이 블록을 실행하는 스프라이트는 length가 150 미만인지를 검사한다. 150 미만이면 사각형을 그린 후에, 스프라이트는 오른쪽으로 10도 회전한다. 이어서 다음 사각형을 그리기 위해 다시 자신을 호출한다. 물론 이것은 반복 루프로도 가능하지만 정말 어려운 문제는 재귀 호출로만 풀리는 경우가 많다.

실전
예제

화씨 온도 → 섭씨 온도

미국에서는 화씨 온도를 사용하고 나머지 국가에서는 섭씨 온도를 사용한다. 화씨 온도 100도가 섭씨 온도로 몇 도인지를 계산하는 알고리즘을 작성하여 보자.

섭씨온도 → 화씨온도

$$F = C \cdot \frac{9}{5} + 32$$

화씨온도 → 섭씨온도

$$C = (F - 32) \cdot \frac{5}{9}$$

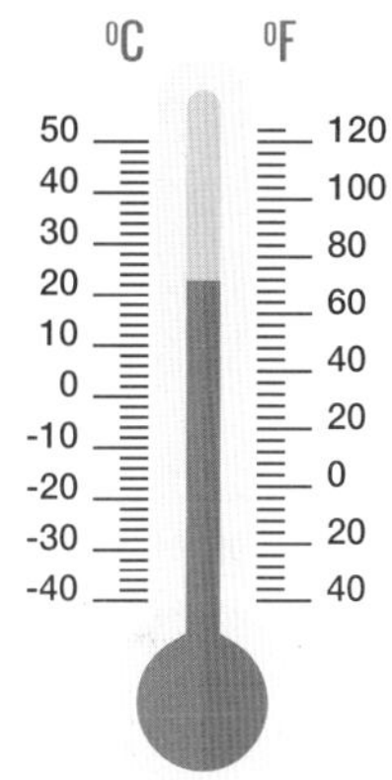

1. 파일 메뉴의 “새로 만들기”를 클릭하고 라이브러리에서 버튼 스프라이트 2개를 추가한다.
2. 무대 배경을 “blue-sky”로 변경한다.
3. 섭씨온도와 화씨온도를 나타내는 변수 “Celsius”와 “Fahrenheit”를 정의한다. 변수를 화면에 표시할 때 슬라이더도 같이 표시한다.

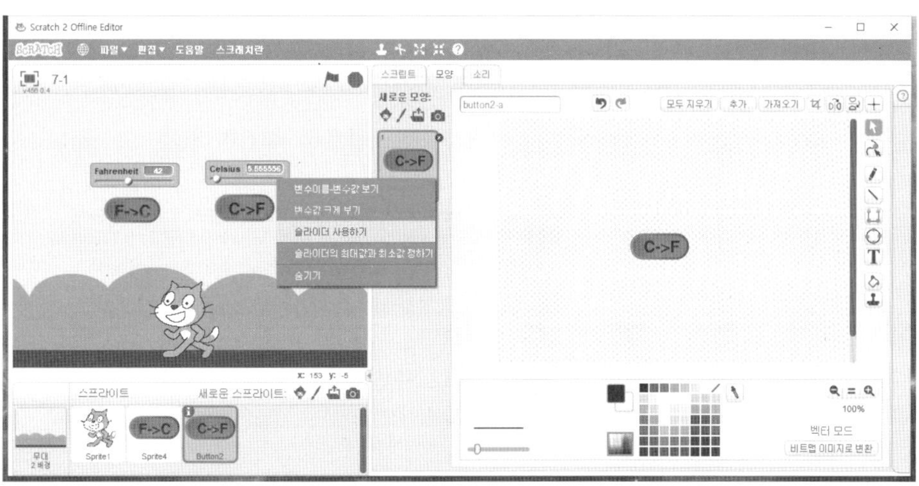

4. 고양이 스프라이트에 다음과 같은 스크립트를 추가한다.

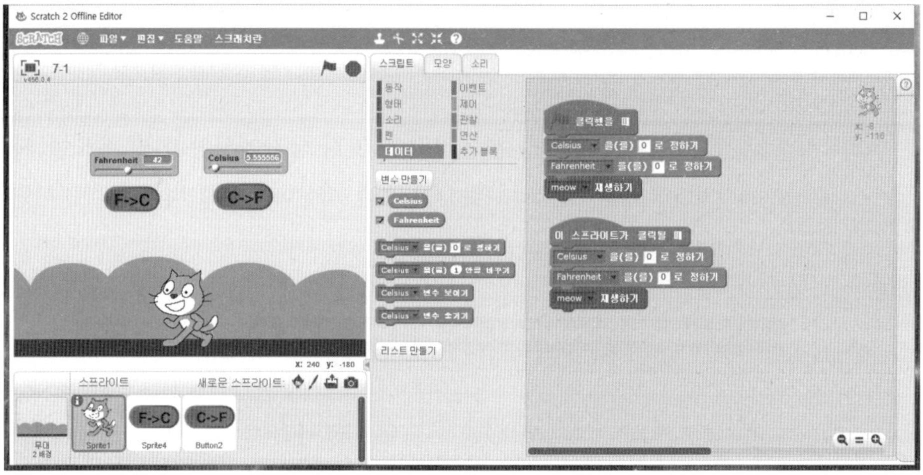

5. "F → C" 버튼에 다음과 같은 스크립트를 추가한다.

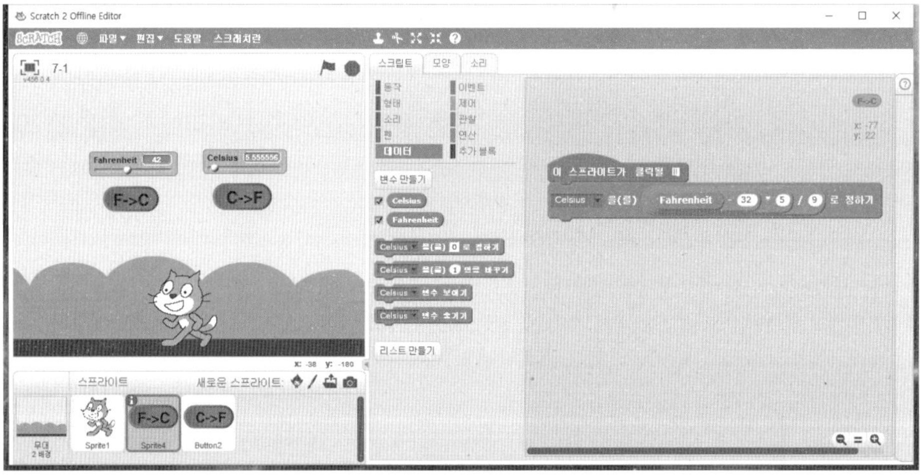

6. "C → F" 버튼에 다음과 같은 스크립트를 추가한다.

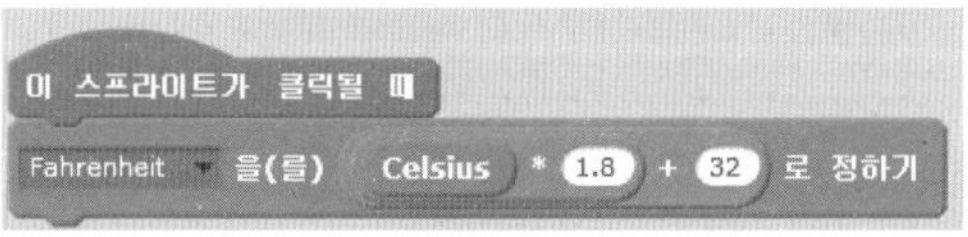

실전 예제

1부터 10까지 출력하기

0, 1, 2, ... , 9까지를 차례대로 화면에 출력하는 알고리즘을 작성하여 보자.반복 구조를 사용하는 것이 좋다. 변수 x의 값을 0으로 초기화하고 반복하면서 x를 출력하고 1씩 증가시키면 된다. x가 10보다 작을 때까지 반복시키면 된다.

```
x ← 0
while x < 10
    print x
    x ← x + 1
endwhile
```

변수 x의 값은 0, 1, 2, 3, ... , 9까지 변경된다. x의 값이 10이 되면 반복 조건인 "x < 10"이 거짓이 되므로 반복 루프를 빠져 나오게 된다.

1. 파일 메뉴의 "새로 만들기"를 클릭하고 고양이 스프라이트를 삭제하고 "avery" 스프라이트를 추가한다.
2. 변수 "x"를 정의한다.
3. 다음과 같은 스크립트를 "avery" 스프라이트에 추가한다.

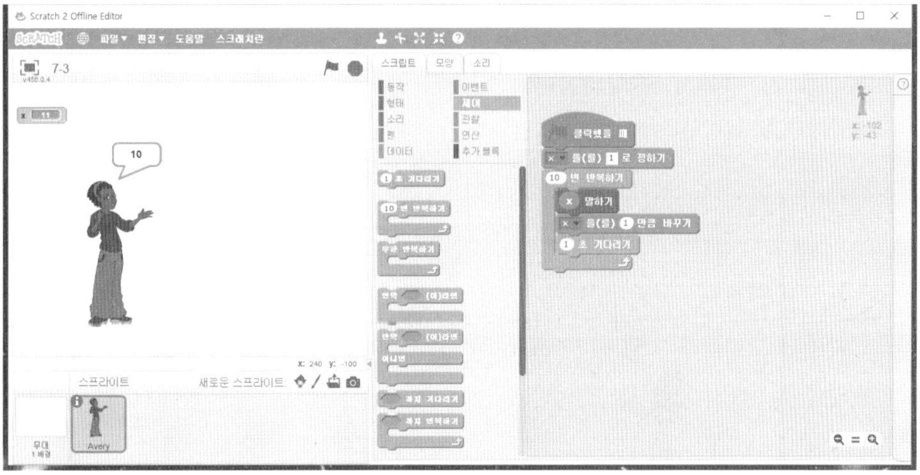

실전
예제

3-6-9 게임

3-6-9 게임과 유사한 게임을 알고리즘으로 만들어보자. 사람들이 원형으로 둘러앉은 후에 1부터 100까지의 숫자를 돌아가면서 말한다. 만약 정해진 숫자의 배수가 나오면 숫자 대신에 박수를 치는 게임이다. 예를 들어서 3이라는 숫자를 미리 정했다면 3, 6, 9와 같이 3의 배수가 나오면 박수를 쳐야 한다.

```
i ← 1
while i ≤ 100
    if (i mod 3) = 0
        print "박수"
    else
        print i
    i ← i + 1
endwhile
```

이 알고리즘에서 중요한 부분은 어떻게 3의 배수를 판단할 것인가이다. 이럴 때는 나머지 연산자인 mod를 사용하여야 한다. 3의 배수를 3으로 나누면 나머지가 0이 되므로 (i mod 3)의 값이 0이면 박수를 치고 아니면 숫자를 출력하면 된다.

1. 파일 메뉴의 “새로 만들기”를 클릭하고 고양이 스프라이트를 삭제하고 “avery” 스프라이트를 추가한다.
2. 변수 “i”를 정의한다.
3. 다음과 같은 스크립트를 “avery” 스프라이트에 추가한다.

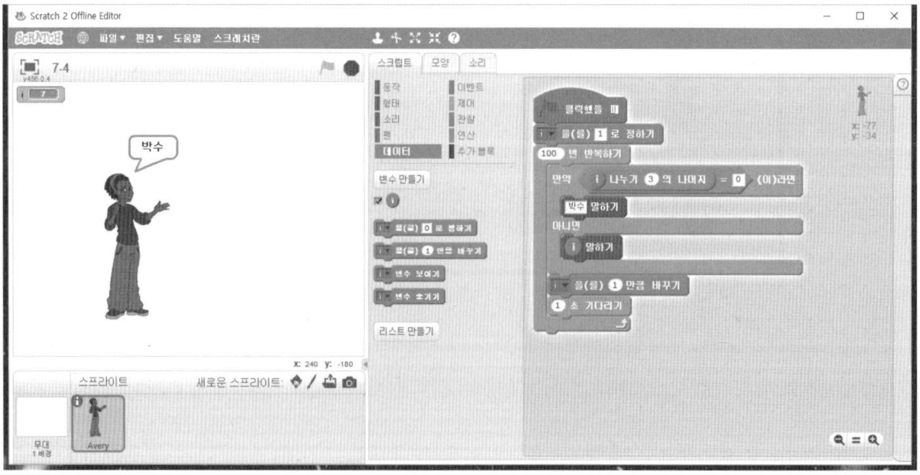

실전 예제

팩토리얼 계산

팩토리얼을 계산하는 프로그램을 작성하여 보자. 팩토리얼 n!은 1부터 n까지의 정수를 모두 곱한 것을 의미한다. 즉, $n! = 1 \times 2 \times 3 \times \cdots\cdots \times (n-1) \times n$이다. 예를 들어서 10!을 계산하는 프로그램을 작성하여 보자.

$$1! = 1$$
$$2! = 2(1) = 2$$
$$3! = 3(2)(1) = 6$$
$$4! = 4(3)(2)(1) = 24$$
$$5! = 5(4)(3)(2)(1) = 120$$

1. 파일 메뉴의 "새로 만들기"를 클릭하고 고양이 스프라이트를 삭제하고 "avery" 스프라이트를 추가한다.
2. 변수 "i"와 "factorial"을 정의한다.
3. 다음과 같은 스크립트를 "avery" 스프라이트에 추가한다.

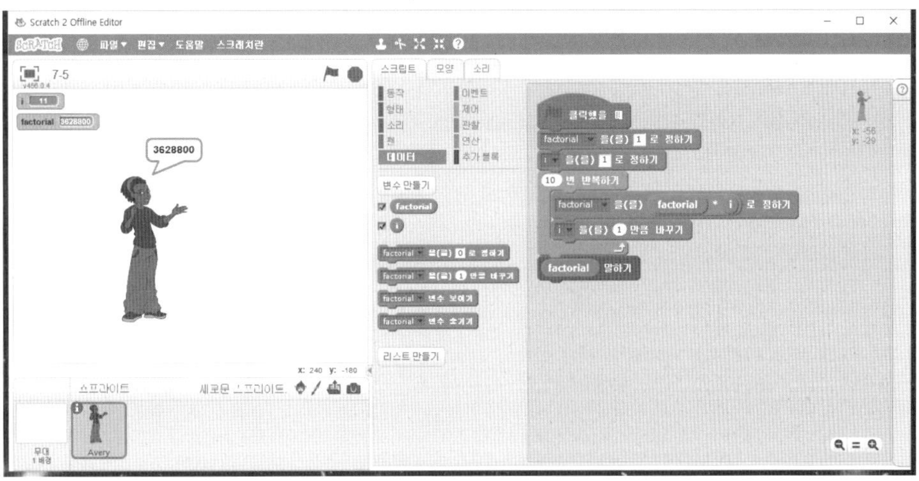

실전 예제 주차장 알고리즘

여러분이 조그마한 무인 주차장을 운영하고 있다고 가정하자. 이 주차장에는 자동차 10대만을 주차할 수 있다. 주차장의 입구 게이트를 열고 닫는 알고리즘을 고안해보자.

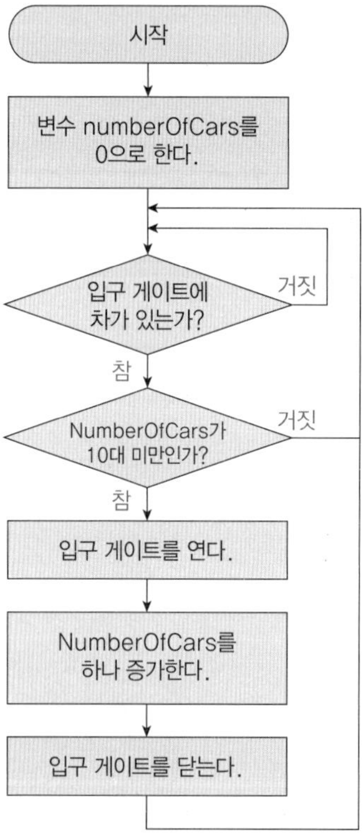

1. 파일 메뉴의 "새로 만들기"를 클릭하고 고양이 스프라이트를 삭제하고 "convertable" 스프라이트를 추가한다. 컨버터블의 앞에 노란색 사각형을 붙인다. 노란색 사각형은 감지센서처럼 동작한다.

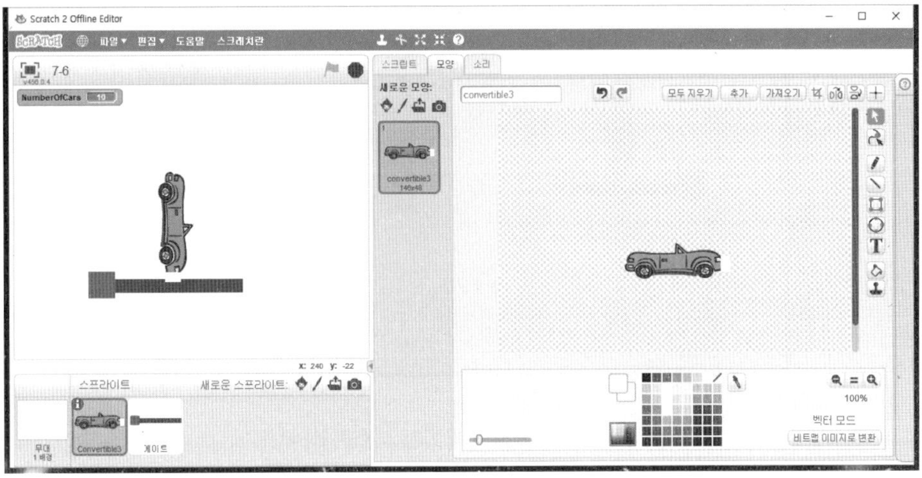

2. 주차장 게이트를 나타내는 새로운 스프라이트 "게이트"를 직접 그린다. 2개의 모양을 가지고 있다.

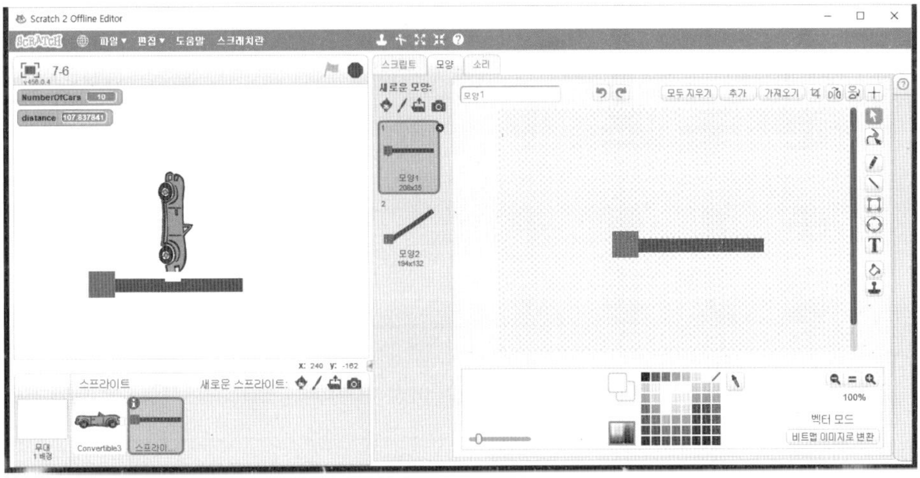

3. 변수 "NumberOfCars"를 정의한다.

4. 다음과 같은 스크립트를 "convertible" 스프라이트에 추가한다.

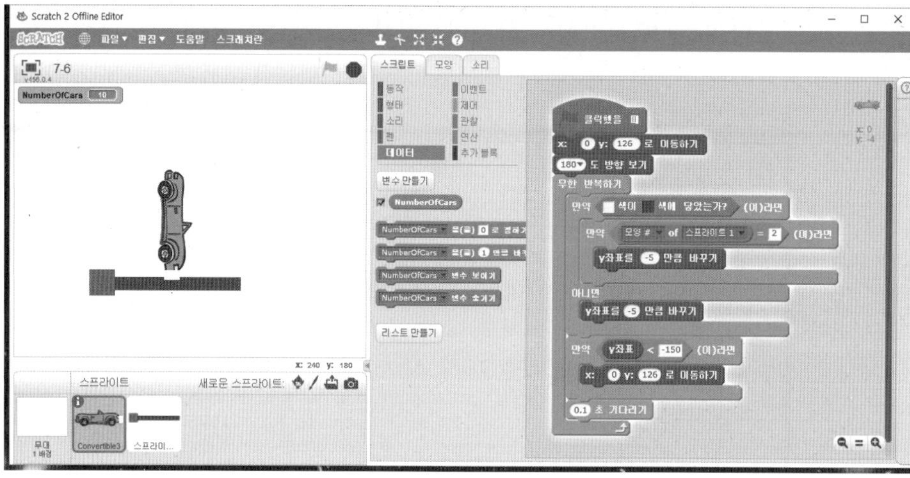

5. 다음과 같은 스크립트를 "게이트" 스프라이트에 추가한다.

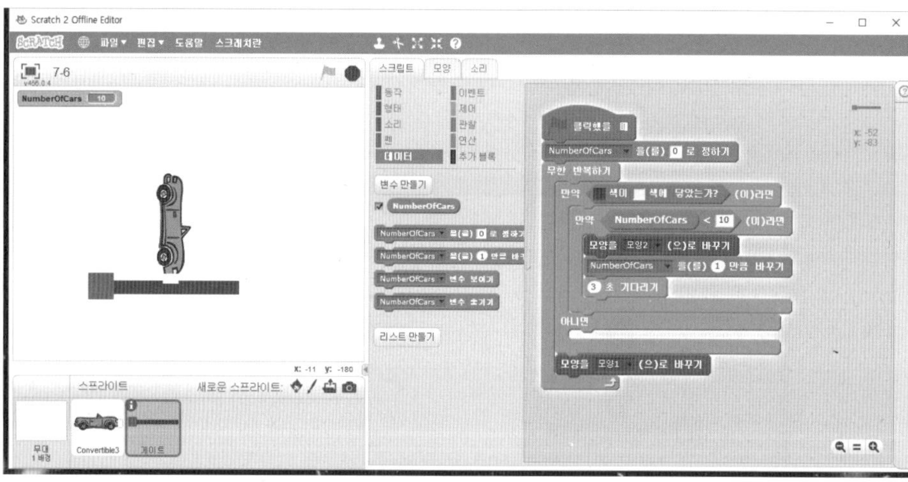

6. 애니메이션을 실행해본다. NumberOfCars 변수가 10이 되면 더 이상의 차를 받아들이지 않음을 확인한다.

실전
예제

엘리베이터 알고리즘

아파트에 살면 항상 엘리베이터를 타게 된다. 엘리베이터는 어떤 알고리즘을 사용하고 있을까? 가상적으로 다음과 같은 조건을 가지는 엘리베이터를 위한 애니메이션을 작성하여 보자.

- 3개 층을 가지고 있다.
- 엘리베이터 안에는 각층을 갈 수 있는 3개의 버튼을 가지고 있다.
- 엘리베이터 안에는 각 층을 표시하는 3개의 LED를 가지고 있다.
- 각 층마다 엘리베이터를 호출할 수 있는 버튼이 있다.

1. 파일 메뉴의 "새로 만들기"를 클릭하고 고양이 스프라이트를 삭제하고 무대 배경을 다음과 같이 그린다.

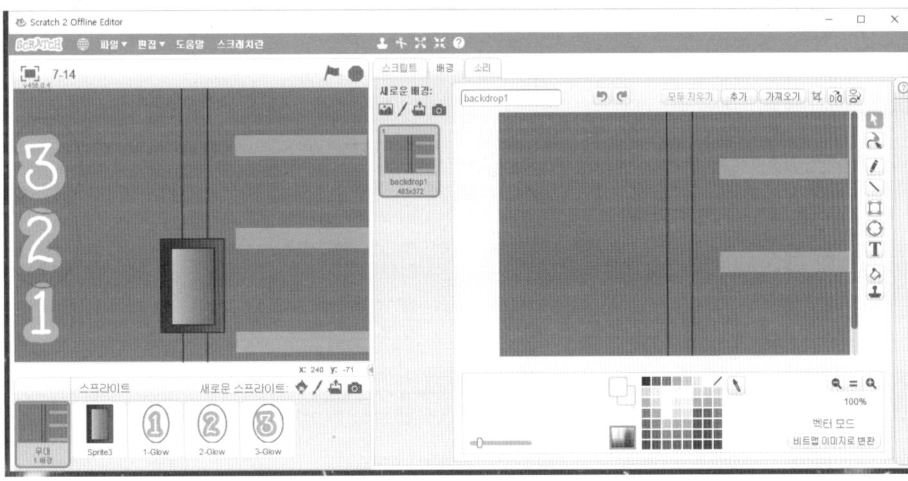

2. 다음과 같은 스프라이트를 그리거나 라이브러리에서 가져온다.

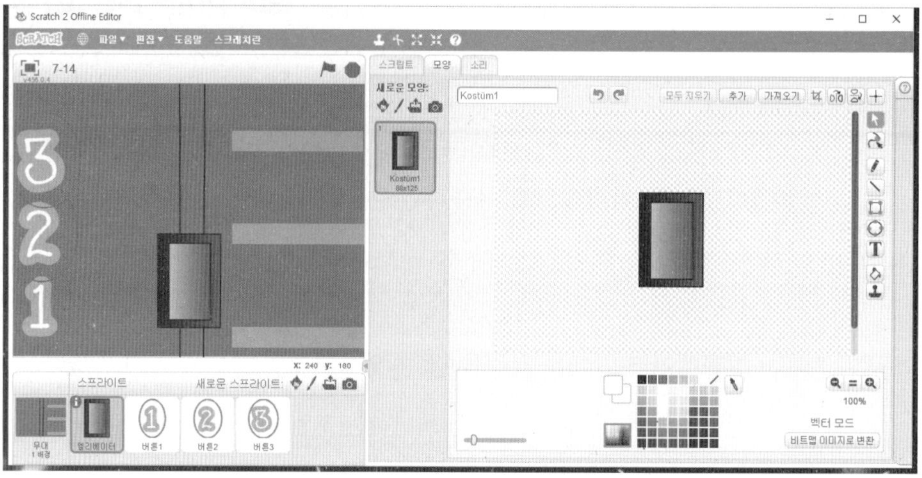

3. "엘리베이터" 스프라이트에 다음과 같은 스크립트를 추가한다.

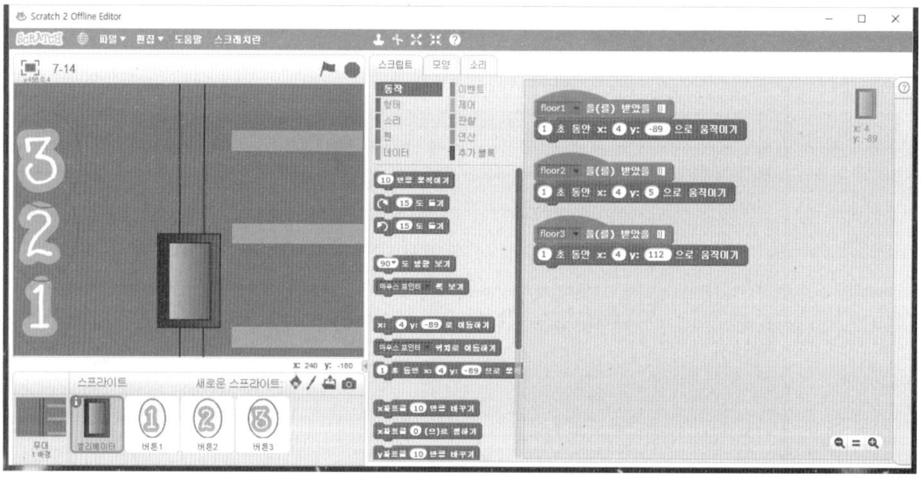

4. "버튼1" 스프라이트에 다음과 같은 스크립트를 추가한다. "버튼2", "버튼3" 스프라이트에도 유사한 스크립트를 추가한다.

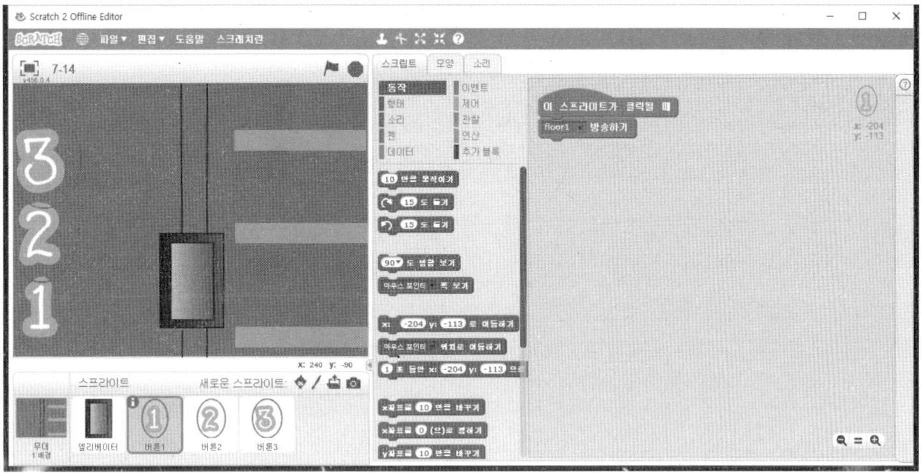

5. 녹색깃발을 눌러서 애니메이션을 실행하고 각 버튼들을 눌러서 엘리베이터를 이동하여 본다.

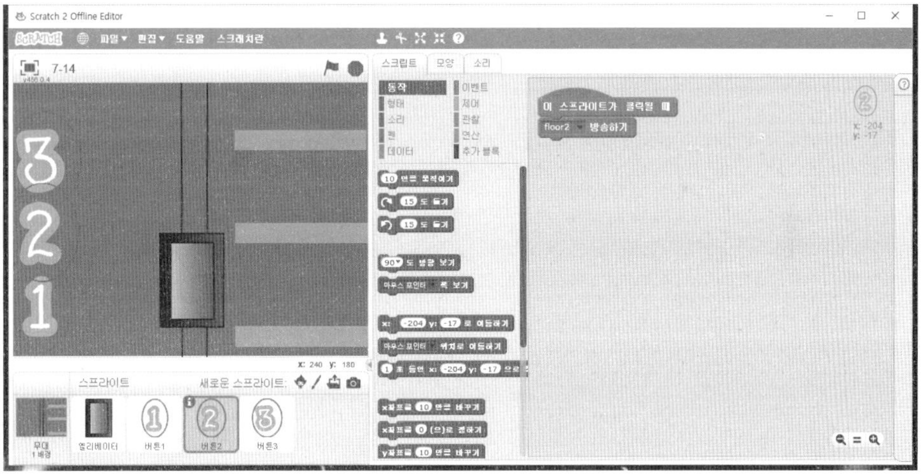

CHAPTER

08

SCRATCH WORKBOOK

알고리즘 III

이번 장에서는 다음과 같은 내용을 학습합니다.

▶ 리스트에 대하여 알아본다.

▶ 리스트와 관련된 알고리즘에 대하여 살펴본다.

학습목차

이번 장에서 학습할 내용

지금까지는 일반 변수를 사용하여서 하나의 데이터만 저장하였다. 그러나 일반 변수는 100명 학생들의 주소를 저장하는 경우에는 유용하지 않다. 예를 들어, 친구들 100명의 전화번호를 프로그램에서 저장하려면 100개의 변수가 필요하다. 물론 100개의 변수를 생성할 수도 있지만 한없이 복잡한 프로그램이 될 것이다. 이 장에서는 리스트(list)를 이용하여서 관련된 값을 그룹화하는 편리한 방법을 살펴본다. 구체적으로 다음과 같은 내용을 학습한다.

- 리스트를 만들고 조작하는 방법
- 정렬 및 검색 기술

1. 리스트에 저장된 숫자로 막대 그래프를 그려본다.

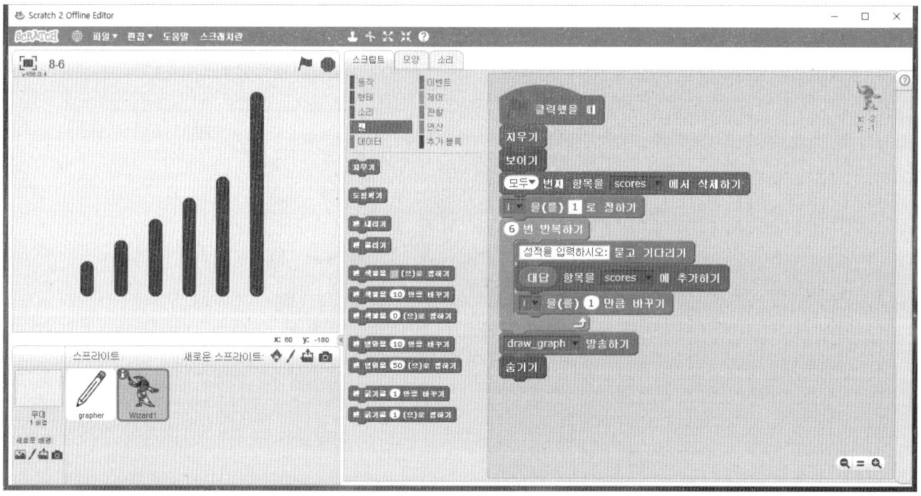

2. 버블 정렬을 이용하여 리스트를 정렬해본다.

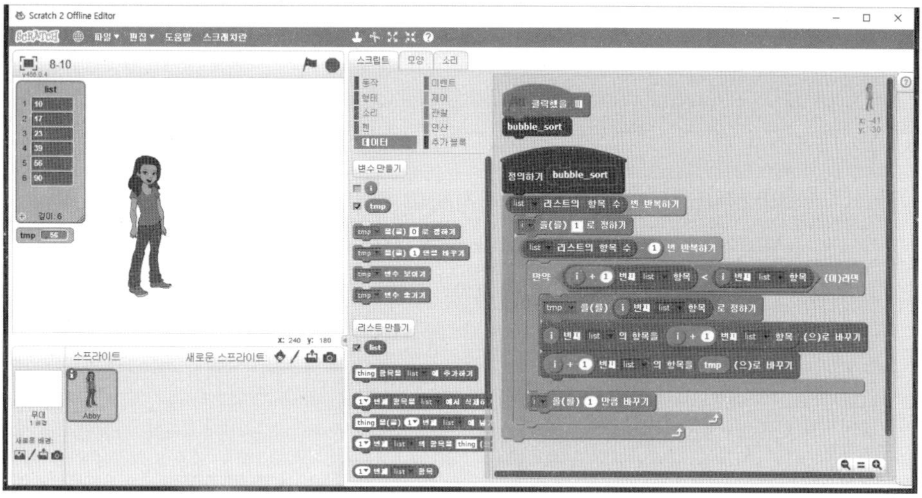

02 리스트

리스트(list)는 여러 값을 저장하고 액세스 할 수 있는 컨테이너와 같다. 리스트는 상자들이 붙어 있는 것과 같다. 각각의 상자에는 단일 항목이 저장되어 있다. 리스트를 만들 때는 변수에 이름을 붙이는 것과 같다. 리스트가 생성되면 리스트의 저장 위치를 사용하여 리스트의 개별 요소에 접근할 수 있다. 예를 들어, 아래 그림의 month_list는 월의 이름이 저장된 리스트를 보여준다.

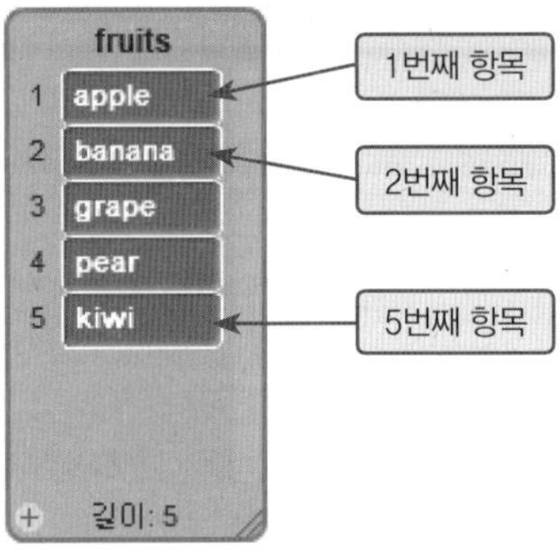

인덱스(index)를 사용하여 리스트에 포함된 항목을 참조 할 수 있다 . 스크래치에서 첫 번째 항목의 인덱스는 1이고 두 번째 항목은 2이다. 예를 들어, grape가 리스트에서 3번째이므로 인덱스는 3이다. 따라서 "3번째 fruits 항목" 블록을 이용하여서 세 번째 요소를 참조할 수 있다. 스크래치에서 리스트를 만들어 보자. 또 프로그램에서 리스트를 관리하고 조작 할 수 있는 블록을 살펴보자.

리스트 만들기

리스트를 만드는 것은 변수를 만드는 것과 거의 동일하다. "데이터" 팔레트를 선택하고 "리스트 만들기"를 클릭 하면 아래 그림과 같은 대화 상자가 나타난다. 리스트의 이름을 입력하고 리스트의 범위를 지정한다. "모든 스프라이트에서 사용"을 선택하면 모든 스프라이트가 접근할 수 있는 전역 리스트가 생성된다. 만약 "이 스프라이트에서만 사용" 옵션을 선택하면 현재 스프라이트만 변경할 수 있는 지역 리스트가 된다. 이것은 변수의 경우와 같다.

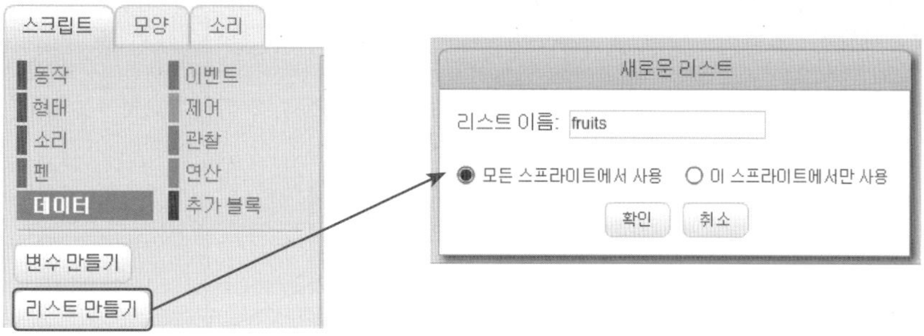

"확인"을 누르면 스크래치는 생성된 공백 리스트를 화면에 보여준다. 공백 리스트는 항목을 하나도 가지지 않은 리스트를 의미한다. 다양한 블록들을 사용하여 리스트의 내용을 조작할 수 있다. 새 항목을 추가하거나 특정 위치에 항목을 삽입하거나 특정 항목을 삭제하거나 기존 항목의 값을 바꿀 수 있다.

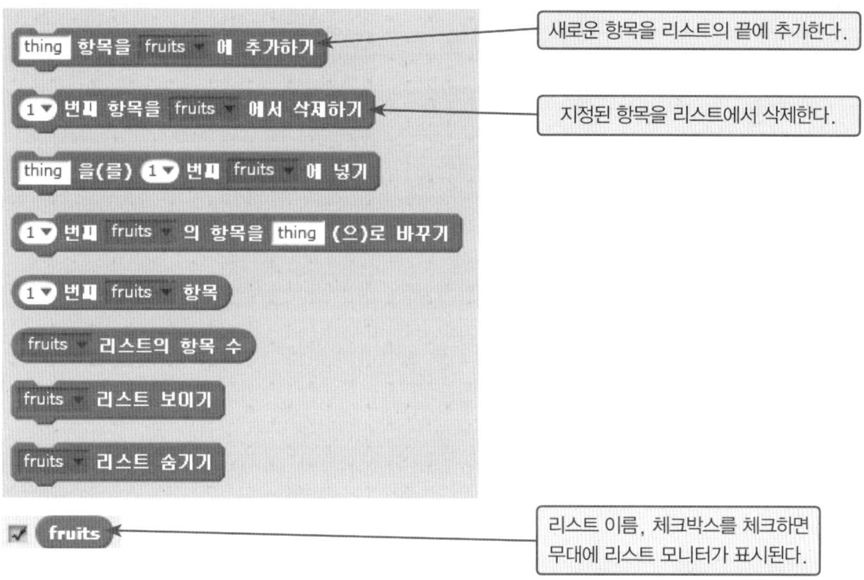

새 리스트가 만들어지면 스크래치는 아래 그림과 같이 리스트 모니터를 화면에 표시한다. 리스트는 처음에는 비어 있으며, 길이는 0에서 시작한다. 이 모니터를 사용하여 리스트에 항목을 추가 할 수 있다.

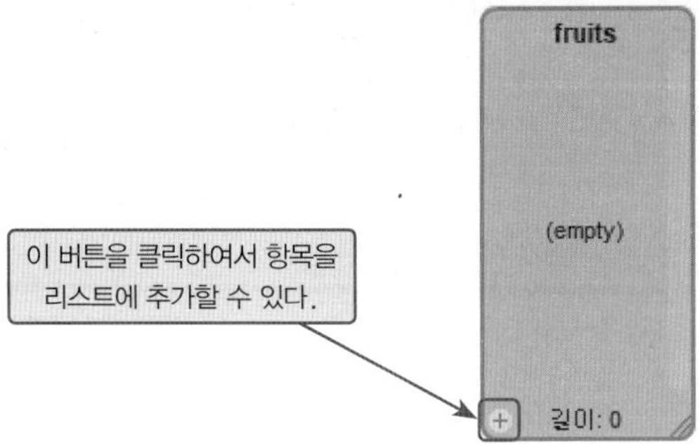

우리가 리스트에 저장하려는 데이터를 미리 알고 있으면 이 시점에서 리스트에 추가할 수 있다. 아래 그림은 fruits 리스트에 모니터를 이용하여 월 이름을 추가하는 방법을 보여주고 있다.

왼쪽 하단에 있는 "+" 기호를 5번 클릭하여 5개의 항목을 만든 후에 각 편집 상자 안에 과일의 이름을 입력해보자.

리스트 관련 블록

앞에서는 리스트를 생성하는 방법에 대하여 설명하였다. 이 절에서는 리스트와 관련된 블록들을 좀 더 자세하게 살펴보자.

추가 및 삭제

"...항목을 리스트에 추가하기" 블록은 리스트의 끝에 새 항목을 추가한다. "...번째 항목을 리스트에서 삭제하기" 블록은 특정 위치에서 항목을 제거한다. 아래 그림에서는 이러한 블록을 사용하는 방법을 보여준다.

이 스크립트는 먼저 "...항목을 리스트에 추가하기" 블록을 실행하여 리스트에 mango를 추가한다. 이어서 리스트의 2번째 항목인 banana를 제거한다.

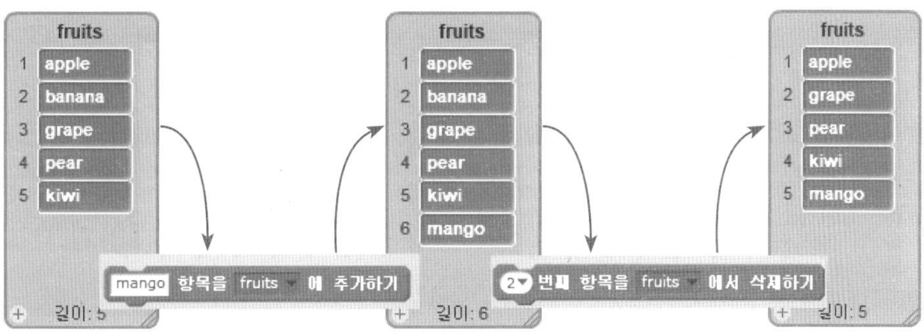

삭제 블록의 매개 변수 슬롯에는 직접 삭제할 요소의 인덱스를 입력하거나 드롭다운 화살표를 클릭 하여 "1", "마지막", "모두" 중에서 선택할 수 있다. "1"을 선택하면 리스트에서 첫 번째 항목이 삭제된다. "마지막"을 선택하면 마지막 항목이 삭제된다. "모두"를 선택하면 리스트의 모든 항목이 삭제된다.

삽입 및 대체

친구들의 연락처를 리스트에 저장한다고 하자. 친구들의 연락처는 사전과 같이 가나다순으로 정렬되어 있어야 찾기가 쉽다. 따라서 친구들의 연락처를 추가할 때는 리스트 안의 적절한 위치에 삽입해야한다. 이때 사용할 수 있는 것이 삽입 및 대체 블록이다.

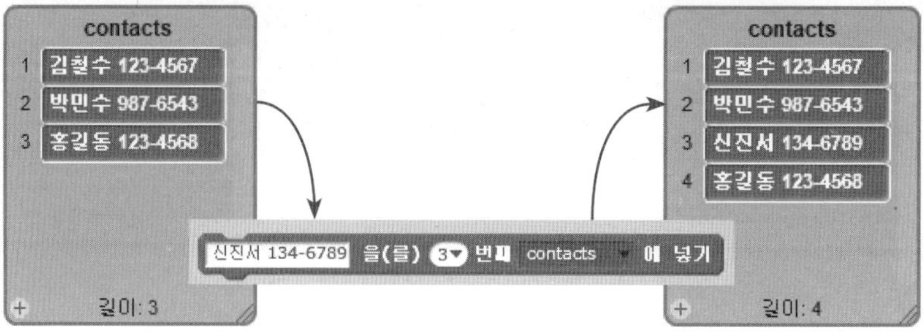

"신진서 134-6789를 3번째 contacts에 넣기" 블록은 신진서의 이름과 전화번호를 3번 인덱스에 추가한다. 기존 요소들은 새 항목을 위한 공간을 만들기 위해 한 슬롯 아래로 이동한다.

"1번째 contacts의 항목을 ...로 바꾸기" 블록은 지정된 인덱스의 항목을 교체한다. 블록의 드롭다운 아이콘을 클릭하면 "1", "마지막", "랜덤" 중에서 하나를 선택할 수 있다. "랜덤"을 선택하면 무작위로 항목 번호를 선택한다. 이것도 잘 사용하면 흥미로운 응용 프로그램을 작성할 수 있다.

리스트의 요소 접근

리스트의 요소들은 인덱스라는 번호를 이용하여서 접근이 가능하다. "1번째 contacts 항목" 블록을 사용하면 된다. 아주 많이 사용되는 코드가 리스트의 모든 요소에 접근하여 화면에 요소의 값을 출력하는 것이다. 예를 들어, 아래 그림의 스크립트는 "1번째 contacts 항목" 블록을 사용하여 연락처의 요소에 액세스하는 방법을 보여준다. 이 스크립트는 i라는 변수를 사용하여 리스트의 각 항목을 반복하고 "말하기" 블록을 통해 요소를 화면에 표시한다.

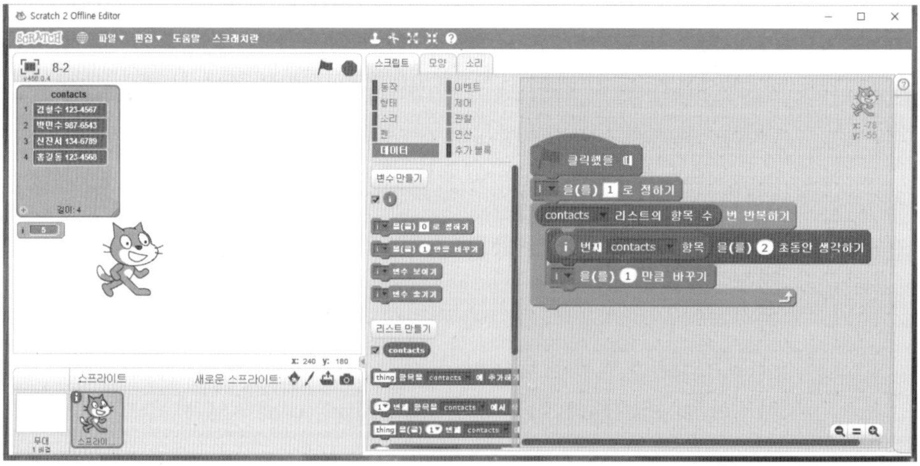

스크립트의 변수 i는 리스트의 첫 번째 요소에 접근할 수 있도록 값을 1로 초기화한다. 리스트 contacts의 항목을 출력하기 위하여 반복한다. 반복 횟수는 리스트에 있는 요소의 수로 설정됩니다. 리스트 요소의 수는 "contacts 리스트의 항목의 수"로 설정된다. 루프의 각 패스에서 i 위치 요소의 값을 출력한 후에 다음 요소를 액세스하기 위해 i값을 증가시킨다.

리스트 포함 블록

리스트 관련 작업을 하다보면 어떤 데이터가 리스트 안에 있는지를 검사하고 싶은 경우가 많다. 스크래치는 이러한 작업을 위하여 "...리스트에 ... 포함되어 있는가?" 블록을 준비하고 있다. 이 블록을 이용하면 특정한 데이터가 리스트에 있는지 여부를 쉽게 확인할 수 있다. 간단한 예제를 만들어보면 다음과 같다.

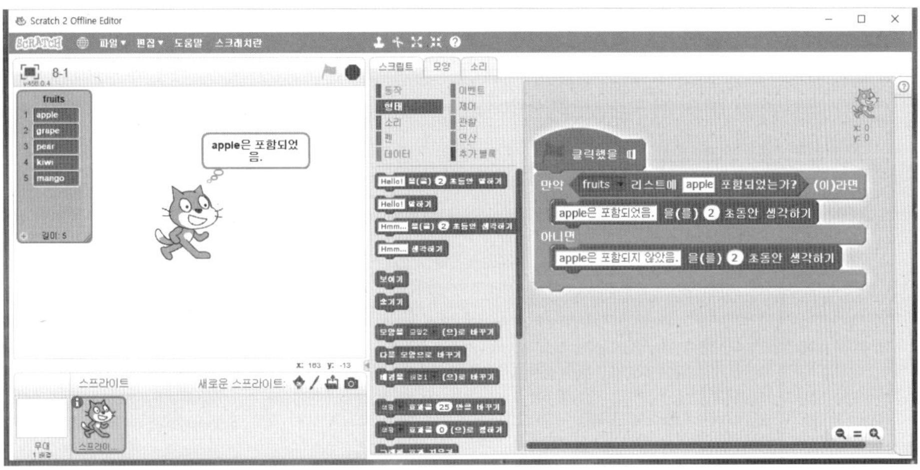

"...리스트에 ... 포함되어 있는가?" 블록은 참이나 거짓을 반환한다. 위의 그림에 표시된 스크립트는 이 블록의 사용법을 보여준다. 리스트 fruits가 "apple"을 포함하고 있기 때문에 if 블록 내부의 "생각하기" 블록이 실행된다.

동적 리스트

리스트는 프로그램이 실행 중일 때 동적으로 커지거나 축소될 수 있기 때문에 강력하다. 예를 들어, 고등학교 수학 선생님이 학생들의 시험 점수를 입력하여 평균 점수, 최대 점수, 최소 점수를 계산하고자 한다. 10반을 담당하고 있는데 학생 수는 반마다 다르다. 리스트를 어떻게 생성하여야 할까? 이때는 동적 리스트를 사용하는 것이 좋다. 동적 리스트란 실행 도중에 리스트의 크기를 변경하는 기법이다.

사용자에게 리스트의 크기 물어보기

동적 리스트를 생성하는 첫 번째 방법은 사용자에게 리스트의 크기를 물어보고 답변에 따라서 리스트에 데이터를 채우는 것이다. 이 기법을 보여주는 스크립트가 아래 그림에 나와 있다.

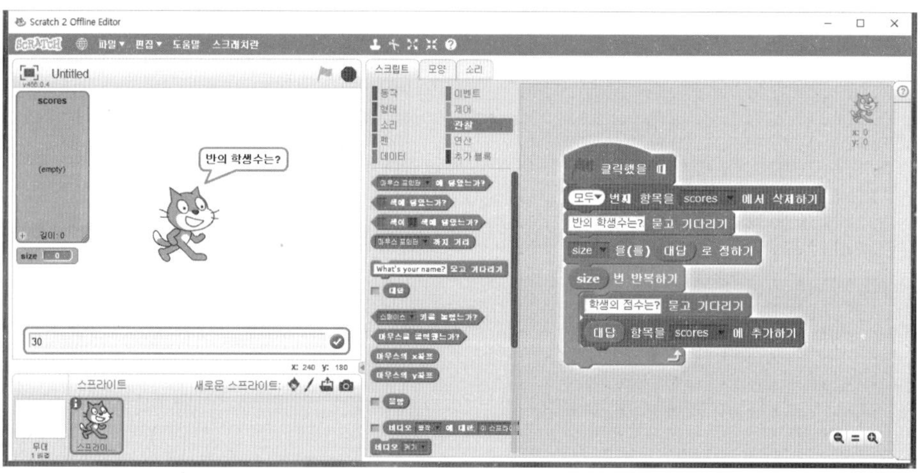

사용자가 학생의 수를 알려주면 스크립트는 학생의 수만큼 반복하면서 점수를 입력받는다. 입력받은 점수는 scores 리스트에 추가된다. 매번 반복마다 사용자에게 점수를 묻고 해당 값을 리스트에 추가한다.

특수한 값 사용하기

동적 리스트를 사용하는 두 번째 방법은 사용자가 정상적인 데이터의 입력이 끝나면 특수한 값을 입력하도록 하는 것이다. 예를 들어서 학생의 점수를 입력할 때 −1

은 결코 나오지 않을 것이다. 따라서 이 값을 입력의 끝을 표시하는 값으로 사용한다. 아래의 스크립트를 참조한다.

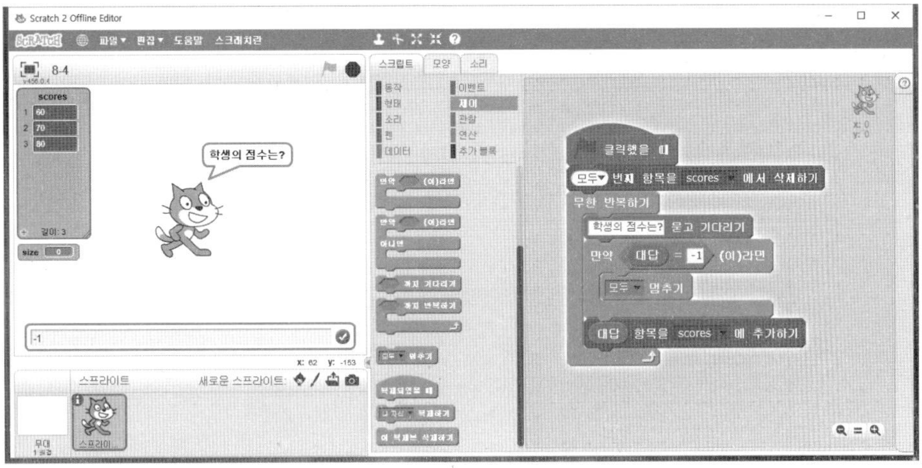

각 반복에서 스크립트는 사용자에게 점수를 입력하라는 메시지를 표시하고 사용자가 점수를 입력하면 그 값을 −1과 비교한다. 사용자가 −1을 입력하면 사용자가 점수 입력을 완료했다는 것을 알기 때문에 스크립트가 중지된다. 그렇지 않으면 점수가 리스트 scores에 추가되고 사용자에게 다른 점수를 입력하라는 메시지가 표시된다.

실전 예제	# 막대 그래프 그리기

사용자가 입력하는 값을 막대 그래프로 그리는 응용 프로그램을 작성해 보자. 프로그램을 간단히 하기 위해 1과 100 사이 숫자만 허용된다. 프로그램에서 6개의 숫자를 받으면 입력 된 값에 비례하여 높이가 다른 6개의 막대가 그려진다.

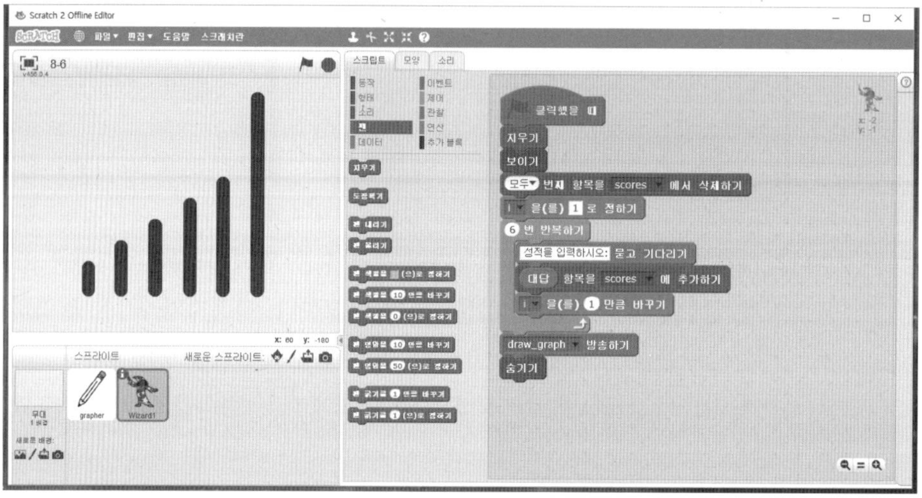

이 응용 프로그램에는 2가지의 스프라이트가 있다. wizard1 스프라이트은 사용자 입력을 받아들여서 리스트를 채우고 grapher 스프라이트에 막대 그래프를 그리라고 방송한다. grapher 스프라이트는 막대 그래프를 그린다.

먼저 wizard1 스프라이트에는 위의 그림과 같은 스크립트를 추가한다. 리스트의 모든 항목을 삭제하고 6번 반복하면서 사용자로부터 점수를 입력받는다. 점수를 scores라는 리스트에 추가한다. 점수 입력이 끝나면 "draw_graph"를 방송한다.

grapher 스프라이트는 실제로 화면에 그래프를 그리는 스프라이트이다. 다음과 같은 스크립트를 추가한다.

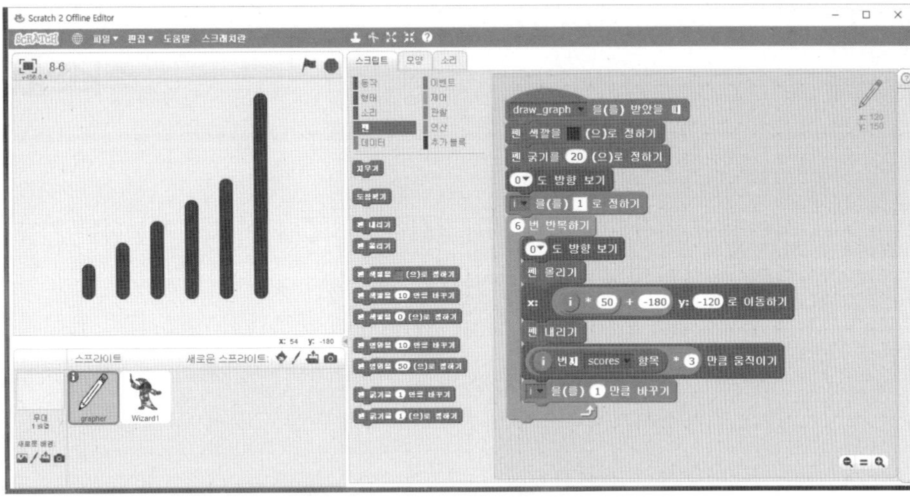

grapher 스프라이트가 “draw_graph” 메시지를 받으면 터틀 그래픽을 이용하여서 점수에 비례하는 막대를 화면에 그린다. 펜의 색깔과 굵기를 지정한 후에 0도 방향(위쪽)을 보고 6번 반복하면서 리스트에 차례대로 점수를 꺼내온다. 막대의 시작 위치를 계산하여 이동한다. 펜을 내린 후에 항목의 크기만큼 위로 올라가면서 막대를 그리면 된다.

실전 예제

최소값 찾기

리스트에 저장된 값들의 최대값이나 최소값을 어떻게 계산하는 지를 생각해보자. 이것은 실제 프로그래밍에서도 상당히 많이 등장하는 중요한 문제이다. 어디에 사용될까? 예를 들어 보자. 우리는 인터넷에서 특정한 상품(예를 들어서 TV)을 구입하고자 한다. 여러 인터넷 사이트에서 판매되는 가격이 리스트 prices에 저장되어 있다고 가정하자. 어떻게 하면 최소 가격으로 상품을 구입할 수 있을까? 리스트의 요소 중에서 최소값을 구하면 된다.

일단 리스트의 첫 번째 요소를 최소값으로 가정한다. 리스트의 두 번째 요소부터 마지막 요소까지 이 최소값과 비교한다. 만약 어떤 요소가 현재의 최소값보다 작다면 이것을 새로운 최소값으로 변경하면 된다. 모든 요소들의 검사가 종료되면 최소값을 찾을 수 있다.

최소값을 찾는 프로그램을 기능별로 나누어서 코드를 작성해보자. 2개의 추가블록(함수)로 구성되어 있다. 첫 번째 추가블록은 리스트를 난수로 초기화하는 init_list이다. init_list 블록은 다음과 같이 정의되었다.

리스트에서 모든 항목을 삭제한 후에 10번 반복하여 리스트에 1부터 100 사이의 난수를 추가한다.

최소값은 추가블록 find_min이 찾는다. 다음과 같은 스크립트로 정의한다.

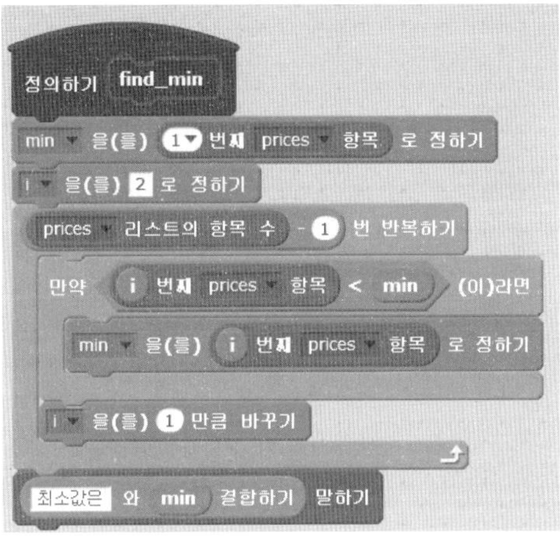

find_min 추가블록은 리스트의 첫 번째 수를 최소값이라고 가정한다. 그런 다음 리스트의 나머지 숫자와 현재의 최소값을 비교하는 루프를 시작한다. 보다 작은 값을 찾을 때마다 최소값을 현재의 값으로 설정한다. 루프가 종료되면 min 변수에 저장된 값은 리스트의 최소값이 된다.

실전
예제

평균 구하기

앞에서는 리스트에 저장된 값들중에서 최소값을 찾는 알고리즘을 살펴보았다. 이번에는 리스트에 저장된 값의 평균값을 계산하는 추가블록을 작성해보자. 먼저 합계를 구한 후에 합계를 항목의 수로 나눔으로써 평균값을 계산할 수 있다.

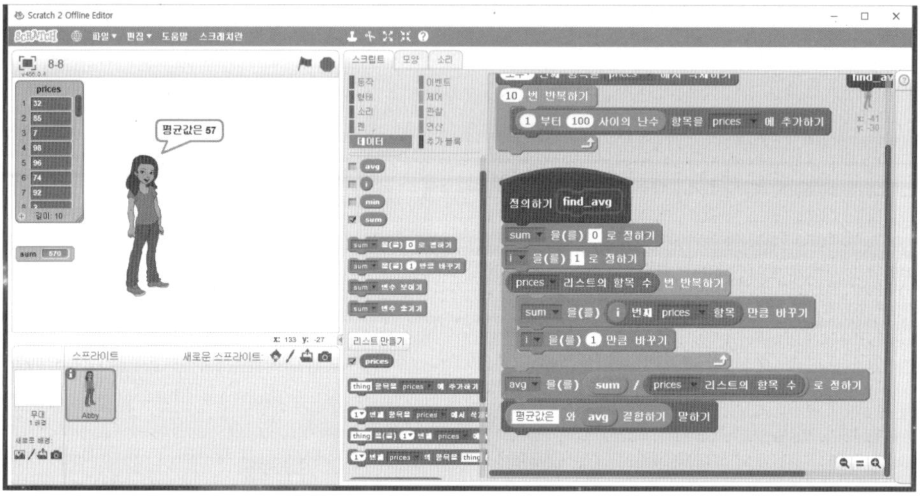

새롭게 정의된 find_avg 추가블록을 사용한다. find_avg 추가블록에서는 sum 변수를 0으로 하고 리스트 항목의 수만큼 반복하면서 sum에 리스트의 항목을 더한다. 반복 루프가 종료되면 sum을 항목의 수로 나눈 평균을 계산하고 결과를 화면에 표시한다.

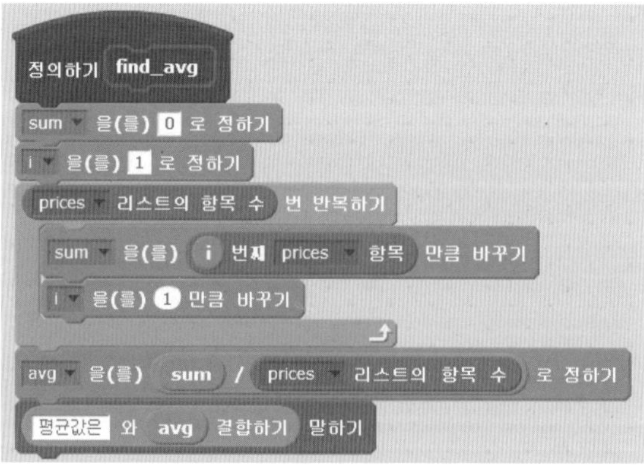

실전 예제

탐색

리스트에서 특정한 값을 탐색하는 것도 아주 중요한 문제 중의 하나이다. 컴퓨터에서 탐색 알고리즘은 상당히 많이 사용된다. 우리가 인터넷에서 어떤 정보를 탐색할 때도 탐색 알고리즘이 사용된다. 문제를 간단하게 하기 위하여 리스트에 숫자들이 저장되어 있고 우리는 이중에서 하나의 숫자를 찾는다고 가정하자.

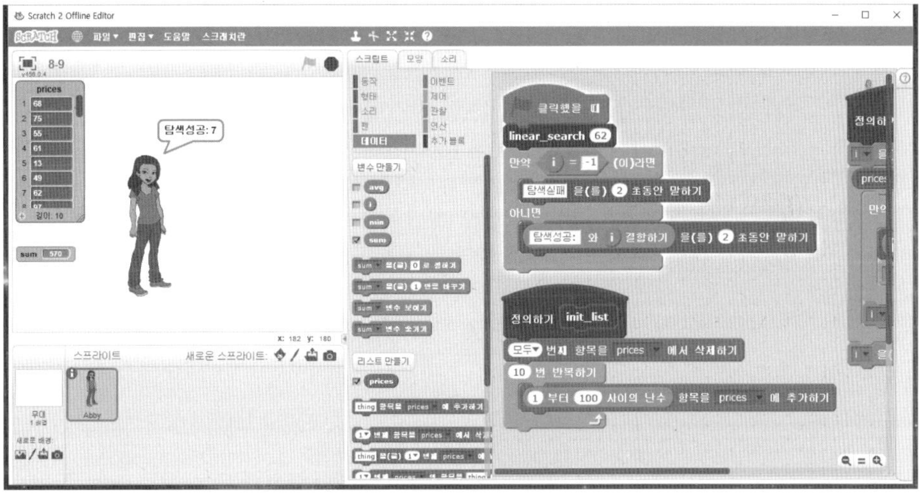

선형 검색이라고 하는 방법을 살펴보자. 이 방법은 이해하기 쉽고 구현하기 쉽고 정렬 여부에 관계없이 모든 리스트에서 작동합니다. 그러나 선형 검색은 대상 값을 리스트의 모든 요소와 비교하기 때문에 리스트가 클 경우 시간이 오래 걸릴 수 있다.

예를 들어 정수가 저장된 리스트에서 특정 정수를 검색한다고 가정하자. 리스트에 찾고 있는 항목이 포함되어 있으면 해당 항목의 정확한 위치를 출력한다.

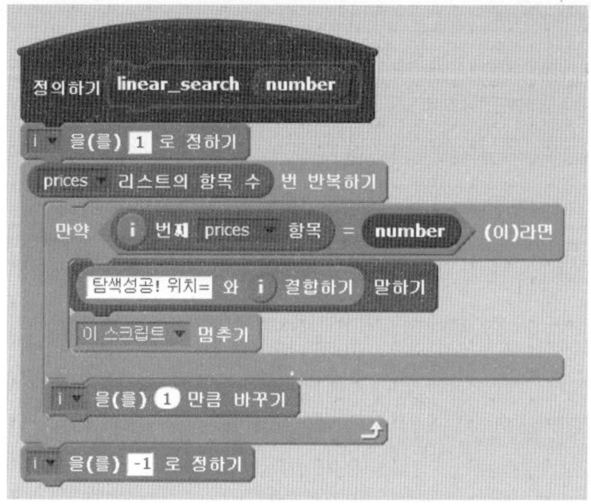

linear_search 추가블록에서는 리스트의 첫 번째 요소부터 하나씩 찾고자 하는 값과 비교한다. 추가블록이 값을 찾거나 리스트의 끝에 도달하면 블록이 중지된다. 스크립트가 원하는 값을 찾으면 변수 i는 항목이 발견 된 위치를 가리킨다. 그렇지 않으면 i가 잘못된 값인 −1을 설정하여 찾고자 하는 항목이 리스트에 없음을 나타낸다. 아래 그림은 이 추가블록을 호출하는 예를 보여준다.

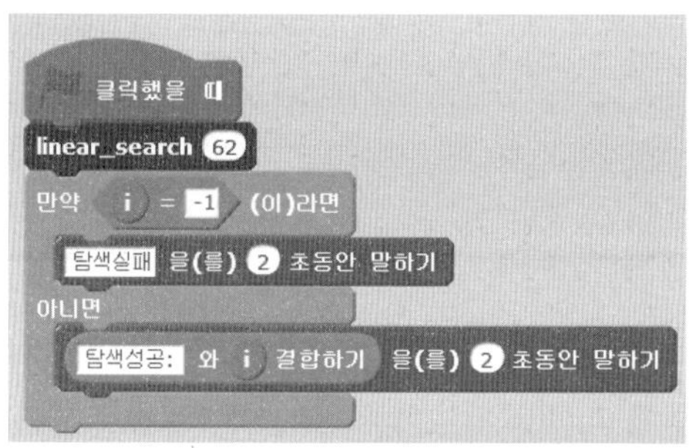

실전 예제

버블 정렬

성적이 저장된 리스트가 있다고 하자. 이 리스트를 성적순으로 정렬하고자 한다. 어떻게 해야 할까? 정렬이란 가장 작은 숫자부터 큰 숫자순으로 표시하는 것이다. 만약 항목이 문자열일 경우에는 알파벳 순으로 표시한다. 리스트를 정렬하는 데는 여러 가지 방법이 있으며 버블 정렬은 가장 간단한 알고리즘 중 하나이다. 이 실습에서는 버블 정렬에 대해 배우고 이러한 종류의 정렬을 수행하는 스크래치 프로그램을 작성한다.

다음과 같이 90, 10, 23, 17, 56, 39가 저장된 리스트가 있다고 하자.

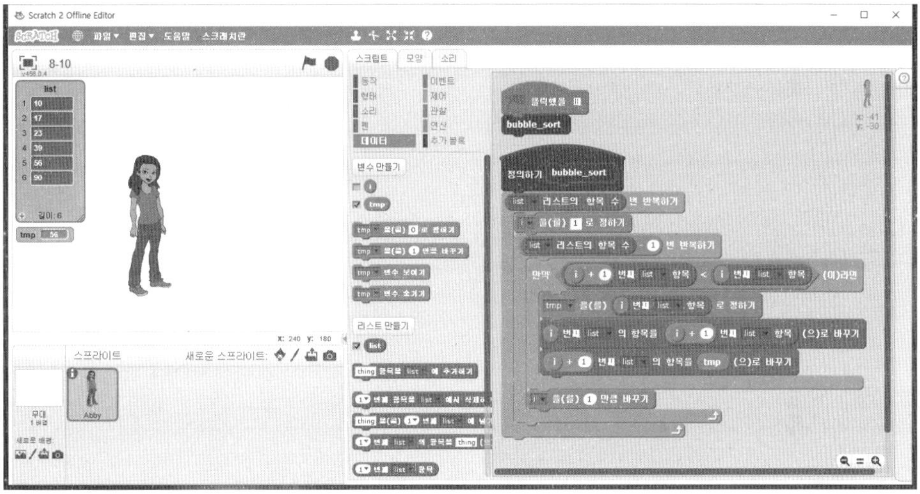

버블 정렬은 리스트의 처음 두 요소를 비교하여 시작한다. 90이 10보다 크기 때문에 위치를 바꾼다. 이어서 두 번째와 세 번째 숫자를 비교하여서 크기순이 아니면 위치를 바꾼다. 이 과정을 반복하여 세 번째와 네 번째, 네 번째와 다섯 번째, 마지막으로 다섯 번째와 여섯 번째 요소를 비교한다. 이 과정을 리스트의 요소 수만큼 되풀이 하면 리스트는 정렬된다. 버블 정렬을 수행하는 블록은 다음과 같다.

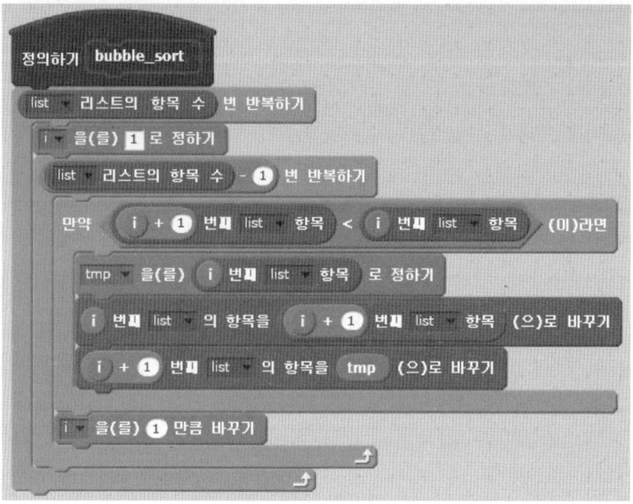
정의하기 bubble_sort
list 리스트의 항목 수 번 반복하기
i 을(를) 1 로 정하기
list 리스트의 항목 수 - 1 번 반복하기
만약 i + 1 번째 list 항목 < i 번째 list 항목 (이)라면
tmp 을(를) i 번째 list 항목 로 정하기
i 번째 list 의 항목을 i + 1 번째 list 항목 (으)로 바꾸기
i + 1 번째 list 의 항목을 tmp (으)로 바꾸기
i 을(를) 1 만큼 바꾸기

실전 예제

이진 탐색

앞에서 살펴본 선형 탐색은 상당히 시간이 많이 걸리는 탐색 방법이다. 이진 탐색(binary search)은 아주 속도가 빠른 탐색 기법이다. 대신에 탐색하려는 리스트가 정렬이 되어 있어야 한다.

이진 탐색은 배열의 중앙에 있는 값을 탐색값과 비교한다. 만약 일치하면 탐색값을 찾은 것이므로 성공이다. 만약 탐색값이 중앙 요소의 값보다 작으면 우리가 찾고자 하는 값은 배열의 전반부에 있을 것이다. 따라서 배열의 후반부는 탐색의 범위에서 제외할 수 있다. 반대로 만약 탐색값이 중앙 요소의 값보다 크면 우리가 찾고자 하는 값은 배열의 후반부에 있을 것이다. 따라서 배열의 전반부는 탐색의 범위에서 제외할 수 있다. 이러한 기법을 남아 있는 숫자들에 대하여 반복적으로 적용한다. 이진 탐색에서는 한 번 비교할 때마다 탐색의 범위가 절반으로 줄어든다.

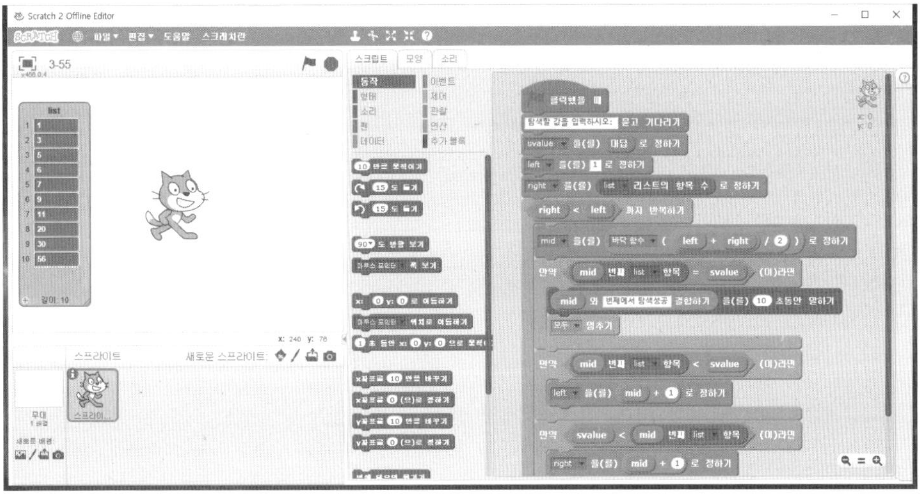

이진 탐색을 수행하는 블록은 다음과 같다.

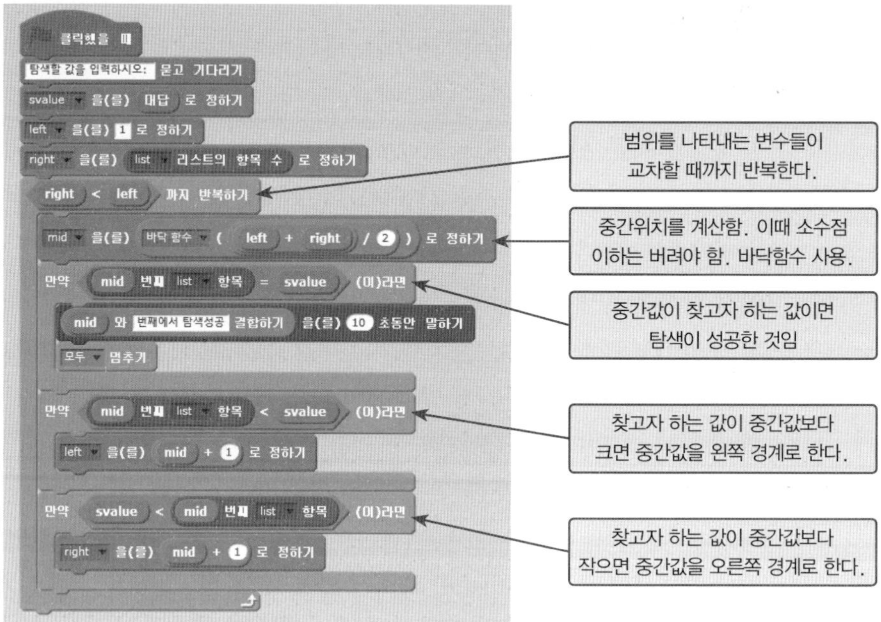

CHAPTER

09

SCRATCH WORKBOOK

멀티미디어 처리

이번 장에서는 다음과 같은 내용을 학습합니다.

▶ 텍스트가 컴퓨터 안에서 표현되는 방법에 대하여 알아본다.
▶ 이미지가 컴퓨터 안에서 표현되는 방법에 대하여 알아본다.
▶ 사운드가 컴퓨터 안에서 표현되는 방법에 대하여 알아본다.

학습목차

런길이 엔코딩

런길이 엔코딩(run-length encoding, RLE)은 가장 간단한 방식의 압축 기법으로 같은 값이 연속해서 나타나면, 반복되는 횟수와 값만을 저장하여서 정보량을 줄이는 방식이다. 동일한 데이터가 연속되어 있는 것이 하나의 런(run)이라고 한다. 이 방법은 아이콘, 클립아트, 애니메이션과 같이 배경의 변화가 없고 연속된 값이 많이 있는 간단한 그래픽 이미지에 효과적이다. 예를 들어 흰색 배경에 검정색 텍스트가 있는 이미지를 생각해보자. 검정색 픽셀을 B로 나타내고 흰색 픽셀을 W로 나타낸다면 이미지의 한 줄은 다음과 같이 표현할 수 있다.

```
WWWWWWWBWWWWWWWWWWBBBWWWWWWWBWWWWWWWWWWWWWWW
```

위의 줄에 런길이 엔코딩을 적용하면 다음과 같이 압축할 수 있다.

```
6W1B8W3B6W1B14W
```

이것은 6개의 W, 1개의 B, 8개의 W, 3개의 B와 같이 해석할 수 있다. 런길이 엔코딩은 비손실 압축 방법이다. 즉 압축한다고 해서 정보가 손실되지 않는다.

사용자로부터 문자열을 받아서 런길이 엔코딩을 하여 출력하는 간단한 응용 프로그램을 작성해보자.

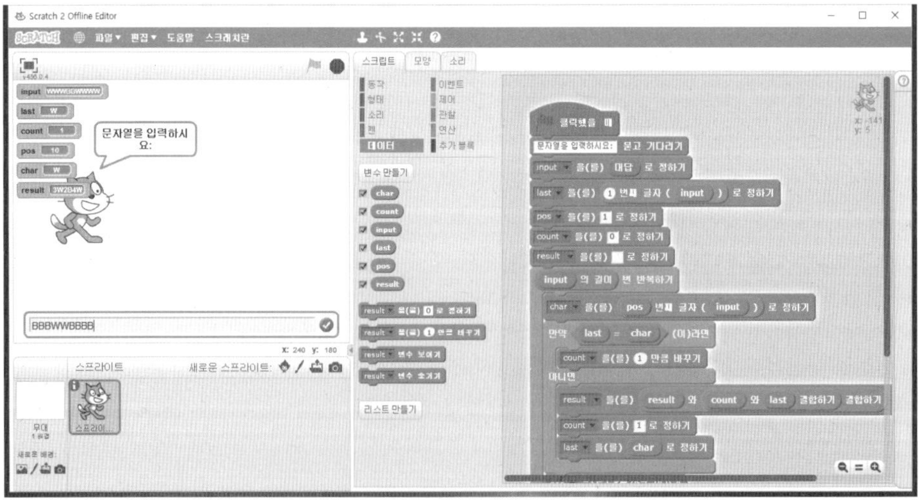

1. 파일 메뉴의 "새로 만들기"를 선택하여서 새로운 프로젝트를 생성한다.

2. 필요한 변수들을 생성한다.

변수이름	설명
char	현재 처리중인 글자
count	글자의 반복횟수
input	사용자가 입력한 문자열
last	이전 글자
pos	현재 처리 위치
result	압축된 결과 문자열

3. 사용자로부터 문자열을 받아서 input 변수에 저장한다.

4. 변수들을 초기화한다. last는 첫 번째 문자로 한다.

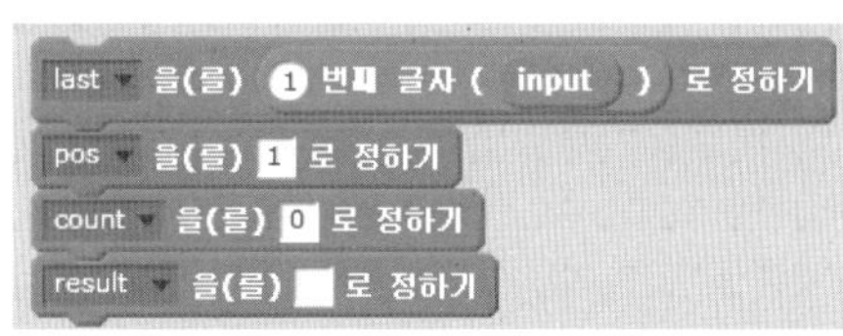

5. 변수 input에 저장된 문자열에서 한 글자씩 꺼내서 이전 글자와 같은지 다른지를 판단한다.

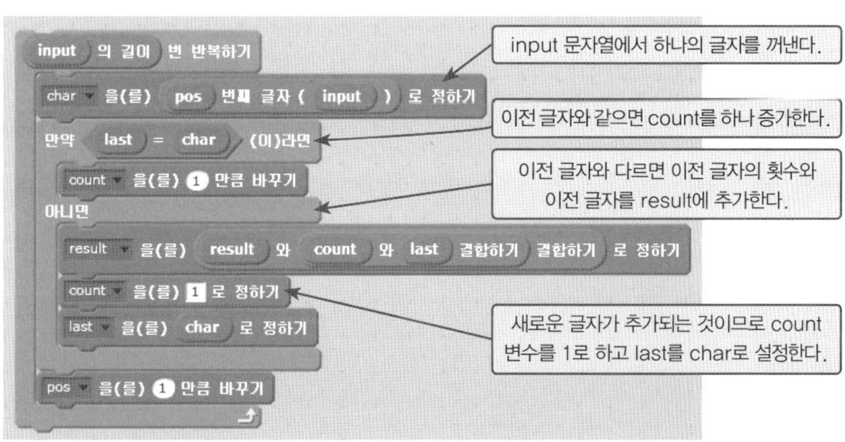

6. 반복 루프가 끝나서 아직 처리하지 않은 결과가 있으면 result에 추가한다.

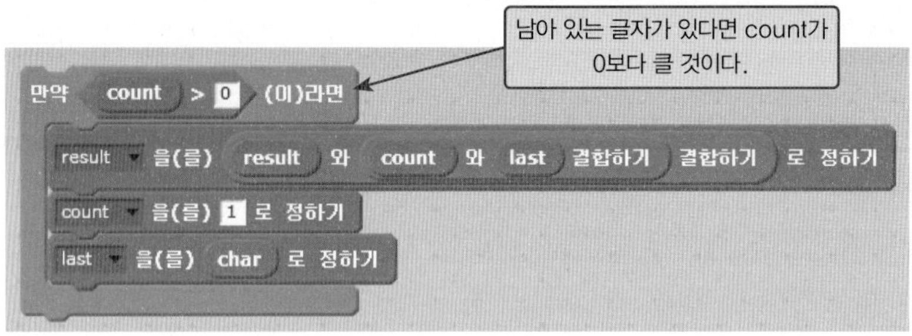

실전
예제

흑백 이미지 표현하기

흑백 이미지는 0과 1로 저장할 수 있다. 0은 검정색 픽셀을, 1은 흰색 픽셀을 나타낸다. 사용자로부터 흑백 이미지의 각 줄을 나타내는 0과 1로 이루어진 문자열을 받아서 화면에 각각의 픽셀을 검정색 사각형과 흰색 사각형으로 그려보자.

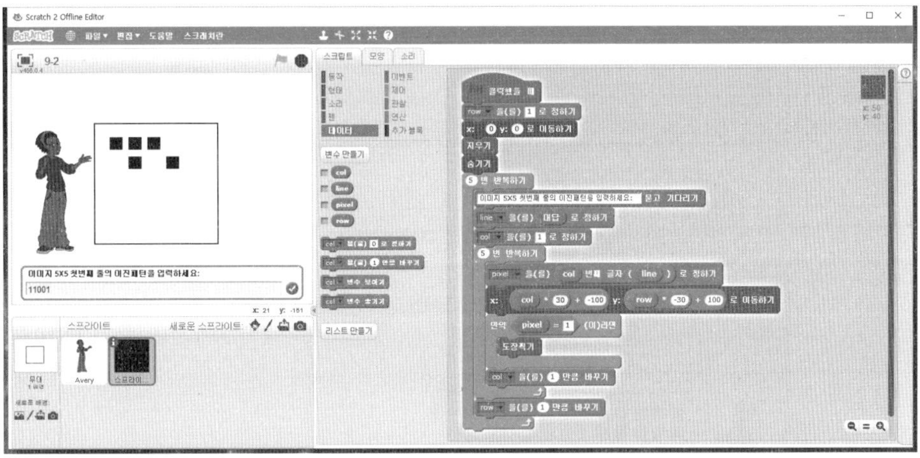

1. 파일 메뉴의 “새로 만들기”를 선택하여서 새로운 프로젝트를 생성한다. 고양이 스프라이트는 지우고 Avery 스프라이트를 추가한다.

2. 필요한 변수들을 생성한다.

변수이름	설명
line	입력 문자열
row	이미지에서 현재 줄
col	이미지에서 현재 열
pixel	현재 픽셀값

3. 배경을 다음과 같이 그린다.

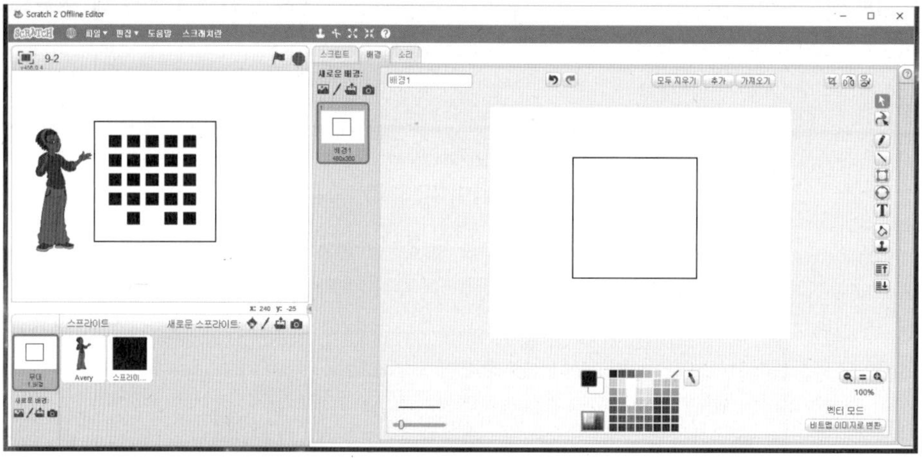

4. 검정색 사각형 스프라이트를 직접 그린다.

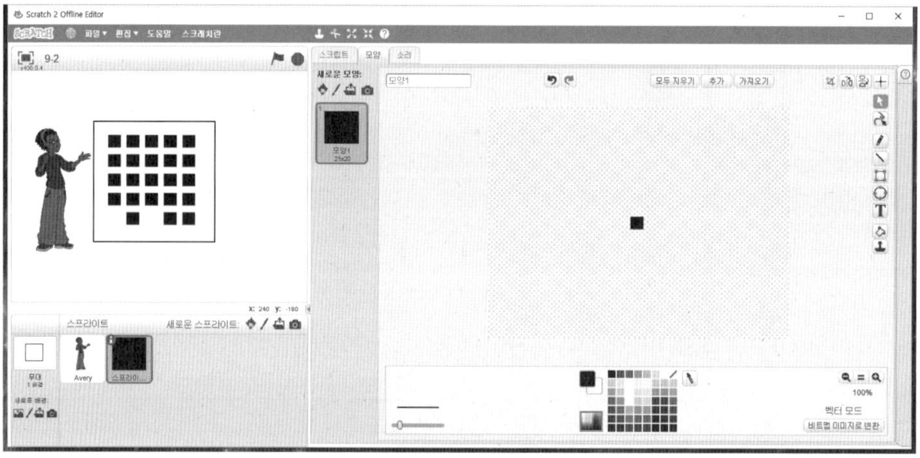

5. 검정색 사각형 스프라이트에 다음과 같은 스크립트를 추가한다.

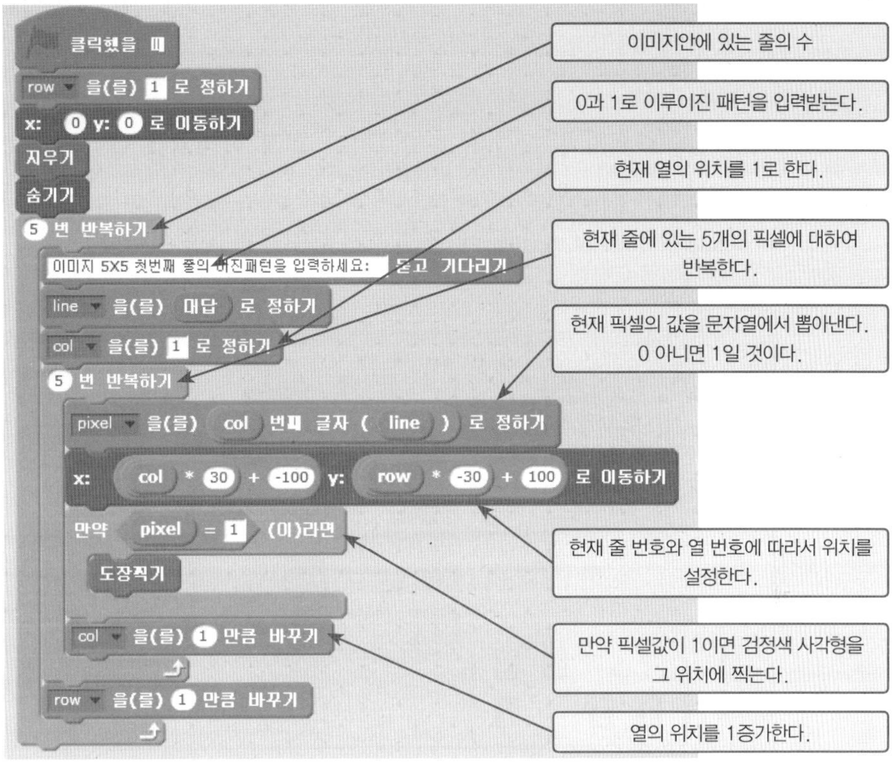

6. 응용 프로그램을 실행해본다. 각 줄의 이진 패턴을 0과 1로 주어야 한다.

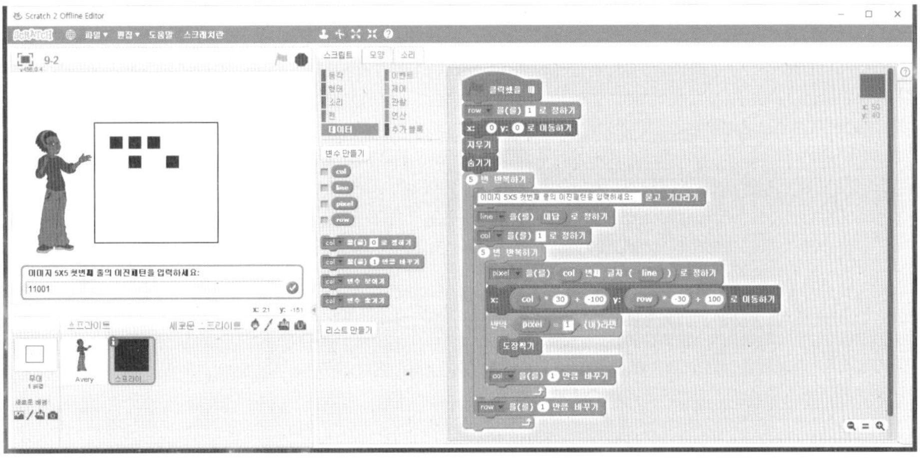

실전 예제

흑백 이미지 저장하기

이번에는 사용자가 픽셀을 클릭하여서 흑백 이미지를 만들면 이것을 0과 1로 저장하는 프로그램을 작성하여 보자. 이 프로그램은 https://scratch.mit.edu/projects/85068134/#editor에 올라온 작품을 리믹스한 것이다.

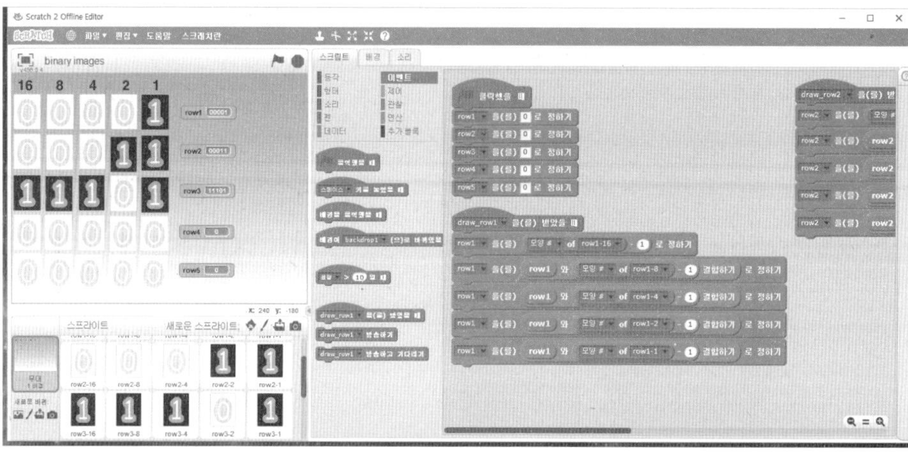

1. 0과 1을 클릭하여서 올바르게 0과 1로 이루어진 문자열로 바뀌는지를 검사한다.
2. 무대에 다음과 같은 스크립트를 추가한다.

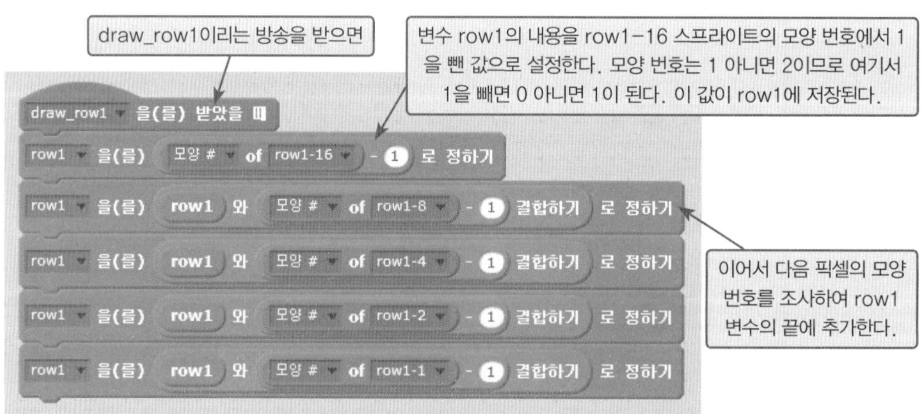

3. 4번째 줄과 5번째 줄은 구현되어 있지 않다. 소스를 파악하여서 추가하도록 하자.

CHAPTER

10

SCRATCH WORKBOOK

병렬 컴퓨팅

이번 장에서는 다음과 같은 내용을 학습합니다.

- ▶ 영상 처리에서의 병렬 처리의 개념을 살펴본다.
- ▶ 파이 계산에서의 병렬 처리를 살펴본다.
- ▶ 정렬 네트워크를 살펴본다.

학습목차

Section

SCRATCH WORKBOOK

01 영상 처리

영상 처리도 병렬 처리가 쉬운 문제 중의 하나이다. 영상은 픽셀들이 2차원 형태로 나열되어 있다고 생각할 수 있다. 예를 들어서 모든 픽셀의 값에 어떤 함수를 적용시킨다고 하자. 구체적으로 모든 픽셀의 값에 10씩 더하여 픽셀의 밝기를 증가시킨다고 하자. 함수는 각 픽셀에서 계산된다. 각 픽셀의 계산은 다른 픽셀과는 독립적이다. 또 영상 처리 문제는 계산 집약적인 문제이다.

스크래치에는 영상 처리 블록들이 기본으로 포함되어 있다. 즉 "형태" 팔레트에 들어 있는 "색깔 효과를 25만큼 바꾸기" 블록이 바로 스프라이트 이미지에 대하여 영상처리를 수행한다. 색깔 효과를 비롯하여 "어안렌즈", "소용돌이", "픽셀화", "모자이크" 등의 다양한 영상처리를 적용할 수 있다.

우리는 다음과 같이 실습하도록 하자.

1. 파일 메뉴의 "새로 만들기"를 클릭하여 새로운 프로젝트를 만든다.

2. 무대의 배경을 라이브러리의 "bedroom2"로 변경한다.

3. 2개의 버튼 "Serial Processing", "Parallel Processing"을 작성한다.

4. "Serial Processing" 버튼에 다음과 같은 스크립트를 추가한다. "Serial Processing" 버튼을 누르면 "serial" 방송을 한다.

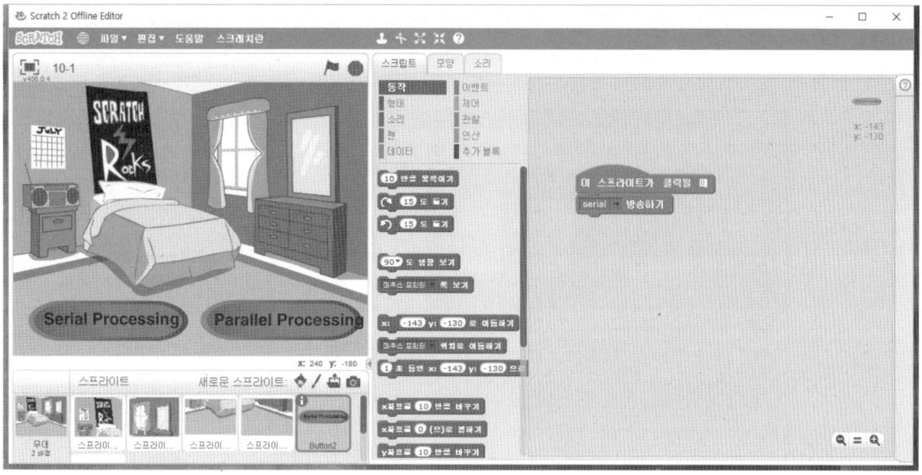

5. 무대에서 “serial” 방송을 받으면 다음과 같은 스크립트를 추가한다.

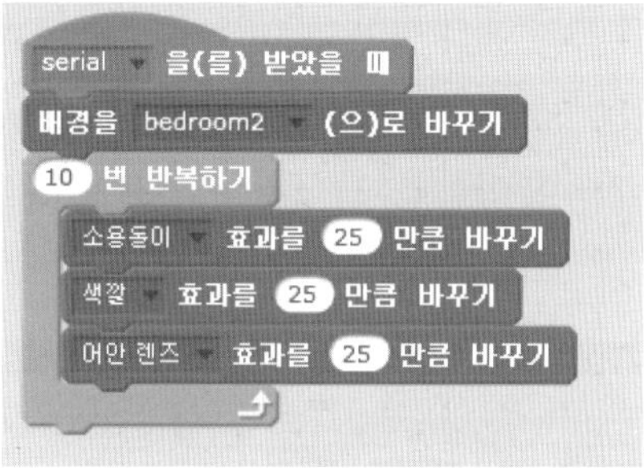

무대 이미지에 대하여 “소용돌이”, “색깔”, “어안 렌즈” 효과를 10번 반복한다.

6. 병렬 처리를 위하여 무대 배경 이미지를 4조각으로 분리하여 각각을 스프라이트로 만든다.

7. 분리된 각각의 스프라이트에 다음과 같은 스크립트를 추가한다.

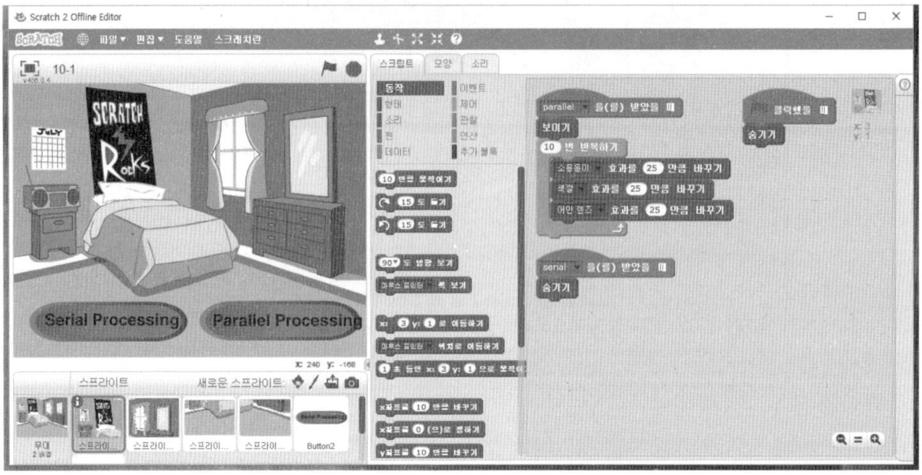

즉 분리된 조각에 대해서 동일한 영상 처리를 적용한다.

8. 2개의 버튼 "Serial Processing", "Parallel Processing" 을 눌러서 결과를 확인해 본다. 현재는 동일한 CPU에서 수행하기 때문에 속도 차는 거의 나지 않는다.

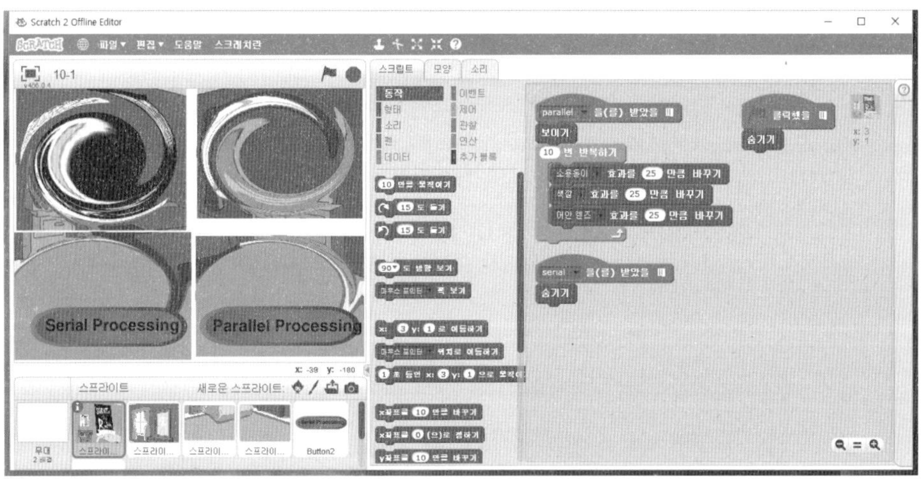

Section 02 원주율의 계산

원주율 파이의 값은 여러 가지 방법으로 계산 될 수 있다. 원주율을 계산하는 다음 방법을 생각해보자(출처: Blaise Barney, Lawrence Livermore National Laboratory)

❶ 사각형에 원을 내장한다.

❷ 사각형에서 무작위로 점을 생성한다.

❸ 원 안에 있는 점의 개수를 센다.

❹ r을 (원안의 점의 개수)/(사각형 안의 점의 개수)라고 하자.

❺ 원주율은 4r이 된다.

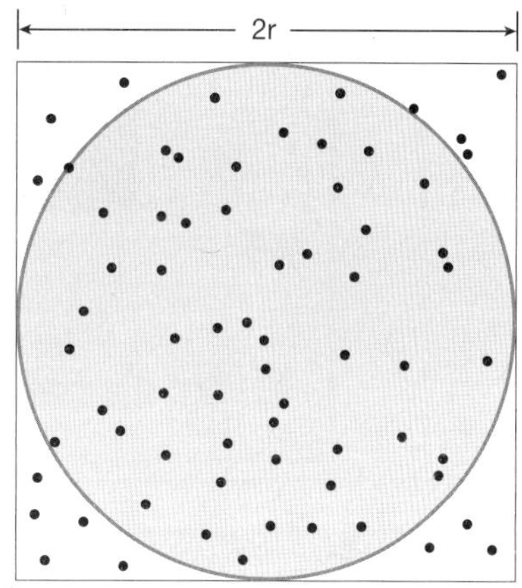

$$A_S = (2r)^2 = 4r^2$$
$$A_C = \pi r^2$$
$$\pi = 4 \times \frac{A_C}{A_S}$$

우리는 다음과 같이 실습하도록 하자.

1. 파일 메뉴의 “새로 만들기”를 클릭하여 새로운 프로젝트를 만든다.
2. 무대의 배경 이미지를 다음과 같이 작성한다.

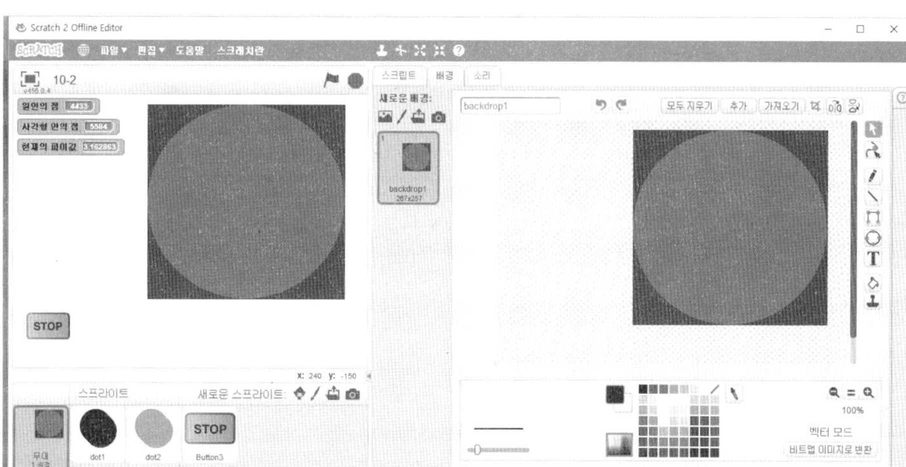

3. 점을 나타내는 스프라이트를 다음과 같이 그린다. "연필" 도구로 설정하고 한 점을 찍으면 된다. 최소 크기가 3 × 3이라서 더 이상 작게는 불가능하다.

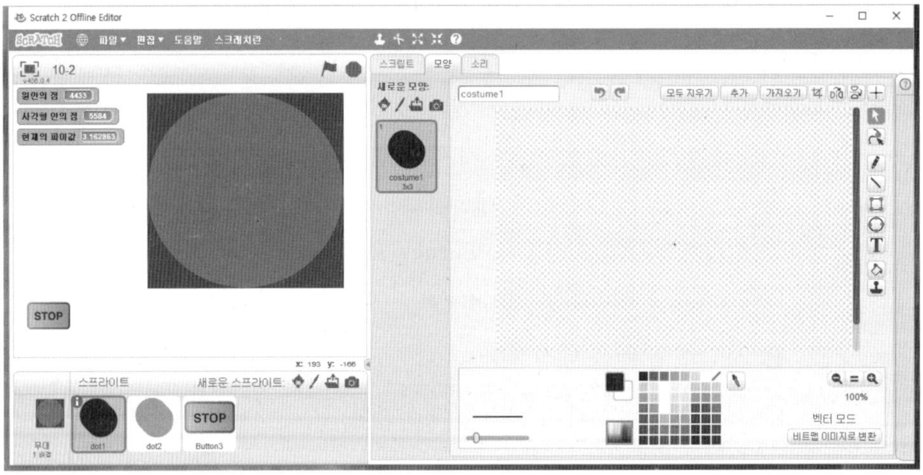

4. 또 하나의 점을 나타내는 스프라이트를 동일하게 만든다. 점의 색상을 녹색으로 한다.

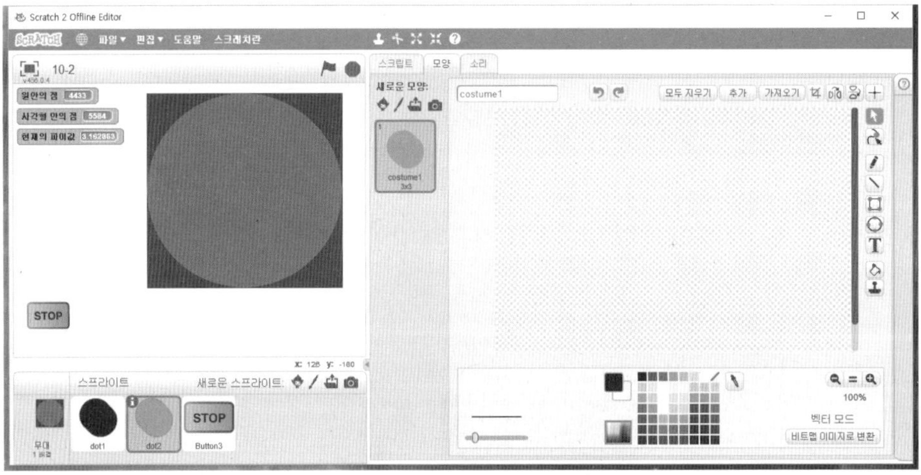

5. 다음과 같이 3개의 변수를 작성한다.

- "사각형 안의 점" 변수 - 사각형 안에 떨어지는 점의 개수이다.
- "원 안의 점" 변수 - 원 안에 떨어지는 점의 개수이다.
- "현재의 파이값" 변수 - 현재까지 계산된 파이값을 나타낸다.

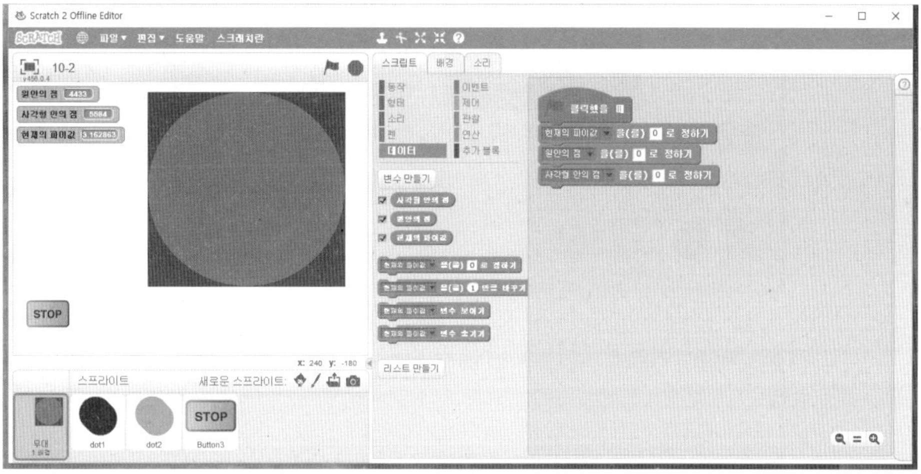

무대에 위와 같은 스크립트를 추가한다. 녹색 깃발이 클릭되면 모든 변수를 0으로 초기화한다.

6. 스프라이트 "dot1"에 다음과 같은 스크립트를 추가한다.

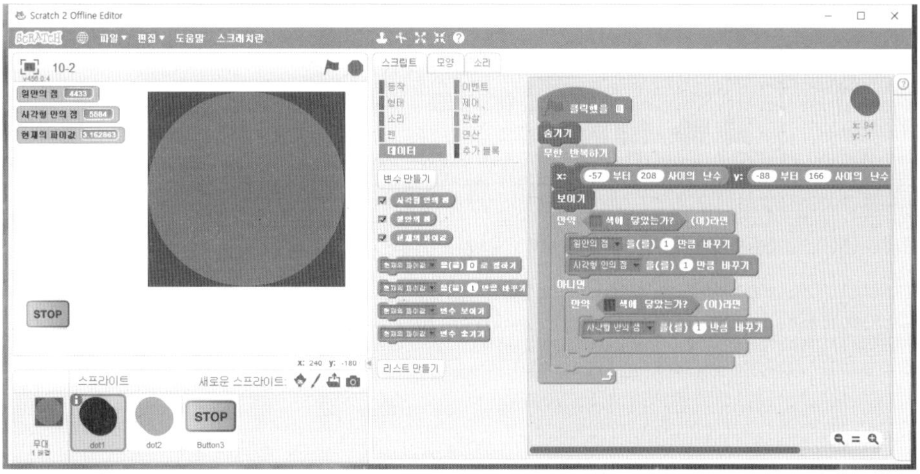

사각형 안에 랜덤 위치를 생성하고 점을 보이게 한다. 만약 빨강색에 점이 떨어지면 "원안의 점" 변수와 "사각형 안의 점" 변수를 동시에 증가시킨다. 그렇지 않고 파랑색에 점이 떨어지면 "사각형 안의 점" 변수만 증가시킨다.

7. 스프라이트 "dot2"에 동일한 스크립트를 추가한다.

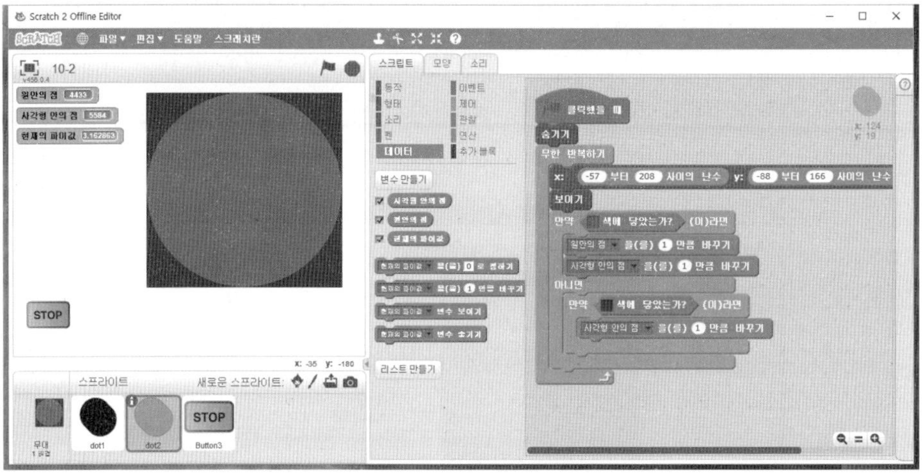

8. "stop" 버튼을 만들고 다음과 같은 스크립트를 추가한다.

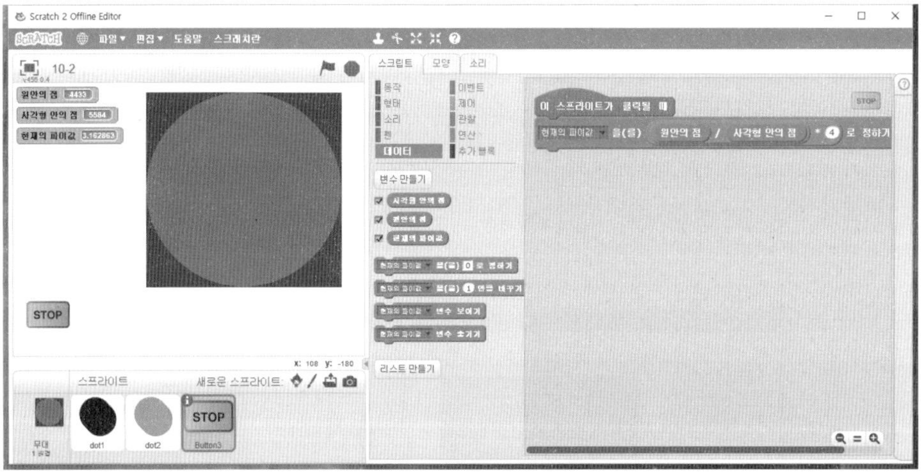

스프라이트가 클릭되면 "원안의 점"과 "사각형 안의 점" 변수의 비율을 이용하여 파이값을 갱신한다. 여기서 "dot1"과 "dot2" 스프라이트가 병렬적으로 작업한다고 가정한다.

9. 전체 프로그램을 수행한다. “stop” 버튼을 눌러본다.

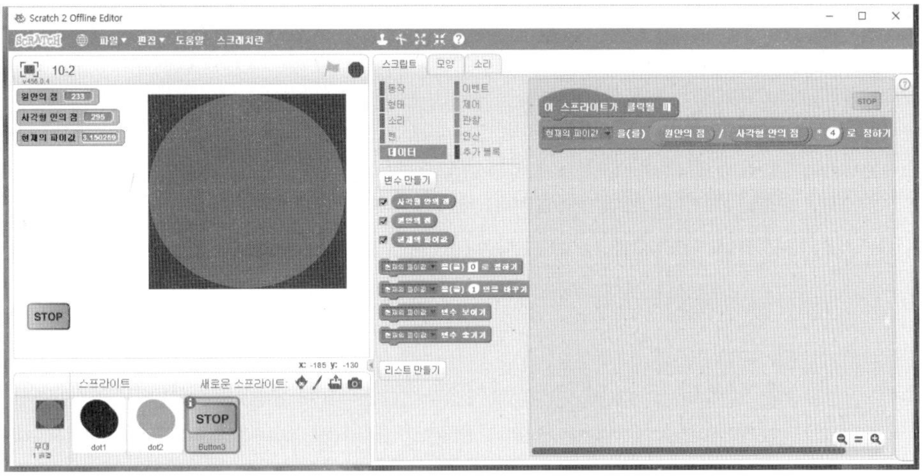

Section

03 정렬 네트워크

병렬 처리가 반드시 필요한 분야 중의 하나가 정렬 알고리즘이다. 정렬(sorting)은 물건을 크기순으로 오름차순(ascending order)이나 내림차순(descending order)으로 나열하는 것을 의미한다. 예를 들어 책들은 제목순이나 저자순, 또는 발간연도 순으로 정렬이 가능하다. 택배 배달원도 거리 순으로 택배를 정렬하여서 배달 거리를 단축할 수 있다. 학교에서 교수님들도 학생들의 시험 점수를 높은 점수에서 낮은 점수 순으로 정렬하여서 학점을 매긴다. 돌탑을 만들 때도 가장 큰 돌을 아래에 놓고 가장 가벼운 돌을 위에 놓아야 한다.

정렬은 컴퓨터 분야에서 아주 중요한 알고리즘이고 데이터가 많으면 상당한 시간이 걸리므로 정렬에 병렬 처리를 적용하는 것은 아주 좋은 생각이다. 어떻게 병렬 처리를 이용하여 정렬에 걸리는 시간을 단축할 수 있을까? 정렬 네트워크(sorting network)라는 방법이 있다. 정렬 네트워크는 간단한 프로세서를 많이 사용한다.

우리는 다음과 같이 실습하도록 하자.

1. 파일 메뉴의 "새로 만들기"를 클릭하여 새로운 프로젝트를 만든다.
2. 라이브러리에서 "Ball"을 가져와서 새로운 스프라이트를 만든다. "Ball" 스프라이트를 복사하여서 총 12개의 스프라이트를 만든다.
3. 입력과 중간과정, 출력은 모두 리스트에 저장된다. 다음과 같이 "input", "mid1", "mid2", "mid3", "mid4", "mid5"와 같은 리스트를 정의한다.

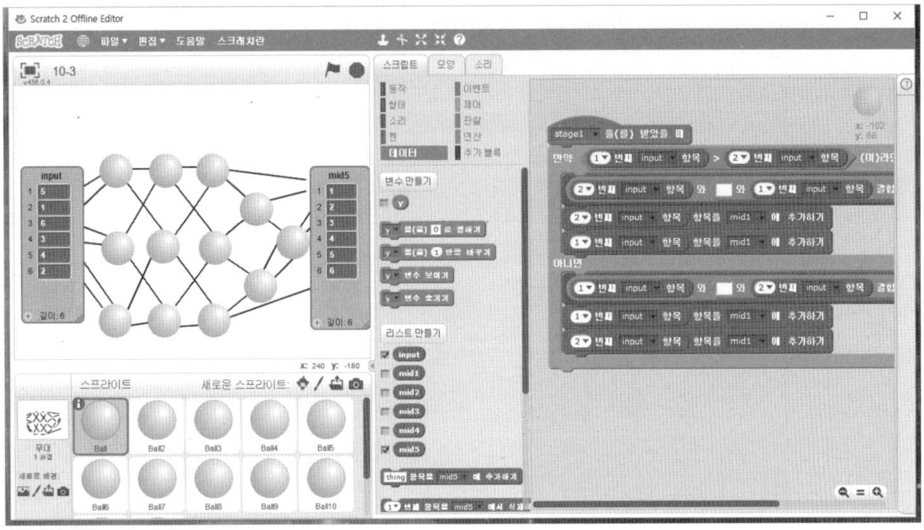

4. 각 "Ball" 스프라이트에 다음과 같은 스프라이트를 추가한다. 즉 "stage1" 방송을 받으면 앞단 리스트에서 적절한 2개의 숫자를 꺼내서 서로 비교한 후에 작은 것부터 다음 단으로 보낸다.

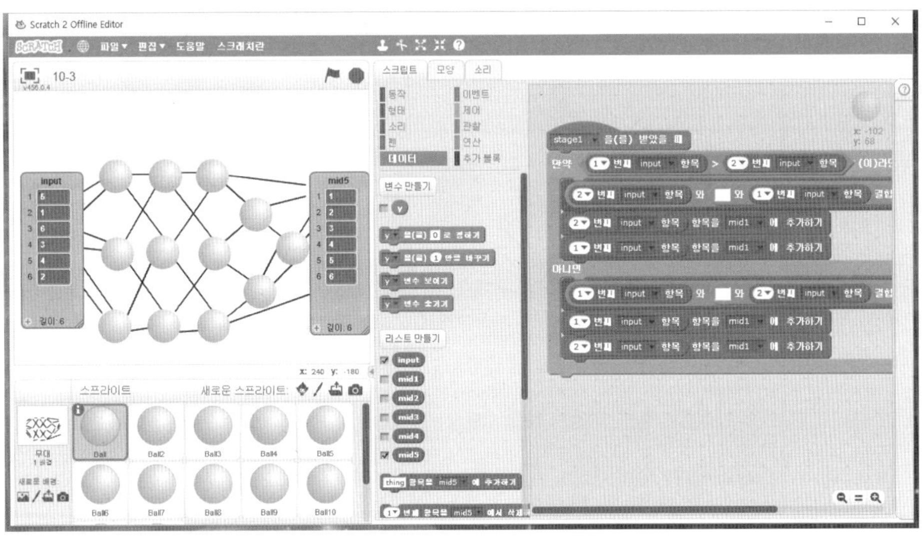

5. 무대 배경 이미지를 적절하게 그린다.

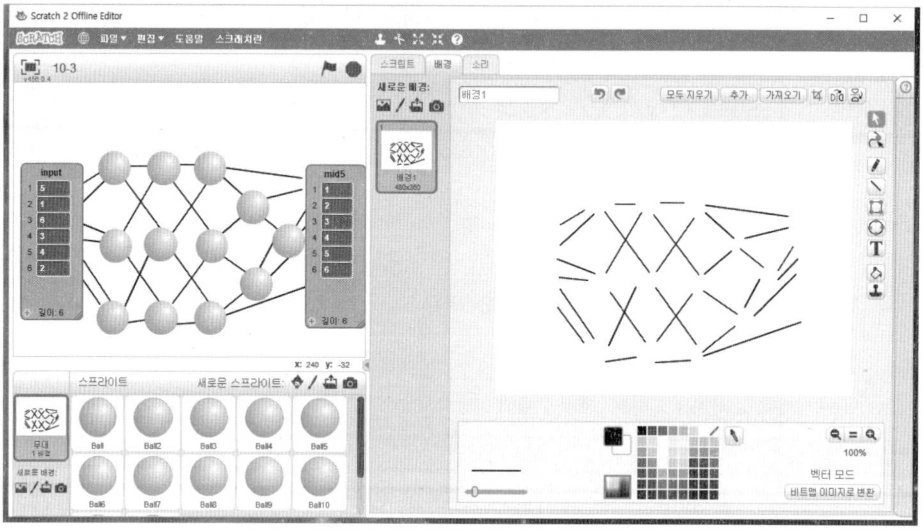

6. 무대에는 다음과 같은 스크립트를 추가한다.

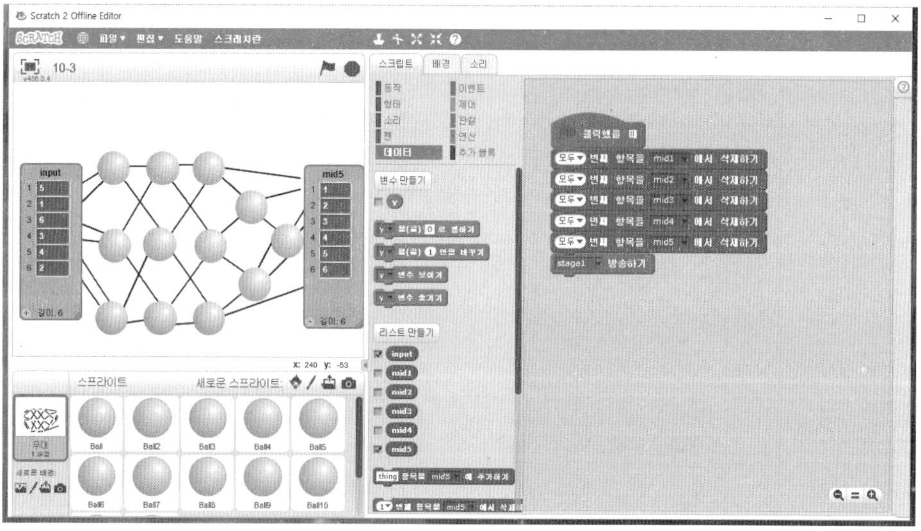

입력 리스트를 제외한 모든 리스트를 삭제하고 "stage1" 방송을 보낸다. 방송은 "stage1"부터 "stage2", "stage3", "stage4", "stage5"까지 순차적으로 방송된다. 즉 앞단의 계산이 완료되면 현재의 stage를 알려주는 방송이 송출된다.

7. 프로그램을 실행해본다. 순차적으로 값이 정렬되는 것을 볼 수 있다.

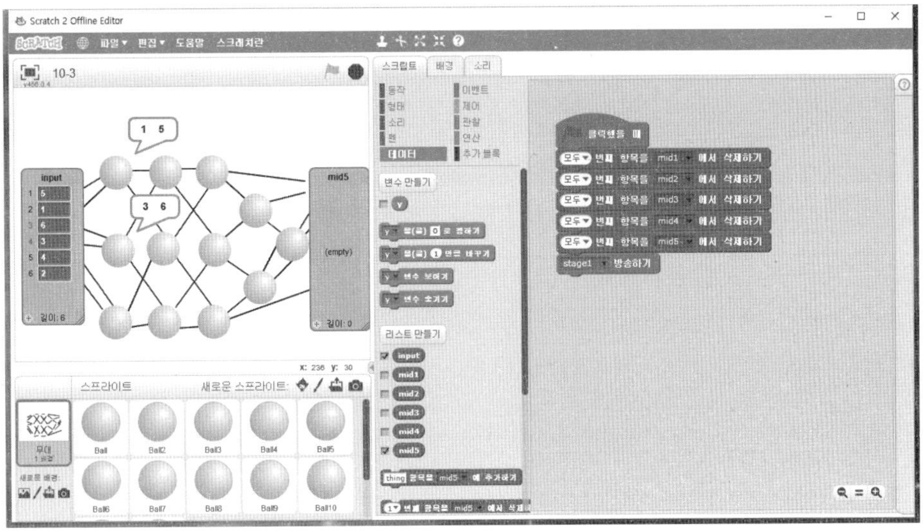

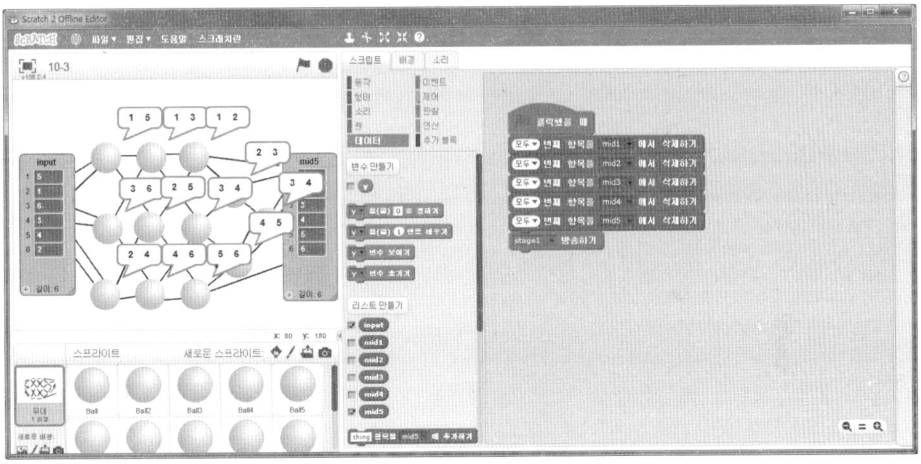

CHAPTER

11

SCRATCH WORKBOOK

인공지능

이번 장에서는 다음과 같은 내용을 학습합니다.

- ▶ 인공지능의 개념을 간단히 소개한다.
- ▶ 탐색의 개념을 간단히 소개한다.
- ▶ 딥러닝의 개념을 간단히 소개한다.

학습목차

Section 01 TIC-TAC-TOC 게임트리

우리나라의 오목과 유사한 외국의 게임이 Tic-Tac-Toe이다(5목이 아니라 3목). Tic-Tac-Toe 게임은 유아들을 위한 게임으로 잘 알려져 있다. Tic-Tac-Toe는 3 × 3칸을 가지는 게임판을 만들고, 경기자 2명이 동그라미 심볼(○)와 가위표 심볼(×)을 고른다. 경기자는 번갈아 가며 게임판에 동그라미나 가위표를 놓는다. 가로, 세로, 대각선으로 동일한 심볼을 먼저 만들면 승리하게 된다.

우리는 여기서 인간 경기자 2명이 Tic-Tac-Toe을 할 수 있는 프로그램을 만들어보자. 컴퓨터와 인간이 대결하는 버전은 심화학습으로 만들어보자.

1. 파일 메뉴의 "새로 만들기"를 선택하여 새로운 프로젝트를 만든다. 고양이 스프라이트는 삭제한다. 무대에 Tic-Tac-Toe를 할 수 있는 칸을 그린다.

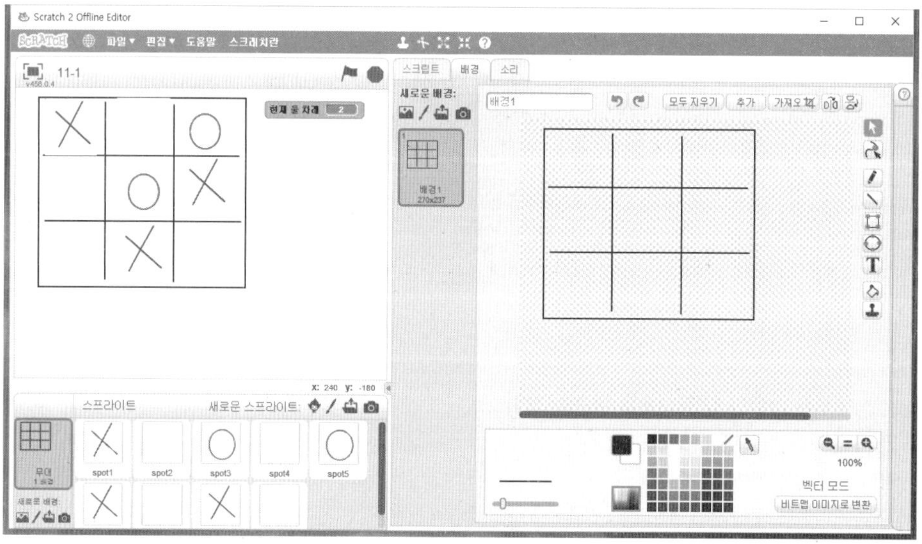

2. Tic-Tac-Toe 게임의 한 칸을 나타내는 스프라이트를 직접 그려준다. 이 스프라이트는 3가지의 모양을 가지고 있다. 첫 번째 모양은 흰색 사각형 모양이다. 두

번째 모양은 "X"를 나타내며 세 번째 모양은 "O"를 나타낸다. 배경으로 흰색 사각형을 그려준다. 이렇게 해야만 클릭이 잘된다.

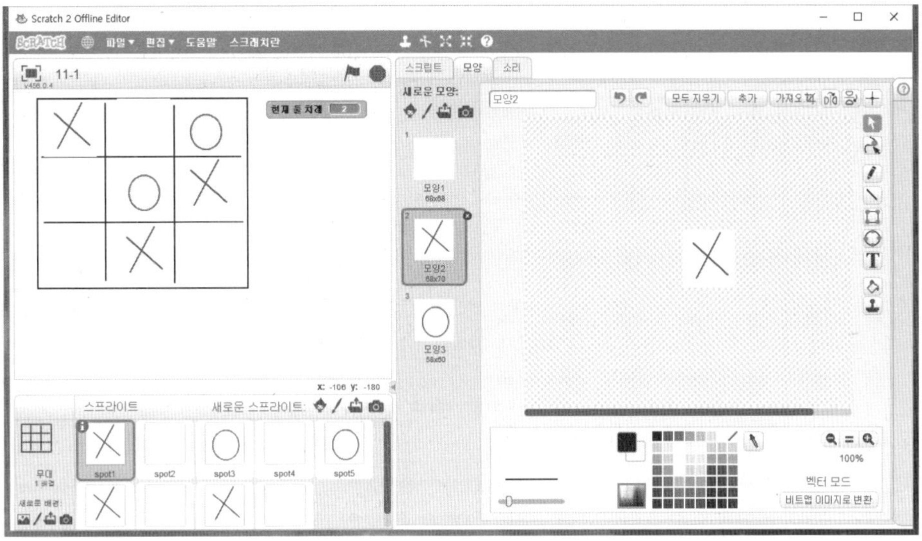

3. 이 스프라이트를 복사하여 총 9개의 스프라이트로 만든다. 각 스프라이트는 Tic-Tac-Toe 게임의 각 칸에 배치하라. 이 스프라이트들의 모양이 변경되면서 게임이 진행된다.

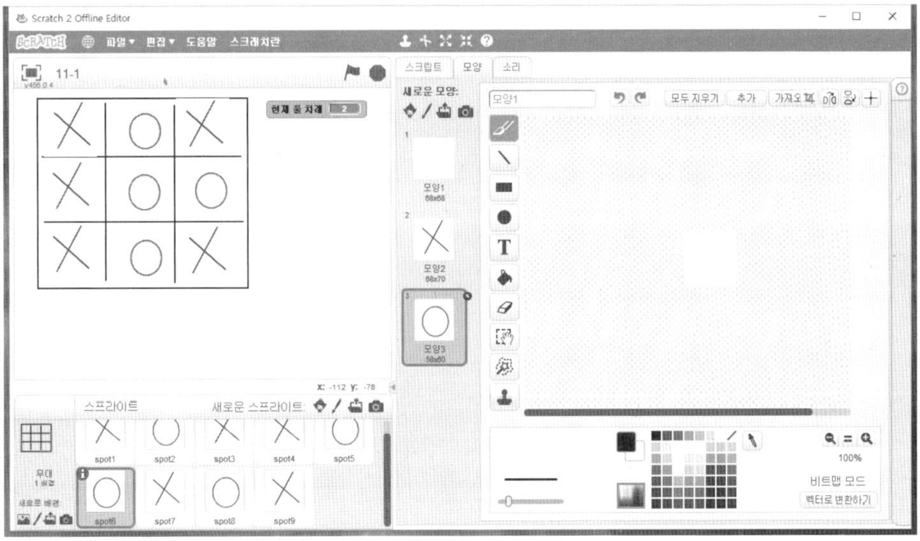

4. 무대에 다음과 같은 스크립트를 추가한다. 녹색 깃발이 클릭되면 모든 스프라이트를 모양1로 변경하라는 방송을 한다.

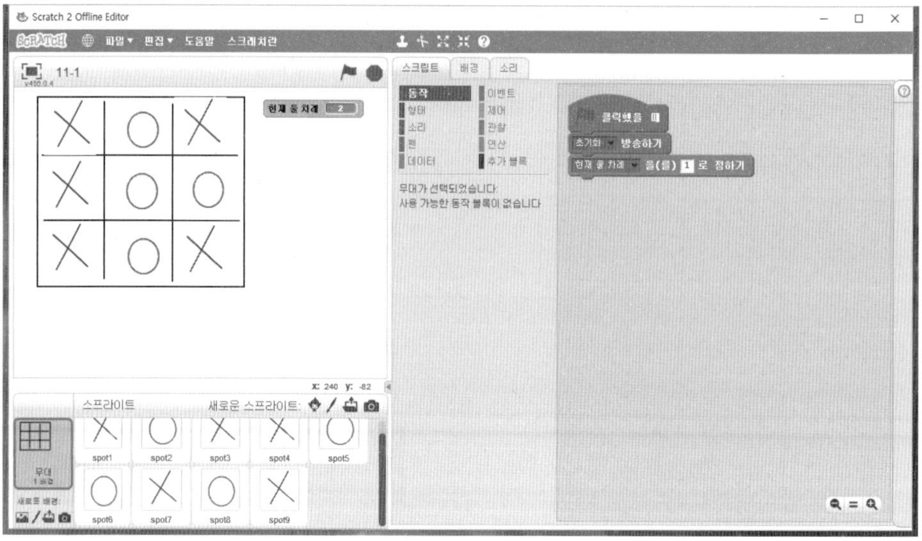

5. 각 스프라이트에 대하여 다음과 같은 스크립트를 추가한다. 즉 "초기화" 방송을 받으면 스프라이트의 모양을 "모양1"으로 변경한다. 테스트한다.

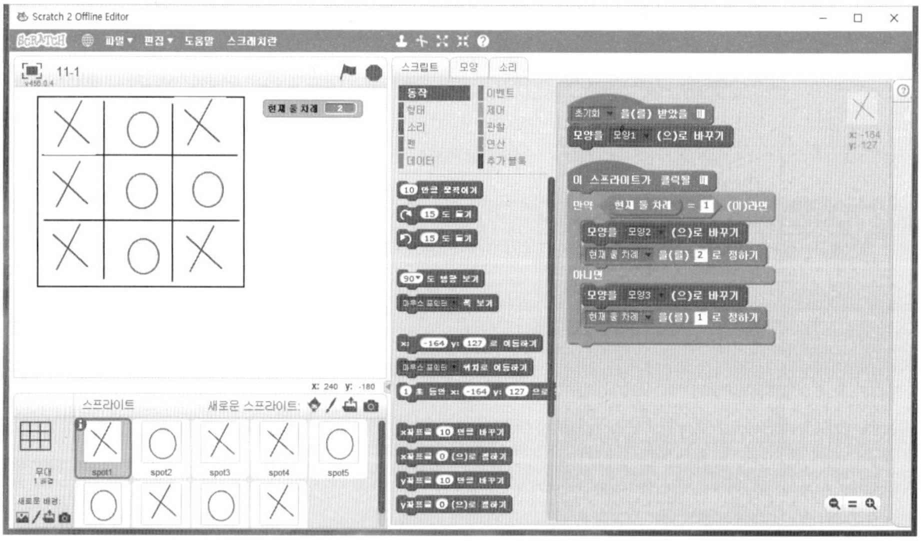

6. 이제 경기자들이 비어 있는 칸을 누르면 스프라이트의 모양이 변경되면 된다. 하지먼 여기서 현재 누구의 차례인지를 표시하는 변수가 필요하다. 변수 "현재 둘 차례"을 만들고 1로 초기화한다. 변수 "현재 둘 차례"는 1과 2의 값만을 가지게 된다.

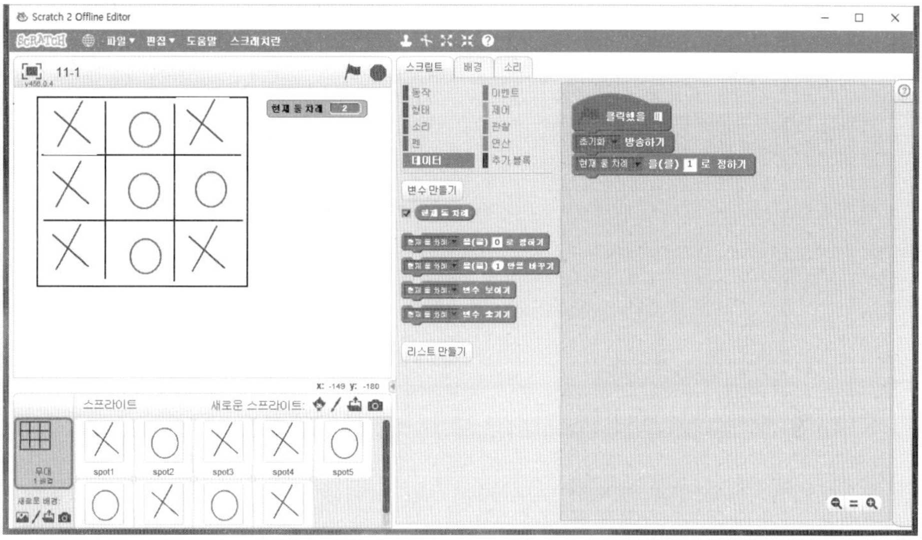

7. sopt1 스프라이트에 다음과 같은 스크립트를 추가한다. 이 스크립트를 전체 스프라이트에 복사한다.

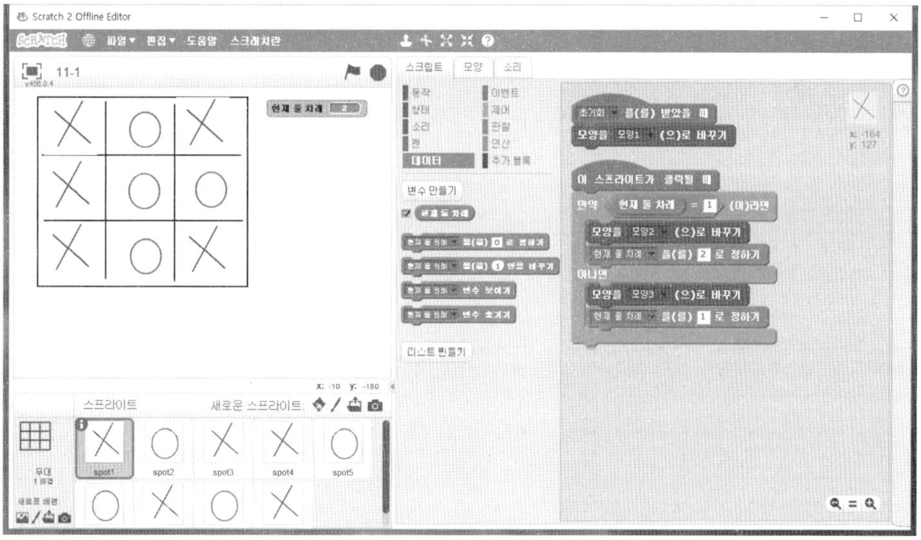

8. 프로그램을 실행해본다. 이전에 두었던 곳에 두지 못하게 하려면 어떻게 해야 하는가?

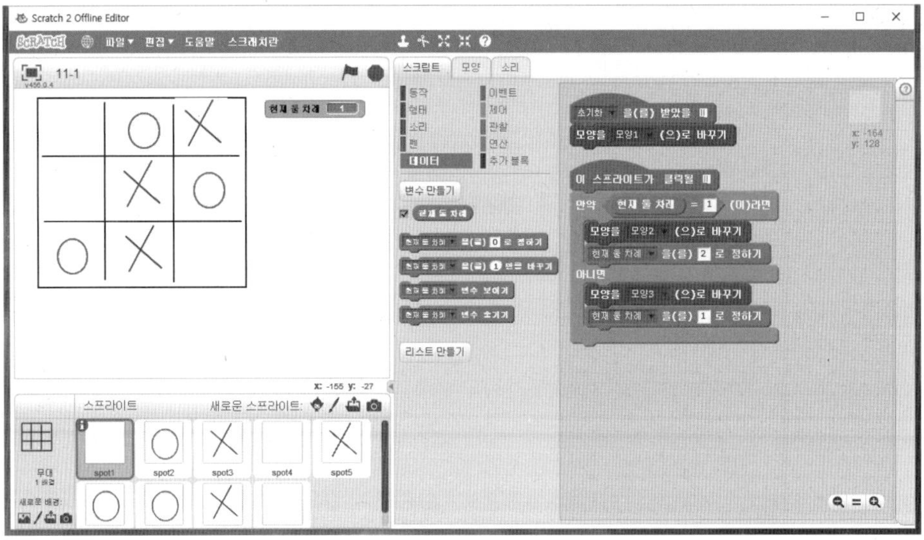

9. 컴퓨터와 인간이 두는 게임으로 변경해보자.

02 퍼셉트론

이 실습에서는 퍼셉트론을 이용하여 OR 개념을 학습시켜보자. 어떤 가중치와 바이어스를 주어야 퍼셉트론이 OR처럼 동작할까? 다음과 같은 출력을 내는 가중치와 바이어스를 생각해보자.

x_1	x_2	y
0	0	0
1	0	1
0	1	1
1	1	1

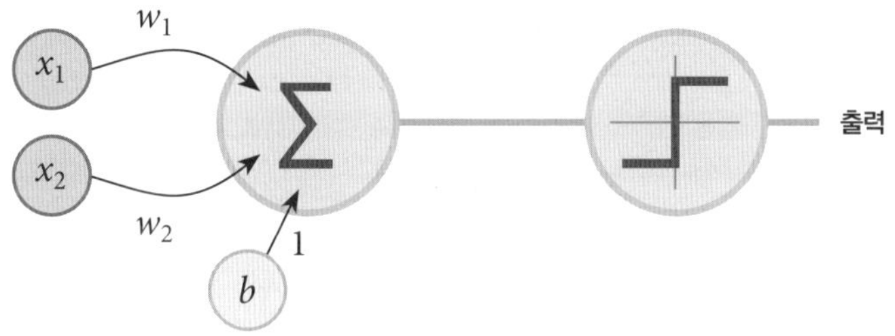

$$y = \begin{cases} 1 & (w_1x_1 + w_2x_2 \geq \mathrm{b}) \\ 0 & (w_1x_1 + w_2x_2 \leq \mathrm{b}) \end{cases}$$

$w_1 = 1, w_2 = 1, b = 0.5$이면 퍼셉트론은 논리적인 OR처럼 동작한다.

1. 파일 메뉴의 "새로 만들기"를 선택하여 새로운 프로젝트를 만든다. 고양이 스프라이트는 삭제한다.

2. 라이브러리에서 “Ball” 스프라이트를 가져온다. 이것을 복사하여 다음과 같은 무대를 구성한다.

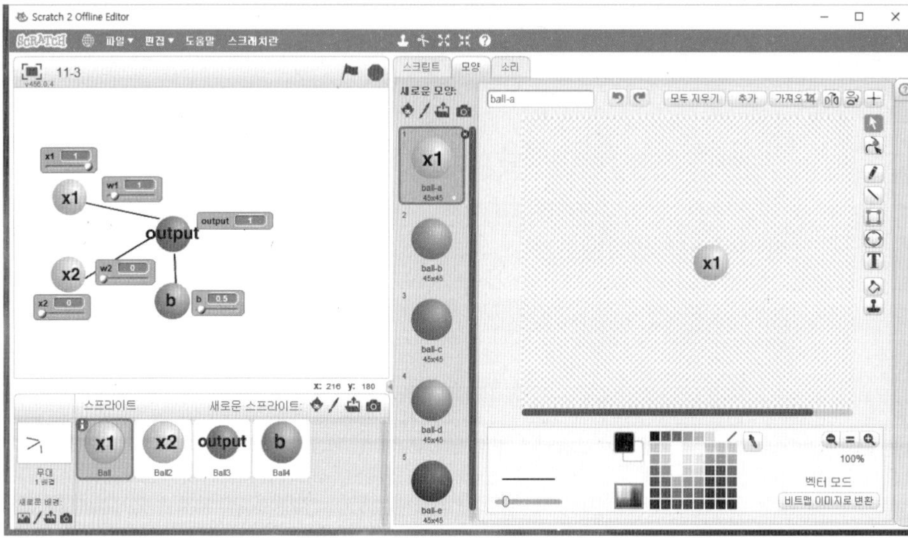

3. 무대를 다음과 같이 그려준다.

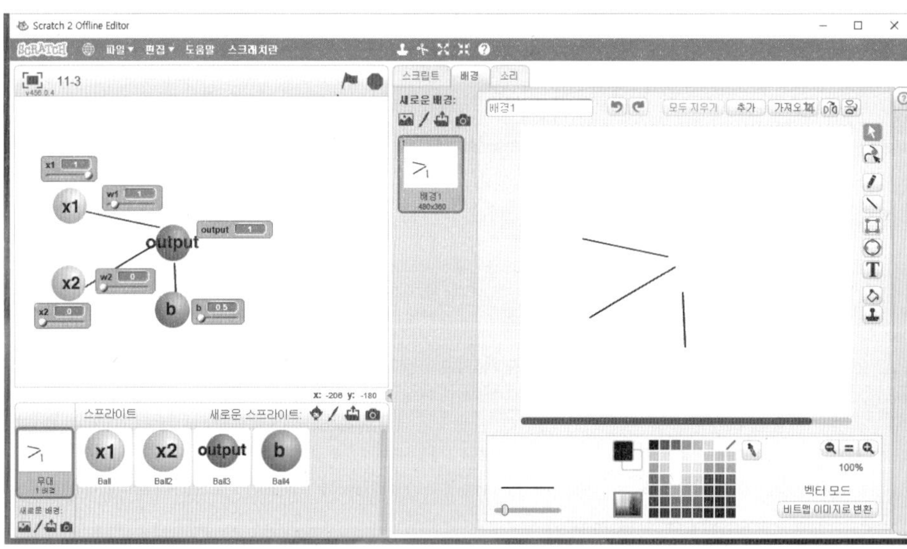

4. 퍼셉트론을 구현하는데 필요한 다음과 같은 변수를 정의한다. 변수에는 슬라이더를 부착한다. 변수 x_1과 x_2는 최소값 0, 최대값 1로 설정한다.

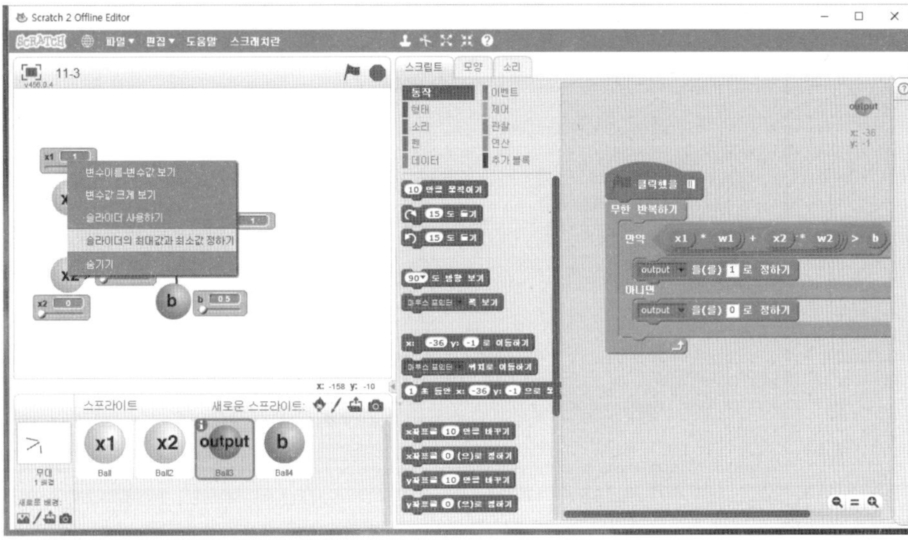

5. 무대에는 다음과 같이 사용자한테 바이어스의 값 b를 물어보는 스크립트를 추가한다. 바이어스의 값은 실수로 입력해야 하기 때문이다. 슬라이더를 사용하면 정수만 입력할 수 있다.

6. 퍼셉트론의 출력 노드에는 다음과 같이 무한 반복하면서 출력 노드의 값을 계산하는 스크립트를 추가한다.

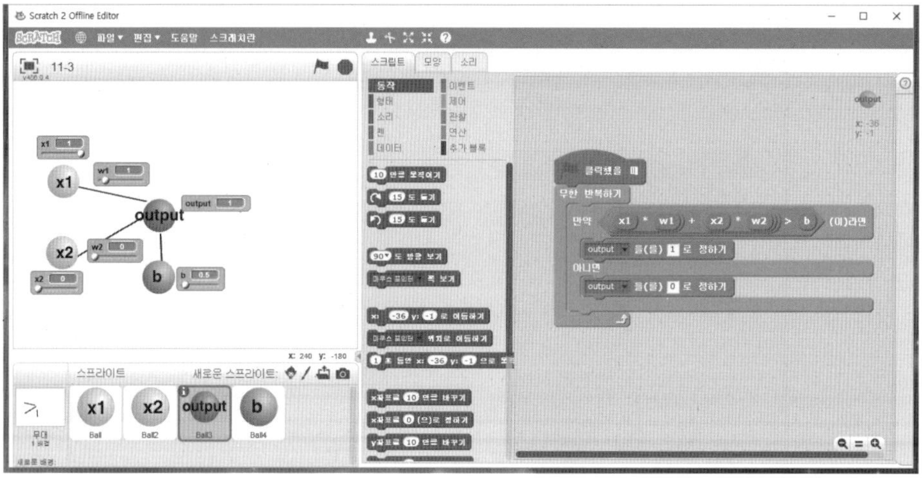

7. 변수 x_1과 x_2의 값을 슬라이더로 적절하게 입력하고 바이어스의 값 b를 실수로 주어서 OR 개념이 학습이 되는지를 검사해보자.

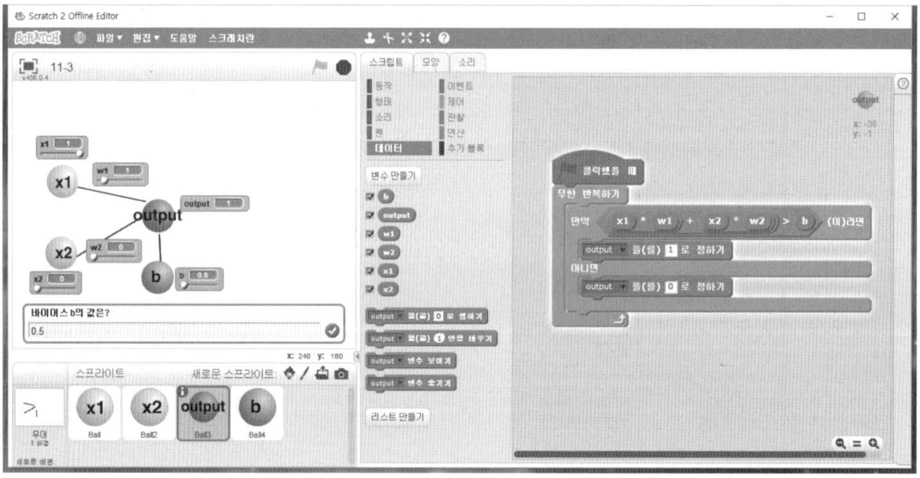

8. 어떤 가중치 값과 바이어스의 값을 사용하여야 AND 개념이 학습이 되는지를 검사해보자.

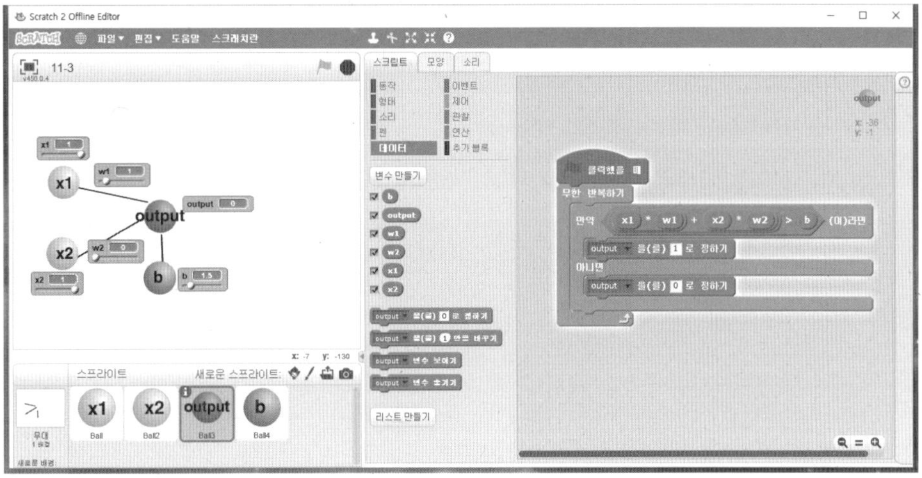

9. XOR 개념은 어떠한 가중치나 바이어스로도 구현이 불가능함을 실험해보자.

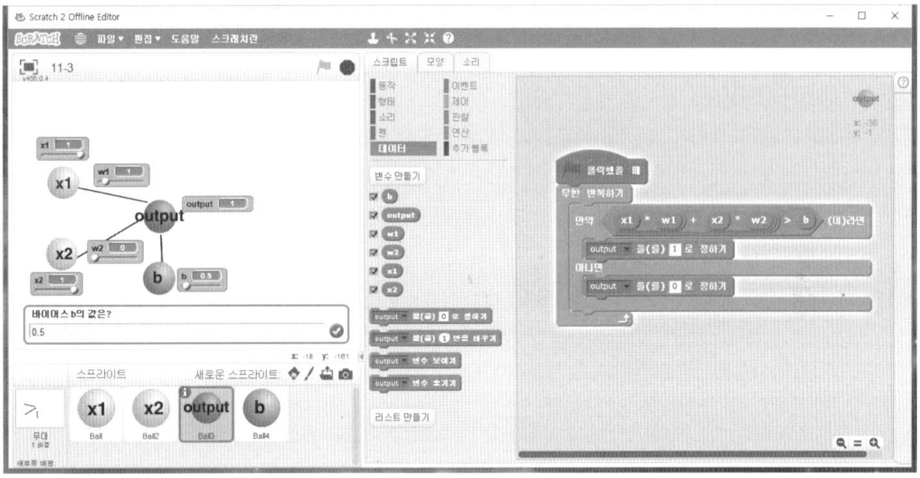

CHAPTER

12

SCRATCH WORKBOOK

정보보호

이번 장에서는 다음과 같은 내용을 학습합니다.

▶ 시저 암호 기법을 살펴본다.

학습목차

Section 01 시저 암호 연습

메시지를 암호화하는 간단한 기법 중의 하나는 줄리어스 시저가 사용한 암호화 기법이다. 이 방법은 평문에 단순히 더하기(즉, 영어의 알파벳을 왼쪽으로 이동하던지 오른쪽으로 이동하는 것)를 하여 암호문을 얻는다. 즉 예를 들어 다음과 같이 변경하여 전송하였다.

평 문	a	b	c	d	e	f	g	h	i	j	k	l	m	n	o	p	q	r	s	t	u	v	w	x	y	z
암호문	D	E	F	G	H	I	J	K	L	M	N	O	P	Q	R	S	T	U	V	W	X	Y	Z	A	B	C

여기서는 시저 암호를 스크래치를 이용하여 구현해보자.

1. 파일 메뉴의 "새로 만들기"를 선택하여 새로운 프로젝트를 만든다. 고양이 스프라이트는 삭제한다.
2. 알파벳이 새겨진 원형링 이미지를 다음과 같이 그려서 첫 번째 스프라이트를 만든다.

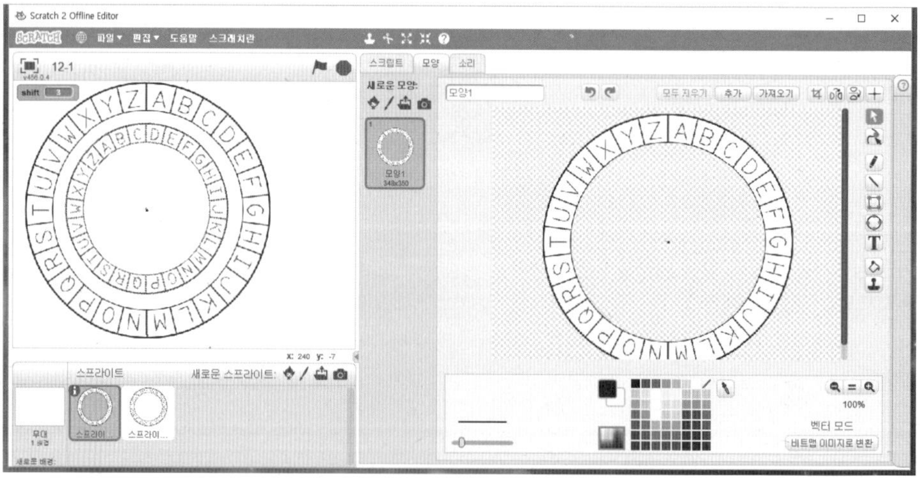

3. 동일한 이미지를 약간 작게 하여서 두 번째 스프라이트를 만든다.

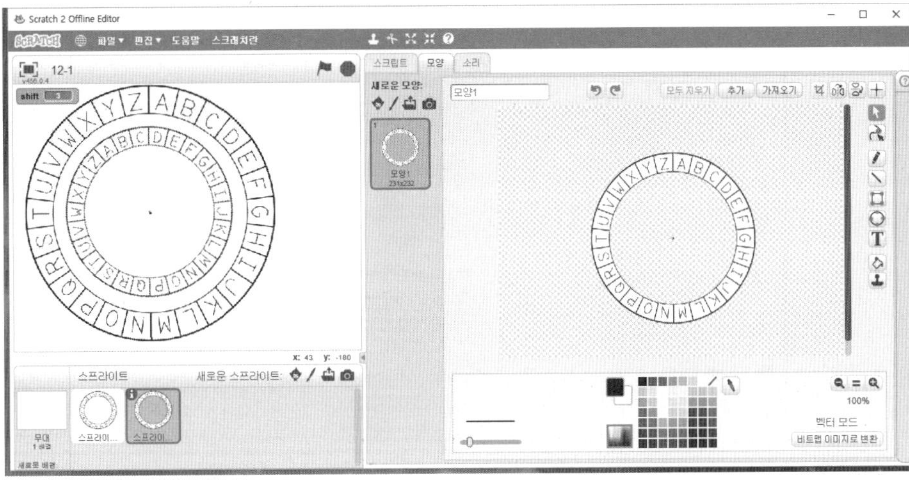

4. 무대에 다음과 같은 스크립트를 추가한다.

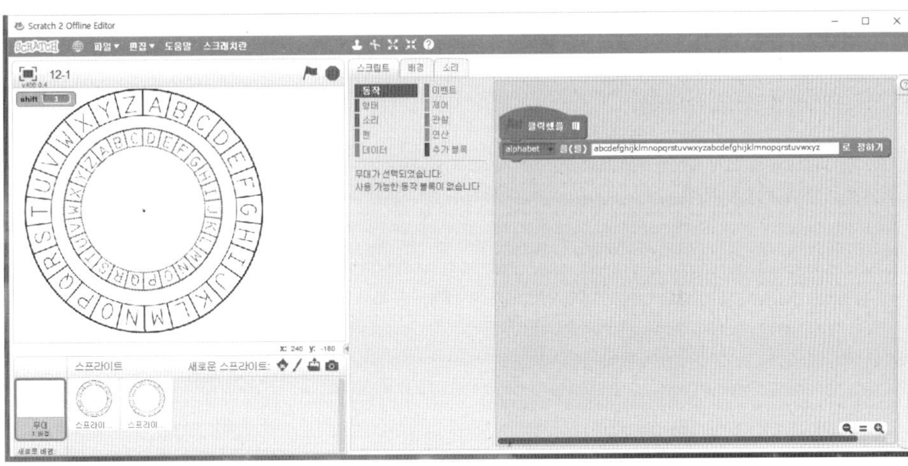

변수 alphabet을 생성하고 여기에 a부터 z까지의 문자를 두 번 저장한다. 두 번 저장하는 이유는 이렇게 하면 나머지 연산을 하지 않아도 되기 때문이다.

```
alphabet ← "abcdefghijklmnopqrstuvwxyzabcdefghijklmnopqrstuvwxyz"
```

5. 첫 번째 스프라이트인 큰 원형링에는 다음과 같은 스크립트만 추가한다.

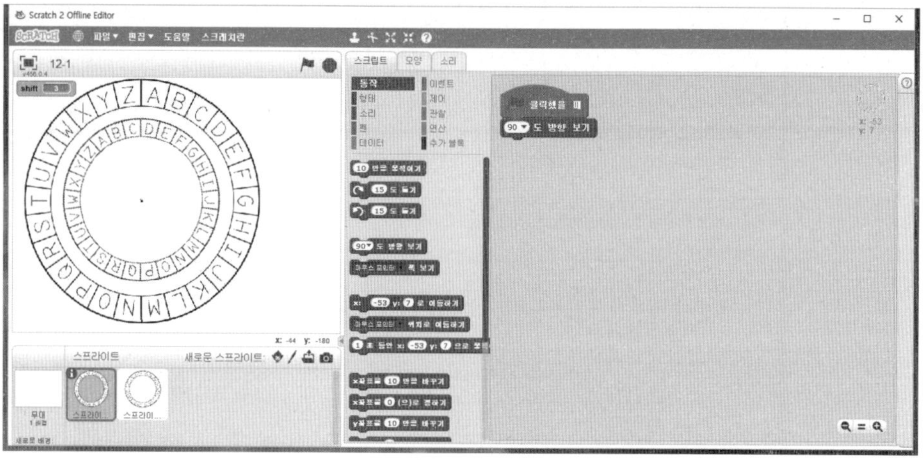

즉 녹색깃발이 클릭되면 90도 방향을 보게 한다.

6. 두 번째 스프라이트인 작은 원형링에는 다음과 같은 스크립트를 추가한다.

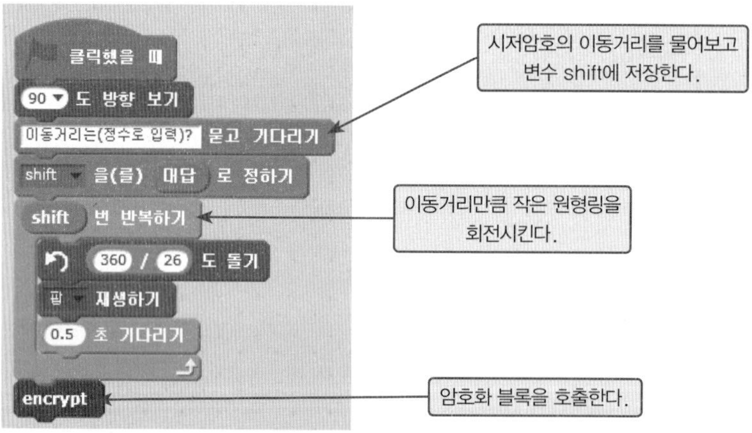

7. encrypt 블록은 다음과 같이 정의한다.

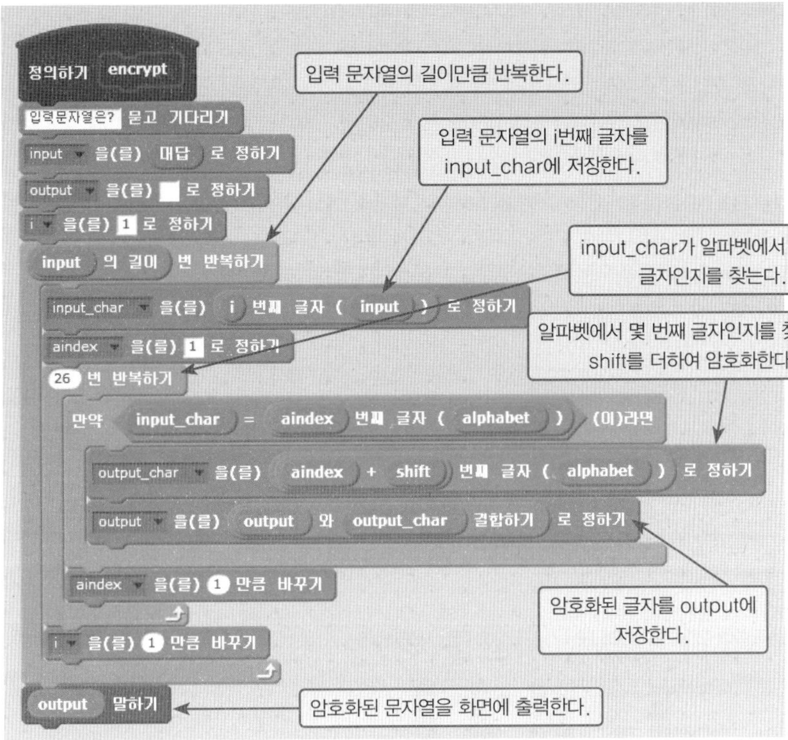

8. decrypt 블록을 작성하여 테스트해보자.

9. 항상 shift 만큼 떨어진 글자로 암호화하는 것이 아닌 다른 방법으로 암호화할 수도 있을까?

천인국

서울대학교 전자공학과에 입학하여 1983년에 공학사 학위를 취득하였고, 한국과학기술원 대학원에 입학하여 1985년에 전기 및 전자공학과 석사 학위를, 1993년에 박사 학위를 취득하였다. 1985년부터 1988년까지 삼성전자의 종합연구소에서 주임 연구원으로 재직하였고, 1993년부터 현재까지 순천향대학교 컴퓨터공학과 교수로 재직 중이다. 2005년에는 캐나다 UBC에서 방문 교수를 지냈다.

저서로는 「C++ Espresso」(2010, 인피니티북스), 「Power C++」(2010, 인피니티북스), 「Power JAVA 2판」(2012, 인피니티북스), 「HTML5 + CSS3 + JavaScript로 배우는 웹프로그래밍 기초」(2014, 인피니티북스), 「쉽게 풀어쓴 C언어 Express」(2007, 생능출판사), 「어서와 C언어는 처음이지!」(2015, 인피니티북스), 「어서와 Java는 처음이지!」(2015, 인피니티북스), 「어서와 파이썬은 처음이지!」(2016, 인피니티북스) 등이 있다.

문제해결과 컴퓨팅 사고를 위한

스크래치

인　　쇄　2017년 8월 25일 초판 1쇄
발　　행　2017년 8월 30일 초판 1쇄

저　　자　천인국
발 행 인　채희만
출판기획　안성일
마 케 팅　한석범
관　　리　이승희
북디자인　가인커뮤니케이션(031-943-0525)
발 행 처　**INFINITY**BOOKS
주　　소　경기도 고양시 일산동구 하늘마을로 158
대방트리플라온 C동 209호

대표전화　02)302-8441
팩　　스　02)6085-0777

도서 문의 및 A/S 지원
홈페이지　www.infinitybooks.co.kr
이 메 일　helloworld@infinitybooks.co.kr

I S B N　979-11-85578-32-3
등록번호　제 25100-2013-152 호
판매정가　**12,000원**